课题参与单位：

中共成都市双流区委史志办公室

中共成都市双流区西航港街道工作委员会

成都市双流区人民政府西航港街道办事处

成都市双流区莲花社区

西南民族大学旅游与历史文化学院

项目名称：本书为中央高校基本科研项目《三线建设集体记忆与空间重构研究》
（2020SYB05）成果。

我的社区，我的厂

时空交错下的川齿记忆

杜辉　著

民族出版社

序一
打捞已逝的岁月：川齿[①]记忆与三线遗产

在中国，有一类文化遗产叫三线遗产，不仅是因为它们位于特殊的地理区位，也是因为它们是特殊的历史背景下产生的特别的工业遗产。

所谓三线，是指1964年以后因为中苏交恶公开化，双方剑拔弩张，关系高度紧张，中国最高领导人判断，中国同时被美帝和苏修两霸南北夹击，形势严峻，遂决定将整个国土按照战时设想的前线、中间地带和后方划分为一线、二线和三线。三线的具体范围是指长城雁门关以南、广东韶关以北、京广铁路以西、甘肃乌鞘岭以东的广大腹地，共包括13省区。中央决定在三线地区布局重要的工业企业，同时加强矿山开采、金属冶炼、道路修建等。国家为此投入大量人力物力，大批共和国的优秀人才告别繁华都市，到三线地区奉献自己的青春年华。三线建设是中国经济史上一次极大规模的工业迁移过程，目的是备战备荒，增强国家国防实力，改善生产力布局以及促进中国中西部地区工业化，也是为了在特殊年代为中华民族的生存留下一批火种与希望。这场涉及中国内地13省区进行的大规模国防、科技、工业和交通等基本设施建设，形成了一批著名厂矿企业，也包括在深山老林与沙漠戈壁崛起的一批新的城镇。

① 全名四川齿轮厂。

但是，由于三线地区社会经济相对落后、交通不便等因素，导致建设起来的企业单位在之后很长一段时期里经营发展都出现了各种各样的困难。改革开放之后，国际形势大为缓和，为满足人民群众改善生活的需求，三线企业大多开始向军民结合的方向发展。尤其是随着科技进步以及近年的经济社会发展的转型，很多三线企业更是加速了调整转型的步伐，一些企业甚至关停并转，开始淡出历史舞台，留下一批独具特色的工业遗产。三线遗产的保护与利用问题随之变得日益突出。

三线遗产记录了时代风云，饱含爱国主义奉献精神，但是也有大干快干，追求速度，牺牲效益，甚至带来人才浪费、环境和资源破坏等问题。因此，三线遗产值得铭记和汲取的内涵非常丰富。客观辩证地认识这段历史，从遗产物证之中汲取历史经验教训和民族记忆情感，在三线遗产面临退出舞台、大量消失的历史关口，对其进行抢救和保护就显得尤为重要，加强对三线遗产的系统深入研究，也是必不可少的历史功课。

有人说，三线遗产是距离我们最近的工业遗产。当时很能代表中国发展水平的一批工业设施，由于置身于不太协调的自然与社会背景中，遗产与现实的景观往往反差较大，具有较强的可观性，也有丰富的文献档案资料可供参考，在保护利用传承方面容易实现物质性与非物质性遗产的紧密结合，因而成为诠释那段历史的具有相当情感和视觉冲击力的一类文化遗产，也成为它们所在地区转型发展走向未来的独特遗产资源。

如果按照考古标型物来看，三线遗产不仅是共和国历史上非常特殊的一批工业遗产，其建设成就大多可被视为那个年代中国科技与工业的最高水平物化代表，而且作为特殊年代特别地点、特别决策、特别精神留下的遗产，相比于一般遗产，三线遗产更有背景、有故事——党和国家领导人的高度关注、重视，大批知识分子和专业人才的参与，所在地政府与人民的大力支持，超常规的建设与发展速度，等等，都是三线遗产的鲜明特点。因此，三线遗产可视性强，社会关联度高，相关信息丰富，容易讲故事，常常显得格外引人注目。三线遗产以军工企业为主，但是在基础设施建设以及后来的军民结合方面，也有不少亮点，对我国内陆不发达地区的发展起了重要的促进作用，有些三线地区有些方面甚至后来居上。

笔者曾经考察过被视为三线建设缩影的四川攀枝花。这座因三线建设而崛起的城市，既有钢城和钒钛之都的美称，同时也是一个环境优美、气候良好的文化城市、生态城市，不仅很好地保存着大量的三线遗产，还建成了中国三线建设博物馆，以文物陈列和场景复原等形式系统展示 1964—1981 年的三线建设历史，将遗产和阳光、环境及其他工矿资源一并当做当地“工业 + 旅游 + 康养”定位的新发展战略的重要资源，三线遗产被视为旅游和康养的重要引力源。

本书作者杜辉博士团队将文化人类学方法引入三线遗产的资料收集、研究和传承中，将四川齿轮厂及其所在社区作为新的文化田野，系统收集这一著名的三线企业相关人士的口述资料，梳理企业和社区的来龙去脉和发展历程，既复原了一部独特的厂史，也试图编织起个人—企业—社区—国家层层交织的三线建设与历史变迁的记忆之网，对于全方位抢救保护三线遗产、讲好三线故事、传承三线精神、助力社区发展具有重要的资料价值和开创性意义。

中国的工业化、现代化并非一条直线的急起直追之路，从洋务运动以来，就曾经有过多次文化认知与决策实践上的游移不定，有被帝国主义不断打断的噩梦，有自己再三犯下的各种错误，这个过程中所付出的都是极其沉重的代价。三线建设，大批知识分子和青年工人的上山下乡等，更让整个中国社会被工业化的大潮搅了个底儿朝天，也逐渐撒播和奠定了一些难得的工业化基因和基础，终于在改革开放之后，聚合天时地利人和的诸多条件，一跃而成为全球性的工业制造业大国。长期的农耕社会与不长的工业化进程，使得我们的工业遗产相对单薄，因此，三线遗产及其价值就显得弥足珍贵。

没有永存的企业、不死的个人，但有传承不息的群体记忆和民族精神。三线遗产与三线精神，在新时期仍然有其独特的意义。尤其是三线建设中的非物质性遗产、个体与集体记忆，更是一批容易被忽略的宝贵财富。本书所采集的口述内容，上涉总司令，下关普通工人乃至厂矿子弟，其喜怒哀乐跃然纸上，其鲜活的记忆牵动了那个特殊年代中国社会各个阶层与各个方面，人、事、物和口传记忆等共同见证着那个时代的中国。

三千年未有之变局中的中国和中国人，不仅成功实现了从农耕到现代的跨越，为子孙后代留下了丰裕的物质性遗产，更留下了一种宝贵的民族精神，那就是不屈、包容、开放、乐观、勤奋与上进，等等，它们都是历史悠久的中华民族在面对未来时值得珍视的宝贵财富。

中国文化遗产研究院总工程师　曹兵武

2022 年 5 月 4 日于北京

序二
工业遗产的再叙事逻辑：人类学的学术修为与作为

杜辉博士的新著《我的社区，我的厂：时空交错下的川齿记忆》是一本既有学术情怀，又有社会关怀和人文厚度的书。这本关于“川齿”的好书，有突出的人类学特征，人—物为中心，构建出一个个具有事件意义的故事，也就是将人—物—事的叙事结合起来，“再造”一种特定的工业遗产叙述（narrative），其学术报道人的选择、人类学式的访谈“追问”，并通过证书 / 证件等物证所“索引”出来的个人与集体、单位与国家的结构关系，在“工业遗址”“铁锈”等工业考古学视野之外，以及在工厂的正式文件档案和社区—地方的历史文献学之外，她和“川齿人”一起构建了一个关于“川齿”的历史记录。我得先读为快之便，写一点“读后感”和一些不成熟的想法，与读者朋友交流，以为序言。

个体的故事是最鲜活的，这些看似纯粹个人式的记忆，其实具有突出的集体意识（或无意识）性质，是社会记忆的重要方式。人类作为总体性的意义，只有在个体的生命史中才有价值。我愿意用“工业遗产的再叙事逻辑：人类学的学术修为与作为”作为这篇短序的主题。

大家知道，人类学是从研究部落、村落、社区等“小群体”发展出来的，从研究远方文化之谜（他者）扩展为研究身边事物，从街角社会慢慢进入城市 / 都市研究，从研究农耕社会到研究多样生计的复杂社会，从“整体文化观的综合研究”到专题和主题研究，一步步发展到今天。作为一个不断发展的、与时俱进的学科，人类学始终充满活力，保持自我反思能力和批判意识。人类学的“关键词”一直在不断丰富、调整和更新，引以为傲的参与观察方法、民族志书写的规范和典范变化就更大了。但，基于常态社会（everyday life）的研究策略，实地参与观察（participation observation）的学理设计，以及建立于整体论（holism）认识上的分析视野，等等，使得人类学如常青之树，人类学者既不会囿于“部落观点”，只见树木不见森林，同时又能够对个体生命的细碎琐事和生活世界的点点滴滴保有浓厚的学术旨趣。

工业遗产是工业革命以后的产物，在遗产领域是一个新的类型，但与此相关的工业考古、城市考古自 20 世纪 60 年代就已经陆续开展，早于 1972 年的世界遗产公约，第一个列入世界遗产名录的工业遗产地是英国的铁桥谷（Iron-bridge)，它是一个标志、里程碑，更是一种象征和召唤。差不多同一时期，在法国兴起了生态博物馆（ecomuseum）运动。一些废弃的老旧矿区以社区整体作为博物馆形态，探索生态认知、环境修复与社区再造的关系，这种新博物馆学运动（New Museology Movement）很快在全球蔓延，并于 20 世纪 90 年代来到了中国贵州，后陆续在广西、云南等地开枝散叶。生态博物馆运动在英国、法国、德国等欧洲国家与工业遗产保护利用，很多时候是合二为一，有时候工业遗址成为城市创意空间而具有一种泛博物馆形式。在中国，工业遗产保护利用与生态博物馆则一直是两条平行线，生态博物馆主要是民族村寨类型；工业遗产地即便发展出博物馆形态，也不是生态（社区）博物馆形态。除了国情原因，其背后的根本性要素是缺少人类学、社会学等学科的积极参与。

回想我在 20 年前参与国家文物局试点项目“北京西部片区工业遗产（遗址）现状调查与评价”工作时，深刻了解到社会各界对于工业遗产（遗址）价值、范畴和再利用的认识其实是很不相同的。工业遗址在空间、体量上都非常巨大，对于参与遗产构建的诸学科在理念和技术手段方面都提出了巨大挑战。此外，对于谁来主持 / 主导保护、再利用以及如何保护利用，即便没有“产权”的问题，在认识上，在具体形态上，都很不容易“协商一致”。国家文物局支持的北京和山西两个试点项目，做了大量的调查、测绘、拍照、建档和初步评估工作，可惜的是成果一直未能正式出版，社会和学界了解不多。主持项目的王武钰、王春城退休以后，相关工作就没有后续了。值得安慰的是，首都博物馆工业遗产团队协助完成了沈阳中国工业博物馆的框架设计和基本陈列，同时将八达岭青龙桥火车老站作为“援助项目”做了一个专题陈列。此外，我们曾经积极参与推进的云南个旧工业遗产再利用工作，后续的工作也没有按照当初形成的“统一规划”，而是由各业主单位分别进行的。

工业遗址（遗产）的保护与再利用，其实是一个新价值创造的过程，需要将原属单位“独占”的建筑、厂房、厂区、生活区以及与此相关的历史与档案，通过遗产化、资源化等方式“释放”出来，“转化”成所在社区和地方的公共资源，或者说让这些资产资源化，具有公共属性、共享性，需创造性地再利用才能实现。同样，在此过程中，只有将个体的记忆“转换”为集体的与社区 / 社群的记忆，使之具有某种公共属性，它才能成为工业遗产的组成部分。杜辉博士所做的工作正是基于工业遗产资源化的实践努力。

杜辉博士在厦门大学和山东大学完成了考古学专业本科阶段的学习，被保送到中央民族大学人类学专业学习。她与我有六年的师生之谊，我是她硕士和博士阶段的学位论文指导老师，对她的学术成长比较熟悉。麦夏兰（Sharon Macdonald）、魏玛瑞、南因果、庄孔韶、王建民、潘蛟等也都对她有很多的指导。她和 William Nitzky、尹凯、关欣等青年才俊经常切磋交流。她成长的学缘铸就了她的考古学和民族学底子，对于田野调查、参与观察和访谈等常规工具，得心应手，她始终对物质文化（包括考古学意义的物件和民族志意义上的物件）保持浓厚的学术兴趣，对物件背后的学理逻辑及其演化，也就是诸种学科议题（subjects) 更愿意去深究，因此博物馆化、遗产化等命题都是每日所思与所想。

这本深具趣味性和可读性的作品，非常适合一般读者，显然是一本有深度的“非虚构写作”。全力推荐。

是为序。

上海大学特聘教授
钱伟长图书馆馆长　潘守永

2022 年 9 月 8 日于上海

目　录

引论：一部工业企业生命史

四川齿轮厂——一个老成都人大多听说过的厂子，有的人知晓它曾经的风光，也有人将它作为茶余饭后的谈资，却或许鲜有人阅读过这个曾经的西南工程机械基地的生命史，或是审视过新中国工业现代化进程和时代更迭中的个体与集体命运。2019 年，我和几名学生第一次踏入这个成都市百佳示范社区——莲花社区。对它的兴趣最初源于这里有一座建在防空洞内的社区博物馆，而且得知四川齿轮厂是三线建设时期的产物之后，便兴趣愈浓。就这样开始了持续两年的口述史访谈，借由个体记忆勾勒出一部工业企业的生命史。这里面既有荣耀与梦想，也有无奈与失落；既是个体命运的叙事，也是集体时代的记忆。

我们的访谈对象都是年逾七旬的老人，在他们身上，能够看到深刻的时代烙印。他们中有的参与过西南第一台拖拉机“蓉联”的制造，有的不远千里奔赴三线。有的经历过解放战争、公私合营，然后与五湖四海的“同袍”一同迈入新中国的工业现代化，激情澎湃地投入到技术改革当中，见证了市场经济、体制改革的激荡，又在暮年失去了一手打拼下来的厂。有的老人因有后人去了解四川齿轮厂、延续三线建设精神而深感欣慰。有的老人却认为：“现在讲这些还有什么用？没有意义。”然而，当我拿出社区平面图，邀请他们辨别当年最早修建的宿舍楼一栋、二栋，还有礼堂、学校所在位置时，我看到的是眼中闪现出的光芒，他们努力、仔细地回忆，然后认真地指着地图讨论了起来。

也许，这就是连他们自己都没有意识到的"意义"所在。在他们身上，在他们的创造物上，折射出的是一个时代！他们的口述，使数百万三线人和新中国一代一代工业人的形象跃然纸上；四川齿轮厂，成为我国工程机械行业从起步到进入全面发展阶段的一个缩影；而莲花社区，彰显出的是后单位时代下，破产企业社区治理的一次积极实践。

它是以个体记忆勾勒出的四川齿轮厂的生命史，以线性的时间脉络贯穿20世纪50年代至2019年，其间铺陈叙述主体的时代体验和事件体验。可以说，这是一次有关记忆的"探险"，在讲述中实现个体与社会的遭遇，历史与现实的遭遇，以及亲历者与非亲历者的遭遇。诚如社会学家米尔斯（C. Wright Mills）所言，"个人通过置身于所处的时代之中，才能理解他自己的经历并把握自身的命运，他只有变得知晓他身处的环境中所有个人的生命机遇，才能明了他自己的生活机遇"[①]。在某种意义上，在时间纵深之中方可总览个体与社会的互构，把握社会行动意义效应的生产，多元主体的交互建塑[②]，一窥集体时代中的个体生命特质。

它还是在口述、档案互构中书写的生命史。四川齿轮厂第一代创建者、三线建设时期内迁人员及其随迁子女，以及部分厂三代的口述访谈；1954年至2005年的成都拖拉机厂、四川齿轮厂、岷江齿轮厂、天津第九内燃机齿轮厂的档案；1987年至1990年的厂报《川齿报》；还有中华人民共和国国务院公报等官方档案、20世纪50年代以来的期刊；均为资料的重要来源。

在爬梳字里行间之中，不难体味到个体记忆与集体记忆之间那极为微妙的辩证关系：有关四川齿轮厂和三线建设的回忆，加诸个体之上的集体表述，个体记忆中流露出的选择性与主观性，彼此交织在了一起。恰如哈布瓦赫（Maurice Halbwachs）观察到的，尽管记忆存在个体性特征和差异，"但也可以确信，群体的记忆是通过个体记忆来实现的，并且在个体记忆

① [美] C. 赖特 · 米尔斯著，陈强、张永强译：《社会学的想象力》，4页，北京，生活 · 读书 · 新知三联书店，2005。

② 郑航生、杨敏：《社会互构论：世界眼光下的中国特色社会学理论的新探索——当代中国"个人与社会关系研究"》，536页，北京，中国人民大学出版社，2010。

之中体现自身”，因为“个体通过把自己置于群体的位置来进行回忆”。[1]而集体记忆则是经历过相同事件的一群人的共同记忆，以及这些事件所遗留下来的客观印痕，它带有鲜明的身份认同，并且往往以文字和口头档案的形式得以传递。

档案的印证与填补模糊、空白便显得尤为重要；以更加充分的资料勾勒时代情境，也会使得个体行动和记忆策略变得清晰可见，那社会结构中行动主体互动和充满张力的关系之网，对于研究者而言总是最迷人的。而如今，记忆的力量正在以别样的方式嵌入当下，“川齿记忆”“三线记忆”被镌刻在公共纪念物上、景观上，让已然有些消散、变动、不安的集体记忆稳定了下来，甚至还成为社区再造和认同重塑的内在驱动力。

① [法]莫里斯·哈布瓦赫著，毕然、郭金华译：《论集体记忆》，71页，上海，上海人民出版社，2002。

上篇　三线人：流动与扎根

一、五〇年代

“我很珍惜这份工作，在一百多人中从小组长一路升到了大组长。”

“这一切都全靠共产党，不然我今天早就没有命了。这句话是真的。”

“我们组成拖拉机厂之后不到一年的时间，就把拖拉机造出来了。”

“从图纸到产品只有50多天的时间，必须造出拖拉机，作为全市人民向‘五一’节的献礼。”

学徒

从祖国东部而来，在西南扎根的“三线人”，抑或是土生土长的四川人，大多是工业生产的好手，这在很大程度上得益于他们的学徒经历。说起学徒习艺，这种古老的技术传授制度在中国有着悠久历史，在近代资本主义发展时期，逐渐转变为一种劳动用工制度。在中国早期工业化进程中，作为廉价劳动力的学徒是一个相当庞大的群体。尽管资本家与学徒有着极为不对等的地位和权力差异，但跟随老师傅学艺的过程中，学徒却也掌握了生产技术，或者是办厂的经验。来自上海的王杏生1939年出来当学徒，那时的他还只有12岁。对于家境一般的孩子，当学徒无疑是一个无奈之下的最佳选择。

当时家里娃娃多，兄弟姐妹都出来当学徒了。但我还是比较幸运的，因为我在一个是亲戚的老板家里做工，那是一个小门市，里面大概有4个工人。我们主要做的是礼品，像是别人过生日、上学送的那种礼品，比如说家里孩子过生日，就送一个刻着字的铜牌，这种比较有纪念意义；或者像是有的人结婚要买被面，我们就在被面上写几个字，比如百年好合、和和美美之类的。我做的就是剪纸，比方说被面上要写某某人结婚之喜，我就把这几个字剪出来别在被面上。[①]

四川本地人赵齐顺也有着类似的经历，酷爱搞机械的他也是从“打洋钉子”开始的。

我是农村出来的，家里有五姊妹，我排行老大，但我不是真老大，是假老大，我上面两个都病死了。以前医疗条件差，我们又都是解放前出生的嘛，那个时候病死的人多得很。我小时候在农村，我们有长辈在成都，于是我就来到成都读书，在通惠门小学读了一学期。之后我说喜欢搞机械，我不想读书，积极要求当徒工。最开始我四爸还不同意我不读书，但我读了一学期后就坚决要出来当学徒，我说我很想出来搞机械。那个时候我小学都还没读完，我六年级好像都还差一些才毕业。严格地来讲，小学都没毕业，就出来当徒弟，开始打洋钉子了。[②]

即便学徒是为资本家卖命，也不时受到剥削和训斥，但若没有些许门路或熟人，却依然不是一份想做就能做的差事。

那个时候还是需要有熟人，没有熟人的话，什么都干不了。当时我师傅的师傅就是崇州人，所以我也是经过介绍才来到这里。如果你当师傅了、当了小老板，你要招收学工，还是去我的家乡找。就是这样相互连接，我就过来了。[③]

---

① 2019年7月30日访谈原四川齿轮厂职工王杏生。
② 2020年6月24日访谈原四川齿轮厂职工赵齐顺。
③ 2020年6月24日访谈原四川齿轮厂职工赵齐顺。

学徒群体通常有着极强的流动性，他们从农村走进城市，从乡间走进作坊。在能够独当一面之后，凭借着机遇和魄力便可转变身份成为师傅，甚至是资本家。除了掌握一技之长，还通常具备脚踏实地、坚忍耐劳的“学徒精神”。赵齐顺初到成都，跟随师傅学打洋钉子。在解放后，便游走在居民区间修床、修卫生用具，“我是搞机械的，见啥修啥，需要修啥就修啥”。这种对于机械的痴迷和钻研，伴随着这位老人的一生。他不仅多次被评为成都市劳动模范、成都市先进工作者、四川省劳动模范，即使在退居二线后仍不断学习新技术，成为伞齿制造行业的技术能手。同样，王杏生在 20 世纪 60 年代，在杭州齿轮厂和四川彭县岷江齿轮厂工作期间，也迅速成为技术骨干，并担任生产科科长。

工人

新中国成立后，我国开始了轰轰烈烈的社会主义改造，也拉开了社会主义工业化的序幕。一度居于社会底层的学徒，他们的人生际遇也发生了转折。第一个转折点是新中国成立后创建基层工会组织。1948 年 8 月，第六次全国劳动大会在哈尔滨隆重开幕，此次会议恢复重建了“中华全国总工会”，并通过了《中华全国总工会章程》。

《章程》开宗明义，其宗旨是“团结全国职工，保护职工利益，争取中国工人阶级的解放，联合全国一切被压迫人民，争取中国人民的解放，联合全世界工人，为保卫世界和平与民主而奋斗”[①]。各地纷纷响应，成立地方工会组织，动员和组织职工投入社会主义建设事业。

曾经在上海三马路当学徒的王杏生，见证和参与了上海地区工会组织成立的历史性事件。

> 解放之后全国各地都成立了各种各样的工会，我们也成立了手工业工会。这不是我一个人成立的，是我们好几个人一起成立

①《中华全国总工会章程》，载《纺建》，1949（4）：7。

> 的，他们知道我是老板的亲戚，所以就叫我出面，让我去联络总工会的人，这样大家才可以聚一起。工会里面的人都是一些从事手工业的人，之前我在上海三马路当学徒，后来就是手工业工会副主席。三马路又叫汉口路，二马路又叫九江路，大马路又叫南京路[①]。我在工会里面担任的是乐队的队长，主要就是做那些胜利之后游行敲鼓的事情。因为我是工人里面带头的人，经常去总工会办公，所以后来有别的地方成立工会，我们的乐队也会敲锣打鼓地去参加庆贺。我读了三年半的书，当时考技校，考了好几个地方都没考上，不过正好赶上解放之后的三反五反[②]运动。三反五反就是反贪污、反腐败、反浪费，转型搞经济建设，导致这种游行活动比较多，这些活动我都参加了，然后就成了区里的宣传骨干。[③]

工会的成立使得学徒和工人的权益得到最大程度的保障，除了拥有选举、被选举权和建议权，还享有“各种文化教育及福利至优先权”，同时需要履行工作报告，遵守政府法令、劳动纪律与爱护公共财产，以及努力学习，提高政治文化、技术水平及团结、友爱、互相帮助的义务。[④]

然而，在解放初期，包括北京、上海、南京、武汉、重庆、广州等在内的工商业城市，在通货膨胀、资本转移、经济转轨重组的时代背景下，大量工厂、作坊停工或是倒闭，致使大量工人失业。作为我国最为重要的工商业城市——上海，在 1950 年，仅 6 个月里就有约 7341 户私营工商业

---

① 上海英租界的第一条城市道路，英文名叫“ Park Lane”。由于靠在跑马场的南边，每天有许多马在这里奔跑、溜达，上海人便称其为“马路”或“大马路”。而“大马路”南面与其平行的几条东西向道路，上海人便依次称它们为二马路、三马路、四马路……这条“大马路”就是现在的南京路。

② 1951 年年底到 1952 年 10 月，在党政机关工作人员中开展的“反贪污、反浪费、反官僚主义”和在私营工商业者中开展的“反行贿、反偷税漏税、反盗骗国家财产、反偷工减料、反盗窃国家经济情报”的斗争的统称。

③ 2019 年 7 月 30 日访谈原四川齿轮厂职工王杏生。

④《上海工会总章程》，载《银行商报》，1950（8–10）：63。

歇业。[①] 为解决失业工人的生活问题，1950 年 7 月 2 日成立了“上海市失业工人救济委员会”，以工代赈、创建生产自救工坊等形式对失业工人进行救助，同时还成立技工学校，提升工人的文化素养和技术水平，有的学徒进入技校，有的则进入工厂成为徒工，最终完成了从学徒到工人的身份转变。

> 当时中国共产党来到上海以后，对生活大体是没什么影响的，打仗的时候比较不稳定，不打仗以后就比较稳定了。后来就罚资本家偷税漏税，我们老板也被罚了，后来生产生活都供应不上了。再后来就有一个社救会——上海工人救济会，我们就都参加了。参加社救会一个月可以领 55 斤粮食，我们十几个人住在一个房子里面，把 35 斤的粮食卖掉，工作生活就是这样过来的。当时上海成立了五个技工学校，第一、第二、第三、第四、第五技工学校[②]。社救会就把我们保送到学校，剩下的人才被分到工厂当学技术的徒工。[③]

王杏生在上海市失业工人救济委员会的帮助下进入技校学习，还评上了积极分子。在 20 世纪 50 年代初期，他自学查账，还投身到查账队打击偷税漏税行为，不仅成为近四百万参加“三反运动”人员中的一员，更是成为了伟大的无产阶级的一分子。

> 我参加过“三反”“五反”，经济领域的“偷税”“漏税”这些活动，算是比较活跃的，比如说在三反五反中，我参加了查账

① 张绪雄：《建国初期上海失业工人社会救济研究（1949—1952）》，7 页，上海，上海师范大学硕士论文，2011。

② 今天的上海市高级技工学校，其前身是 1951 年创立的上海市劳动局第二、第三技工学校，是一所以机械制造类、电工电子类、计算机信息类和工商管理类专业为主的技工学校。

③ 2019 年 7 月 30 日访谈原四川齿轮厂职工王杏生。

队。主要就是去查一些老板的账，因为这是国家规定的。由于我是自学的会计和查账，后来又被人知道我读过会计，所以我就参加查账队了，还做了甲方代表，代表的就是政府，乙方就是资本家。这个过程人家也要参加，因为三界合一，每个行业都要查账。虽然有些资本家不愿意让我们查账，但因为我在资本家那里做过事情，我知道哪个税交了，哪个税没交的，所以他们没法拒绝，拒绝你要吃大亏的。因为三反五反把资本家消灭了，我们才解放，投身社会了。就是因为我做事比较积极，所以就算我只读了三年书，分子分母都不会，还是让我去上技校，还评上了积极分子，我在技工学校毕业之后就被分配到了唐山工作。①

我是兵

在这个时代，没有比成为一名工人或是一名士兵更令人自豪的事。在四千余名川齿职工中，有一批经过战火淬炼、意志坚强的中坚力量。他们有的投笔从戎，有的为了生计，不论因何踏入军旅，却都将国家命运和荣耀佩挂在身，或是穿越火线，或是行走边疆。

说起四川齿轮厂的老革命，大家都会提到先后任成都拖拉机厂和四川齿轮厂党委书记的石萍。这位颇具传奇色彩的老人，1916 年出生在四川涪陵李渡镇的一个小手工业家庭，小学毕业四年后，1936 年进入重庆公交公司当上了工人。也是在这一年，他参加了中国共产党领导的抗日进步组织“救国会”，从此走上革命道路。1938 年 3 月加入中国共产党的石萍，领导群众进行抗日救亡活动，在抗日战争胜利后又在白色恐怖下继续坚持斗争。1942 年，他与发妻在重庆办起了“生活食店”，作为地下党的秘密联络点和交通站。在重庆解放前，陆续参与川东武装起义，领导停运军粮的斗争和组织重庆公共汽车公司工人罢工游行。解放后又投身到国家的工业建设的热潮中。

---

① 2019 年 7 月 30 日访谈原四川齿轮厂职工王杏生。

在石萍担任四川齿轮厂党委书记期间，程法禹在20世纪70年代转业来到了四川齿轮厂。这位比石萍小上七岁的副厂长，将不平凡的军旅生涯镌刻在近百年的个人生命史中。

我1922年12月出生在河南省内黄县井店公社的东潘井村，后来逃荒到了吉林的辉南县城关镇当长工。后来在1944年3月参加革命，我在村里当自卫队队长和农委会副主任。1946年2月我加入了中国共产党，先是在晋豫中学习了两个月，之后在晋冀鲁豫兵站工作，是做会计。12月进军大学习，那会儿就当了兵。我参加的最大的战斗就是淮海战役。我们是第十二军十七旅，当时在李德生手下当了两年的参谋。1949年春节过后，我就跟随大军进军西南，在壁山剿匪。后来在江津军分区司令部工作了。（19）58年11月我去长沙政治学校学习，后来又去中国人民解放军汽车某团政治处，做主任、政委。1977年转业到地方，进入四川齿轮厂。[①]

程法禹军官身份证（莲花社区川齿记忆馆藏）

① 2022年1月27日访谈原四川齿轮厂职工程法禹。

中国人民解放军西南军区颁发解放西南胜利纪念章（莲花社区川齿记忆馆藏）

就在程法禹在二野某部任参谋时，年近20岁的肖祖英参加了革命，成为一名中国人民解放军。在第六纵队服役一段时间后，便调往晋察冀边区，直至太原战役前夕，他被调入晋察冀野战军的二十兵团第六十八军。对于这位年逾九旬的老人来说，太原战役是一次人生洗礼。

当时我们就在山西当地老百姓家住了下来，每天的任务是练兵、学习，还有帮当地老百姓收割、打扫卫生。不久又从这里直奔张家口，那时候全靠两条腿走路。我当时是炮兵，但不是大炮，是可以背的小炮，还有装着枕头、大衣、炮弹、粮袋、水壶的背包，身上大概负重得有四五十斤。

后来我们接到了解放太原的命令。那时一个兵团有三个军，第六十六军、第六十七军和第六十八军。在我们到那里之前，其他的兄弟部队已经把太原城团团包围。我们就驻扎在城外，继续练兵和学习，一直到战斗任务下来。我们就直奔到了飞机场那边，我们炮连使用的是小炮——六〇炮，此外还有机枪连、步兵，机枪连负责掩护步兵消灭敌人。我的任务是把城外敌人的碉堡干掉，这个碉堡和电视上演的不一样，是梅花形的，特别坚

> 固。而我用的是小炮，威力小。打了多少炮弹才把碉堡炸掉我也记不清楚了，不过任务算是完成了。后来根据我的平时表现和战斗情况，部队首长给我记了一等功，勋章就在防空洞里展示着。
>
> 太原解放以后，我们又奔到大同。但是听说敌人逃跑了，我们又前往张家口，后来又去绥远，发现敌人也跑了。于是我们就从绥远奔包头，在那里坐火车一直到了北京，那时还叫做北平。在二十多里外的地方驻扎下来，准备参加解放北平的战役。当时傅作义是华北剿匪总司令，我们的部队首长和傅作义那边谈判，傅作义同意了和平解放。新中国成立以后，傅作义被任命为水利部部长，老人儿都知道。
>
> 1950年我调到坦克部队，准备抗美援朝。当时坦克部队靠着长辛店，我调到那里学习开坦克。那时候用的是苏联的坦克，有32吨轻型、48吨重型和火炮三种，我们就直接跟着苏联的同志学习。50年那会儿“一边倒”，处处向苏联学习。当时北京还建了个中苏友好纪念馆，是很早的时候了。学得差不多准备抗美援朝，结果上级下命令说有了变化。我们就没去，留在那里当了教员。把其他同志教会之后，他们去了抗美援朝的前线。而我在1954年又被调到长辛店的学校去学习，还是坦克。（19）56年毕业之后就分到了东北大连那边。[①]

遗憾的是，肖祖英因腰伤难以再承担训练任务。根据1955年2月8日全国人民代表大会常务委员会第六次会议通过的《中国人民解放军军官服役条例》，因伤病残疾不适合服现役，本人请求并经批准便可转入预备役。[②]肖祖英便不得不作别他的军旅生涯，转业回到老家天津。在“劳逸结合”的方针下，他从天津解放路附近的河北省农业厅，调到了离家更近

① 2021年10月19日访谈原四川齿轮厂职工肖祖英。

② 中华人民共和国国务院：《中国人民解放军军官服役条例》，见《中华人民共和国国务院公报》，第2号，70–71页，1955年。

的天津第九内燃机齿轮厂。就这样，这位出身行伍的“兵”在 20 世纪 50 年代末投身到了另一场轰轰烈烈的工业化建设中，也为支援三线建设埋下了伏笔。

肖祖英立功证书（莲花社区川齿记忆馆藏）

1951 年中国人民解放军第一战车编练基地
第一期毕业纪念章
（莲花社区川齿记忆馆藏）

1954 年 2 月 17 日全国人民慰问
代表团赠
（莲花社区川齿记忆馆藏）

转轨

1949年1月30日北平宣布和平解放。同年9月，中国人民政治协商会议第一届全体会议隆重举行，宣告中国人民政治协商会议正式成立，并且通过了《中国人民政治协商会议共同纲领》——这部具有临时宪法作用的重要文件，不仅昭示中国人民解放战争和人民革命的伟大胜利，帝国主义、封建主义和官僚资本主义在中国统治时代的结束，也确立了以工农联盟为基础和工人阶级的领导地位。然而，经过战火洗礼的中国，在革命胜利后却面临着更为严峻的挑战。

持续的战争对我国钢铁工业、电力工业、铁路公路、煤矿和农业的破坏极为严重。根据统计，1949年我国钢铁工业几乎破坏殆尽，全国生铁产量仅剩24.6万吨，钢产量15.8万吨。电力工业近半被破坏，煤矿生产几乎瘫痪，而解放时所有铁路公路几无一线一段能够通车。在农业方面，1936年全国粮食产量是3000亿斤，到1949年粮食产量2260亿斤，棉花产量仅有880多万担。这一时期，我国使用机器的现代性工业的产值约占工农业生产总值的17%，农业、个体手工业和工厂手工业的产值约占83%。就生产资料和机器制造业的生产而言，生产资料生产的总产值占工业总产值的28.8%，机器制造业的总产值占1.7%。①

新中国成立后面临亟待恢复的国民经济和向社会主义社会过渡的艰巨任务。1949年颁布的《中国人民政治协商会议共同纲领》中，确立了中华人民共和国经济建设的根本方针，拉开了我国过渡时期社会主义工业化和社会主义改造的序幕。《中国人民政治协商会议共同纲领》中的“社会主义经济”是“为人民共和国发展生产、繁荣经济的主要物质基础和整个社会经济的领导力量”，其根本方针即：

以公私兼顾、劳资两利、城乡互助、内外交流的政策，达到

① 吴江：《从资本主义经济转变到国家资本主义经济》，载《经济研究》，1956（2）：59–104。

发展生产、繁荣经济之目的。国家应在经营范围、原料供给、销售市场、劳动条件、技术设备、财政政策、金融政策等方面，调剂国营经济、合作社经济、农民和手工业者的个体经济、私人资本主义经济和国家资本主义经济，使各种社会经济成分在国营经济领导之下，分工合作，各得其所，以促进整个社会经济的发展。①

仅在1949年，我国便已完成约2000个单位（不计小城市和矿山）的官僚资本企业的国有化，使社会主义经济在关乎国计民生的生产资料生产和原料、动力生产等重要领域占据主导。同年底，社会主义企业在工业领域有了很大起色。所产煤炭产量约为全国总产量的70%，铁为60%，钢为90%，发电容量为70%以上，工作母机为50%左右，水泥为70%。②自1950年起，上海、天津、沈阳等主要工业城市率先开始了公私联营和生产专业化。

上海，不仅是举足轻重的工商业城市，也是我国机械制造工业发轫较早、基础较厚的城市之一。在20世纪50年代初，这里拥有1500多家机械制造工厂，2万余部母机，近5万人职工，占全国生产能力1/3以上。这里还拥有最为庞大的工人群体。除公务员、工程师以外，直接从事机械生产工作的技术工人便有44422人，占到全国机器制造技术总数的40%③，其在全国机械制造业所占地位可见一斑。虽然上海较之其他地区，机械制造工业处于领先地位，但是却依然存在配备分散、式样陈旧、生产力较低的问题。

与上海毗邻的浙江则有着历史悠久和相对发达的手工业生产和商品经济，这里也是我国近代民族工业发生较早的地区之一。在19世纪80年代，便有一部分商人、地主和官僚开始投资新式工业，成为浙江民族资本

①《中国人民政治协商会议共同纲领》，载《江西政报》，1949（3）：18–22。
② 吴江：《从资本主义经济转变到国家资本主义经济》，载《经济研究》，1956（2）：59–104。
③ 陈望隆：《上海的机械制造工业》，载《机械制造》，1950（3）：4–9。

主义工业的发轫。在20世纪初浙江民族工业一度得到发展，却以纺织等轻工业为重。据统计，20世纪20年代的杭州、宁波等主要城市约有128家大小工厂，其中重工业占15%，轻工业占85%。[①]在1936年民族工业发展的鼎盛时期，工业总产值达到7.3亿元。至1949年，浙江工业因战乱、洋货倾销受到严重阻滞，工业总产值也下降到了4.1亿元。[②]此时期的企业多为狭小、分散的手工作坊，近代机器大工业寥寥无几。

而千里之外的天津，则是我国华北地区机械工业最发达的城市。早在1927年以前，这里便有私营机器工厂百余家，虽然规模都很小，经营方式和生产能力也相对落后，但是却成为华北机械工业发展的基础。到了20世纪30年代，天津有了橡胶配件厂、天津自行车厂。至1937年天津机械工业发展到140余家工厂，1941年还成立了丰田汽车制造厂。新中国成立以后，天津的大小机械厂发展到450家，其中具有相当规模和粗具规模的机器工厂有363家，其余则是手工业的小生产者。[③]

1950年5月22日，我国召开全国机器工业会议以助推公私联营和生产专业化，会议上全国各大城市的机器工业都分配到了大批订货。例如，天津所得到的东北工业部、东北贸易部、太原和郑州铁路局等单位的订货，便可以满足天津机器工业生产的80%以上。为了改善分散的经营方式，天津市的345个工厂成立了集体化的统购统销“天津市私营机器工业联合制造厂”。整个机器工业签订集体合同，劳资双方互选出五名代表，成立了联合劳资协商会议，并且在组织章程中，明确规定了“依民主平等自愿的精神，来协商解决本业生产以及劳资关系等问题，以达到发展生产、劳资两利的目的”。[④]

在抗美援朝和恢复国民经济的双重压力下，我国工业、农业发展依然

① 史群：《浙江民族资本主义近代工业的产生和发展——杭州、宁波、湖州、温州和绍兴五个城市的初步调查》，载《浙江学刊》，1964（2）：48–54。

② 浙江省统计局：《改革开放30年浙江工业化发展历程回顾》，http://www.stats.gov.cn/ztjc/ztfx/dfxx/200812/t20081208_34562.html，2008-12-24。

③ 笑岱：《天津市机器工业》，载《机械制造》，1950（5）：3–4。

④ 笑岱：《天津市机器工业》，载《机械制造》，1950（5）：3–4。

向前迈出了一大步。经过三年的国民经济恢复，至1952年国营工业的总产值已达到大型工业总产值的60%，公私合营工业占6%，合作社营工业占3%。同时，工业、农业总产值较1949年增长了77.5%。其中现代工业增长178.6%，农业增长48.5%。作为国家经济发展水平主要标志的现代工业，在工业农业总产值中所占的比重，由1949年的17%上升到1952年的26.7%。[①] 在此基础上，我国开始进入有计划的国民经济建设时期。1953年6月15日，毛泽东在中央政治局扩大会议上首次完整阐述党在过渡时期的总路线和总任务。"这条总路线是照耀我们各项工作的灯塔"——在一个相当长的时期内，必须逐步实现国家的社会主义工业化，必须逐步实现国家对农业、手工业和私营工商业的社会主义改造，也就是所谓的"一化三改"。可以说，我国社会工业化和社会主义改造在20世纪50年代并驾齐驱，齐头并进。

其中，社会主义工业化道路必须按照中国人民政治协商会议共同纲领的规定，以发展重工业为重点。"应以有计划有步骤地恢复和发展重工业为重点，例如矿业、钢铁业、动力工业、机器制造业、电器工业和主要化学工业等，以创立国家工业化的基础。同时，应恢复和增加纺织业及其他有利于国计民生的轻工业的生产，以供应人民日常消费的需要。"1951年春，发展国民经济的第一个五年计划开始酝酿。1953年成为"一五计划"的开局之年，"以工人阶级为领导的中华人民共和国的成立和经济命脉归国家掌握，就使得我们有可能根据建设社会主义的目标，来有计划地发展和改造国民经济，以便逐步地把我国由落后的农业国变成先进的社会主义的工业国"[②]。

1955年7月30日，第一届全国人民代表大会第二次会议通过《中华人民共和国发展国民经济的第一个五年计划》，依据过渡时期的总任务提出第一个五年计划的基本任务：

---

① 中华人民共和国国务院：《中华人民共和国发展国民经济的第一个五年计划》，见《中华人民共和国国务院公报》，第15号，515–627页，1955年。

②《中国人民政治协商会议共同纲领》，载《江西政报》，1949（3）：18–22。

> 集中主要力量进行以苏联帮助我国建设的一五六个建设单位为中心的、由限额以上的六九四个建设单位组成的工业建设，建立我国的社会主义工业化的初步基础；发展部分集体所有制的农业生产合作社，并发展手工业生产合作社，建立对于农业和手工业的社会主义改造的初步基础；基本上把资本主义工商业分别地纳入各种形式的国家资本主义的轨道，建立对于私营工商业的社会主义改造的基础。①

时任副总理的李富春在《关于发展国民经济的第一个五年计划的报告》中指出："只有建立起强大的重工业，即建立起现代化的钢铁工业、机器制造工业、电力工业、燃料工业、有色金属工业、基本化学工业等等，我们才可能制造现代化的各种工业设备，使重工业本身和轻工业得到技术的改造；我们才可能供给农业以拖拉机和其他现代化的农业机械，供给农业以足够的肥料，使农业得到技术的改造；我们才可能生产现代化的交通工具，如火车头、汽车、轮船、飞机等等，使运输业得到技术的改造；我们也才可能制造现代化的武器，来装备保卫祖国的战士，使国防更加巩固。同时，只有在发展重工业的基础上，我们才能够显著地提高生产技术，提高劳动生产率，能够不断地增加农业和消费品工业的生产，保证人民的生活水平的不断提高。"②

针对我国工业偏集于一方和沿海的状态，"在全国各地区适当地分布工业的生产力，使工业接近原料、燃料的产区和消费地区，并适合于巩固国防的条件，来逐步地改变这种不合理的状态，提高落后地区的经济水平"。第一个五年计划提出了工业布局的调整，利用东北、上海和其他城市已有的工业基础，加速工业建设；积极进行华北、西北、华中等新的工业地区的建设，为第二个五年计划做铺垫；同时在西南地区开始部分的工

① 中华人民共和国国务院：《中华人民共和国发展国民经济的第一个五年计划》，见《中华人民共和国国务院公报》，第 15 号，523 页，1955 年。

② 李富春：《关于发展国民经济的第一个五年计划的报告》，载《经济研究》，1955（3）：5。

业建设，积极准备新工业基地建设的各种条件。

自1953年起，大规模的经济建设轰轰烈烈地开始了，钢铁、电力、机器制造、化学等工业及运输业的发展对于能源的需求也更为迫切。“一五计划”提出在充分利用原有煤矿基地的基础上，积极开始新的煤矿基地建设，其中便包括唐山的马家沟矿。这个始建于1908年的矿井在1948年12月12日唐山解放后归为国有，并在1954年8月复矿后投入社会主义建设。从上海技工学校毕业的王杏生，分配到唐山工作，其后便被调到了马家沟矿，参与了历时三年之久的复矿工作。

后来我被唐山煤矿的人选上了。在那里工作的时候，我们的生活情况还是比较优惠的。我们这个厂有一千多个人，作为煤矿工人，国家有一个优惠政策。比方说你困难的时候，国家就帮助你。矿工肉三斤、酒三斤、粮食三十到五十斤，所以当时的收入也还是可以的。主要是我们都二十来岁了，都要养家，如果不好好工作，老板要你走就得走了。虽然国营企业没有这种担心，但是心里还是有想法，想好好干。所以我很珍惜这份工作，在一百多人中从小组长一路升到了大组长。再后来我干了几个月之后，就被调到马家沟矿①。马家沟矿当年被日本人开采过，解放之后就停了。我们刚来的时候，底下都是水，一道行、一道行的，当时我就在矿井里面维修。②

而逐步实现国家对农业、对手工业和对私营工商业的社会主义改造，则牵涉到农民个体经济和资本主义工商业两种形态的经济。依据毛主席的指示，对农民个体经济的社会主义改造是经过互助合作的道路，达到农民

① 1908年7月19日，利用西法开采的马家沟矿正式凿井，共开凿了两个矿井。到1910年开始出煤。1912年开滦矿与开平矿合营，马家沟矿也并入开滦矿务局。1936年初，开滦资本家以“煤质不佳，营业不振”为借口，关闭了马家沟矿。直到解放后，在人民政府领导下重新开采。

② 2019年7月30日访谈原四川齿轮厂职工王杏生。

的集体所有制；对资本主义工商业的社会主义改造是经过国家资本主义的道路，达到国家所有制，即全民所有制。1953 年 11 月 11 日，《人民日报》发表社论："在我国的条件下，要把资本主义的私营工商业改变为社会主义的企业，必须首先鼓励资本主义工商业向国家资本主义的方向发展。国家资本主义是在社会主义经济直接领导下的社会主义成分和资本主义成分的经济联盟；国家资本主义也就是在人民政府管理下的，用各种方式和国营社会主义经济联系和合作的、受工人阶级监督的资本主义企业。"[①] 社论中所说的"国家资本主义"是一种过渡形式的经济，它是在国营经济直接领导下，符合中国当时国情的生产关系和经营方式，将资本主义工商业进一步纳入国家资本主义的轨道。这在当时具有充分的必要性，也具有充分的可能性。

在过渡时期的头三年里，国家资本主义经济在工商业领域出现了多种具体形式。在工业方面，按照与社会主义经济相联系或合作的程度，可以区分为高级形式的公私合营，即在所有制形态上社会主义成分已经深入资本主义企业内部，企业由资本家私有转变为公私共有制，且社会主义所有制居于领导地位；中级形式的加工、订货、统购、包销，这种形式确保了国家直接控制资本主义企业的原料供应和产品销售两个重要环节，通过影响企业内部关系，使工人是为国家和人民的需要劳动，而非为资本家的利润而劳动，并且工人已直接参加企业管理；低级形式的收购、经销，即国家在一定条件下收购资本主义企业的一部分产品或经销其一部分产品，但是企业仍属于资本主义性质。

针对新中国成立初期拥有 380 万工人和店员的私营工商业，国家主要采取利用、限制和改造的和平方式，这是充分结合中国实际情况通盘考虑后的清醒决策。利用私营工商业有利于国计民生的积极作用，限制其不利于国计民生的消极作用，进而通过有区别地引导私营工商业逐步走上国家资本主义的轨道，在条件具备时最后实现社会主义的改造。根据当时工

① 人民日报社：《进一步把私营工商业纳入国家资本主义的轨道》，载《山西政报》，1953（22）：20–22。

商行政管理局统计，北京、天津、沈阳、上海、武汉、广州、重庆、西安八大城市私营大型工业1954年第一季度的总产值中，加工、订货、统购、包销的产值占86.4%。[①] 通过加工、订货、统购、包销的国家资本主义中级形式，逐步掌握了工业的原料供应和产品销售，使这些私营大型工业企业纳入国家计划的轨道。

然而，这一时期的大多数私营工业企业仍为资本主义属性，不仅存在劳资矛盾，存在未服从国家利益，不按量、按质、按时间完成任务，也无心于技术改进和管理改善，存在质量低下和浪费严重的弊端。鉴于此，时任中央人民政府政务院财政经济委员会副主任的李维汉，在1954年将《公私合营工业企业暂行条例》提请政务院审核，力争使社会主义成分在企业内部居于领导地位，以发展生产、保证需要和国家计划的要求为指导方针。1954年9月2日，政务院第223次政务会议通过《公私合营工业企业暂行条例》。作为我国社会主义改造所依据的重要文件，它将公私合营企业的性质明确为“由国家或者公私合营企业投资并由国家派干部，同资本家实行合营的工业企业，是公私合营工业企业”。

> 对资本主义工业企业实行公私合营，应当根据国家的需要，企业改造的可能和资本家的资源。企业的公私合营，应当由人民政府核准。合营企业中，社会主义成分居于领导地位，私人股份的合法权益受到保护。合营企业应当遵守国家计划。[②]

工业企业公私合营成效初见，我国的大部分机械工厂纷纷开始了技术改造，扩大厂房，补充和更新机器设备，调整生产与劳动组织，实行计划管理，初步建立了经济核算制。1954年我国全国机械工业的生产总值已为1949年的13倍。公私合营企业所得利润，按照国家所得税、工人福利奖

① 李维汉：《关于“公私合营工业企业暂行条例”的说明》，载《江西政报》，1954（16）：51–56。

② 政务院：《公私合营工业企业暂行条例》，载《山西政报》，1954（17）：25–27。

金、企业公积金和资本家的股息红利的酬劳四个方面分配，从而改变了资本主义企业唯利是图的情况。通过改善劳资关系、盈余分配激发职工的主人翁意识和劳动积极性。对于工人王杏生而言，公私合营并没有危害，反而还带来了福利，劳动的积极性也有所提高。

> 社会主义改造以后就是公私合营，所谓“公私合营”，就是政府给你投资，利润就由国家分配了。那时候对资产阶级的打击是十分严厉的，有时候我们想买好一点的东西都不敢，生怕被当作资产阶级。公私合营对我们煤矿工人来说其实并没有危害，反而还带来一些福利。比如说，根据政策我们的煤矿定量发米粮，我当时每个月可以领五十五斤，一个季度甚至还有三四十斤的超量。而且单位还有学校、医院，我们只需要出粮票，给子女看病也都可以，煤矿的领导也挺好。那个时候煤矿厂里还有一些优惠，比如酒、肉、烟，煤矿厂都配的有，不过这些需要自己花钱买，不是国家送给你，但是其他不在煤矿的人就不享有这种“特权”了。唯一的一点可能就是有些工人家里面娃娃多，粮食可能就不够吃。即使在最困难的时候，国家也还是要发展生产，而我们煤矿厂周边的街道、集市、小镇都变成了合作社。三大改造之前的资本家一般都是压迫式的，我给资本家做事也会有不太舒服的情况。这一切都全靠共产党，不然我今天早就没有命了。这句话是真的。[①]

显然，看得见、摸得到的劳资关系改善，生活质量的提高使不少工人干劲十足。事实上，自 1953 年随着大张旗鼓地开展总路线宣传工作的展开，从农村到城市，从农业到工商业、手工业各个领域对于逐步实现社会主义工业化，逐步实现对农业、手工业和私营工商业的社会主义改造——这一过渡时期总路线经历了从陌生、迟疑，甚至是误解、排斥，到认识、

① 2019 年 7 月 30 日访谈原四川齿轮厂职工王杏生。

理解和接纳。1953 年 10 月 23 日，第一届中华全国商业联合会会员代表大会召开，在三天的会议中，代表们就国家在社会主义过渡时期中的总路线、第一个五年计划的基本任务、国家资本主义主义和增产节约运动等问题加以讨论。李维汉在会上的讲话肯定了中国私营工商业者在社会主义经济建设中的作用和光明前途，也剖析了工商业尚存的弊端，并且深度阐释了总路线、一五计划等问题。

从 1953 年年底开始，在全国农村和工矿企业掀起了总路线的学习和宣传。经过土改，尤其是在 1951 年 12 月 16 日，中国共产党中央委员会通过《关于发展农业生产合作社的决议》，广大农村地区开始了轰轰烈烈的生产户主合作运动，并取得了良好的成效。截至 1953 年 10 月，参加互助组和农业生产合作社的农户，已达到全国农村总户数的 43%，农业生产合作社有 1.4 万多个，参加者超过 27.3 农户。[①] 1953 年 11 月 9 日，《人民日报》发表社论，强调过渡时期“这个总路线必须使全体人民都知道，特别是必须使广大农民都知道”[②]。在总路线的宣传、学习过程中，需要正确说明社会主义的生产、分配和实现社会主义所必需的奋斗过程，纠正将社会主义误解成了“归大堆”“吃大锅饭”的问题。

在工业领域，1953 年 11 月 25 日，中华全国总工会发出《关于学习、宣传与贯彻过渡时期总路线的指示》，要求工会发挥作用，务必使每一个职工和家属懂得，只有实现国家社会主义工业化和对农业、手工业和资本主义工商业的社会主义改造，才能使中国由落后的农业国变成一个社会主义工业国。

12 月 12 日，《人民日报》发表社论“向广大工人群众宣传总路线”指出，全国人民都应该学习和掌握总路线，工人阶级更应该学习和掌握总路线。这不仅因为工人阶级担负着实现总路线的主要责任，应该在这方面充分发挥应有的模范作用。在对工人群众宣传总路线时，首先要把工人群众

① 人民日报社：《正确地贯彻中国共产党中央委员会关于发展农业生产合作社的决议》，载《山西政报》，1954（2）：27–30。

② 人民日报社：《必须大张旗鼓地向农民宣传过渡时期的总路线》，载《山西政报》，1953（22）：10–12。

的个人利益和国家利益的一致性说清楚，把眼前利益应该服从长远利益的道理说清楚，进一步提高工人群众共产主义的觉悟水平，引导工人群众自觉地为社会主义、为总路线而奋斗。还必须反复说明工人阶级掌握现代科学技术和提高文化水平的重要性。还要把工人群众的日常劳动和国家的社会主义建设的关系说清楚，把工人群众的劳动热情引向当前增产节约的实际行动中去。[①]

通过广泛的宣传和学习，无论是农村里的农民，抑或是城市里的工人、手工业者，都对过渡时期的总路线有了更深的理解。1956 年 1 月 15 日，天安门广场举行了庆祝社会主义改造胜利联欢大会。继首都迅速步入社会主义社会之后，全国各地掀起了汹涌澎湃的社会主义改造的高潮。

重庆市私营工商业在 1 月 16 日全部公私合营，郊区基本实现了完全农业合作化，手工业实现了合作化。1 月 16 日、17 日，重庆市职工、工商业者及其家属 8 万多人和市郊五个区 10 万多农民举行了大会与游行，庆祝社会主义改造的伟大胜利。天津市私营工商业全部公私合营之后，农业合作化和手工业合作化也全部实现。武汉市私营工商业、私营交通运输业和手工业所属的 340 个行业，到 1 月 18 日为止，已提前全部按行业实行公私合营和走上合作化的道路。广州市宣布私营工商业也在 7 天内全部实行公私合营。占全国资本主义工商业一半的上海市资本主义工商业于 1 月 20 日全部实行公私合营，郊区农业和手工业实现了社会主义的合作化。到 1956 年 6 月底，全国共组织起 99.2 万个农业生产合作社，入社农户占全国农户总数的 91.7%。资本主义工业中，占产值 99% 和占职工人数 98% 的企业实现了公私合营。[②] 随着全行业公私合营和定息制度的推行，使得资本主义生产资料的国有化具备了充分的条件。

---

① 人民日报社：《向广大工人群众宣传总路线》，载《山西政报》，1953（24）：6–9。
② 周恩来：《关于发展国民经济的第二个五年计划的建议的报告》，载《山西政报》，1956（18）：40–63。

“蓉联”

到1956年1月底，全国六十多个大、中城市先后实现了全部资本主义工商业的公私合营，偏居西南的成都也正发生着翻天覆地的变化。在祥记机械工业合作社当学徒的赵齐顺，1956年公私合作化运动后进入了成都火车头合作社工作，见证了成都的工商业公私合营和社会主义工业化的起步。

很多私营老板在合作化运动期间，都把自己的东西拿去交给了国家。当时敲锣打鼓宣传，这也是政策的要求。应该说那时候的私营摊摊上，锻工、铸造工啥子技术人员都有。为什么会这样呢？比如说我们开个私人摊摊，就啥子都要做，不是说我只做这个或是那个。人家来要做啥，你就得给人家做啥。虽然机械化程度不高，大多都是手工做的，但是确实有不少技术人才。我举个例子，有个崇庆县[①]的人，不需要其他的人帮助，他一个人就把手枪就造出来了。这不是说造的玩具手枪，而是造能打得响的真枪。国家也正因为看好了这一点，通过合作化把技术人才都集中起来。因为那个时候我们国家很落后，特别是成都地区。集中起来就能够发挥力量，就能制造出东西了噻。加之私营企业的数量也多，一合起来，整个力量确实还是很大的。

1956年公私合营以后，我们老板也同样进了工厂。当时有两条道路，一个是走合作社，另一个是公私合营。当时那些老板巴不得把自己的企业就交给国家，不愿意再剥削人了。举个例子，在还没有进入火车头合作社的时候，我们这家私人店铺就搬到成都青年路那附近，靠近春熙路。当时需要租房子，我记得10块钱一个月，房东是个女同志，大概40来岁吧。她女儿当时还在读书，每个礼拜一回来就和她妈交谈。她说：你必须把这个房子

① 即崇州，为四川省辖县级市，由成都市代管。

> 给卖了，你现在还在剥削人，剥削人是可耻的！她女儿每次都跟她闹，后来没办法，她就把房子卖给我们老板。很便宜，250 块钱。去房管局去挂牌的时候，房管局的人都觉得这价钱低了，就提高到了 290 块钱。那时候，大家认为剥削是很可耻的，觉得越穷越好，没有钱是最好的。[①]

彼时的成都虽然工业基础薄弱，却也有不少私营工商业。为了适应国家经济建设需要和促进企业改造，经过近两个月的酝酿，成都市人民政府工商行政管理局合并工作组争取到华业、华西、荣昌、梅生、合友、艺润泉六家厂社职工的支持。在自觉自愿基础上，六厂社同意合并成为“华业汽车修配厂”。1954 年 11 月 1 日，根据成都市人民政府工商行政管理局（54）辅综字第 748 号批复指示，“华业、华西、合友、梅生、荣昌、艺润泉六户合资经营，选出劳资双方代表组成并厂筹备委员会，设立筹备处进行并厂筹备工作”。筹备组设立主任委员 1 人、副主任委员 4 人、委员 12 人，下设机器工具组、原材料组、房屋家具组，在 11 月完成了清产核资工作。[②]

1954 年 11 月 27 日六厂社订立《并厂协议书》，并由人民政府工商行政管理局备案。[③] 合并后的华业拥有老技工 16 人、熟练工 35 人、青工 37 人、杂工 4 人、引擎 23 人、底盘 21 人、车工 12 人、钳工 6 人、锻工 4 人、敲辅 10 人、电工 4 人、喷漆 4 人。[④] 此次小厂并大厂的“私私合并”不仅为日后“公私合营”打下了良好的基础，其技术骨干也成为了成都拖

① 2020 年 6 月 28 日访谈原四川齿轮厂职工赵齐顺。

② 并厂筹备委员会：《呈报》，1954 年 10 月至 1956 年 4 月，卷号二，8 页，成都市工业行业档案资料中心藏。

③ 成都市望江区增产节约办公室：《华业、华西、合友、梅生、艺润泉、荣昌六厂社合并总结报告》，1954 年 10 月至 1956 年 4 月，卷号二，4 页，成都市工业行业档案资料中心藏。

④ 成都市望江区增产节约办公室：《华业、华西等六厂私私合并人事安排、生产调配初步方案》，1954 年 10 月至 1956 年 4 月，卷号二，9 页，成都市工业行业档案资料中心藏。

拉机厂的核心力量。1956年年初，华业与十余个小厂合并，1958年2月1日，公用局汽车修理厂奉令并入，前后共有25个单位合并而成公私合营的华业汽车修理厂，主要从事汽车的大、中、小修理。同样是在1956年年初，联合铁工厂和其他三个铁工厂两个生产小组，以及一些个体手工业者，组建成火车头机器制造生产合作社，主要从事修配作业，生产汽车零件、锄头、磅锤、机工榔头、锯子等小件产品。①

与此同时，在一五计划末期，我国开始着手在西南地区建立新工业基地，将社会主义工业化推向更高的阶段。作为西南重镇的成都，在国家工业布局的蓝图中占有了一席之地。1956年9月16日，周恩来代表中央委员会在中国共产党第八次全国代表大会上做出《关于发展国民经济的第二个五年计划的建议的报告》②，强调在"二五"期间"必须继续扩大冶金工业的建设，大力推进及其制造工业的建设，加强电力工业、煤炭工业和建筑材料工业的建设，积极进行工业中的落后部门——石油工业、化学工业和无线电工业的建设。同时，还必须推进国民经济的技术改造，首先是进行工业的技术改造，以提高我国工业的技术水平"③。出于资源分布和国防需求，"二五"期间除了继续在华中和内蒙古两地区进行以钢铁工业为中心的工业基地建设之外，还计划在西南、西北和三门峡周围等地区开展以钢铁工业和大型水电站为中心的新工业基地建设，新疆地区的石油工业和有色金属工业建设，以及加强西藏地区的地质工作，为发展西藏的工业准备条件。④

"二五"计划虽然仍将重工业发展摆在首要地位，但是也特别强调了工业与农业的密切配合，协调发展，并与《一九五六年到一九六七年全国

---

① 成都拖拉机厂：《十年建设成就资料整理》，1958年5月至1959年4月，卷号一，3-4页，成都市工业行业档案资料中心藏。

② 周恩来：《关于发展国民经济的第二个五年计划的建议的报告》，载《山西政报》，1956（18）：40。

③ 周恩来：《关于发展国民经济的第二个五年计划的建议的报告》，载《山西政报》，1956（18）：46。

④ 周恩来：《关于发展国民经济的第二个五年计划的建议的报告》，载《山西政报》，1956（18）：48。

农业发展纲要（修正草案）》相呼应。《纲要》草案由中国共产党中央委员会在 1956 年 1 月间提出，10 月 25 日予以修订。修正草案在巩固农业合作化制度的基础上，以农业增产和促进农业经济全面发展为目标，并且明确指出从 1956 年起由机械制造部门和农业部门协力，“拟出一个适合我国条件的农业机械化方案，为推广农业机械化做好准备，随即制造适合各地的机械，供应农民”[①]。

为了顺应国家经济建设需求，1958 年 7 月，成都火车头合作社与华业汽车修理厂合并，成立成都拖拉机制造厂，实行“边基建，边生产”的方针。此次改组采取自上而下、分段动员的方式。由市计委召集，第一工业局、交通局、手管局组建的拖拉机工作组，以及华业厂、火车头合作社负责干部，于 3 月 24 日共同组成临时小组，力求“统一思想，统一认识，统一语言”。其中，拖拉机工作组参加人员为组长王新民、副组长席德明和工程师陈秀侗；华业厂参加人员为支书石萍、厂长朱金华、副厂长关潜江；火车头合作社参加人员为支书刘文明、主任杨吉轩。组建后的成都拖拉机厂立即开始选择厂址，同时确定试制和生产任务，计划完成小型拖拉机试制定型，九匹半马力汽油拖拉机两台，五匹—七匹马力汽油拖拉机两台，九匹半马力柴油拖拉机两台，十五匹马力汽油机或柴油拖拉机两台，福开森拖拉机生产五十台。试制和生产资金则由财政局按生产计划解决 30%，其余 70% 由银行贷款。为了保证试制和生产的顺利开展，成都拖拉机厂还与红旗铁工厂、成都量具刃具厂、成都机械厂、十一厂、四〇二厂、铁路机修厂、空军第一技校和重庆通用机器厂等单位协作。[②]

1958 年 7 月，新组建的成都拖拉机厂正式投入生产。初合厂时共有职工 710 人，火车头合作社 303 人，华业 407 人。其中，生产工人 578 人、技工 436 人、学徒 119 人、管理人员 162 人。至 1959 年，全厂职工达到

① 中国共产党中央委员会：《一九五六年到一九六七年全国农业发展纲要（修正草案）》，载《农业科学通讯》，1957（11）：4–11，转引自《人民日报》，1957 年 10 月 26 日。

② 成都拖拉机厂：《关于并厂问题的报告》，1958 年 5 月至 6 月，卷号一，104–107 页，成都市工业行业档案资料中心藏。

了1258人。[①]同年10月，成都市重工业局正式任命王新民和席德明为厂长和副厂长。[②]经过厂党委研究设置了人事科、保卫科、行政管理科、财务科、供销科、生产计划科、技术科、基本建设科八个业务科，以及党委、工会两个办公室。生产车间共八个，分别为第一车间（冶炼）、第二车间（铸工）、第三车间（锻压）、第四车间（铆焊）、第五车间（金工）、第六车间（总装）、第七车间（车身）、第八车间（机具）。[③]堪称四川齿轮厂“元老”的赵齐顺，便是在这次公私合营中成为成都拖拉机厂的一员，也是在这里开始了机械制造和技术创新的起点。

1956年，我们并到了当时在机械行业还是比较有名的成都市火车头合作社。1956年是合作化高潮，一部分私营企业就进入合作社，俗称为“公私合营”。我们走的就是火车头合作社，火车头合作社当时在成都算是规模比较大的。火车头合作社的主任是当时很出名的全国先进生产者杨吉轩，崇庆县的人，报纸上面都有登出来的，就相当于现在的全国劳动模范。他是打铁的，哪怕脚杆有病、受伤了，他都还在干。因为那种积极肯干的精神，让他被评为了全国的先进生产者。因为火车头合作社当时的技术能力比较强，合作范围很大，所以成都市相当一部分搞机械的都晓得火车头合作社。

① 成都拖拉机厂：《1958—1960三年来的工作总结》，1961年4月至1962年4月，卷号一，35–39页，成都市工业行业档案资料中心藏。

② 成都市重工业局：《关于任命阎省三、王新民、席德明、汤巨峰、韩茂德等9人职务的通知》，1958年4月至1958年12月，卷号二，1页，成都市工业行业档案资料中心藏。

③ 成都拖拉机厂：《呈报我厂科长、车间主任级干部请予任命》，1958年4月至1958年12月，卷号二，2页，成都市工业行业档案资料中心藏。

大概（19）57年、58年，我们搬到北门的驷马桥[①]现修的新厂房里面，隔壁就是华业汽车修理厂，是个私人工厂。最后大概市委看到我们这边制造能力比较强，而他们那边修汽车搞发动机比较可以，就把这两个单位合并了。之后成都市委派了王新民和席德明，席德明是个老红军，让他们来组建拖拉机工作组，下面有几十个工程技术人员，包括修理航空发动机这方面的技术人员。上级又把这三个单位合并在了一起，组建拖拉机厂。[②]

然而，工厂原有设备仅有40余部，其中80%都是老式和残缺不全的皮带机床，唯一一台龙门铯还是大概40年前的老古董。并厂之初虽然新增了十多台新机床，但却没有大型设备，锻、铸、钣金等工种几乎仍然全是手工操作，只能完成修配，或制造铡草机、饲料粉碎机等简单机械。成都拖拉机厂创立之初，以“边试制，边生产，边建设”为原则，试制、基建、生产齐头并进。在“大跃进”形势下，根据市委第九次扩大会议精神走“土洋结合，以土为主”路线，工厂开始了持续一个月的“大搞群众运动，大闹技术革命，贯彻两参一改三结合”运动。通过发动群众、自己武装自己的方式，扩充工厂设备。这期间最令人振奋的莫过于丰收-27型拖拉机的试制成功了。

我们组成拖拉机厂之后不到一年的时间，就把拖拉机造出来了。造拖拉机不像说我就买了零件直接装配，而是所有加工都要自己去制造。可以说，除了轮胎或油管是买的，其他东西全都要

① 驷马桥路东连成都火车东站、二仙桥和成都理工大学，而驷马桥街则是北上的通道老川陕公路的起点。街头以横架在公路上方的成渝铁路为标志，故被称为成都最早的立交桥，早在20世纪50年代就已形成今天的基本格局。驷马桥本身是沟通驷马桥街、驷马桥路和解放路的必经之地，从地理上说，它是成都北大门川陕路上的要冲。驷马桥原名升仙桥，因桥下的河水名升仙水，即今日之沙河。《华阳国志》载：“城北十里有升仙桥，有送客桥，汉代司马相如初入长安，题其门曰：‘不乘高车驷马，不过汝下’也。”于是后人便取司马相如题字之意，将此桥更名“驷马”。

② 2020年6月28日访谈原四川齿轮厂职工赵齐顺。

> 靠自己制造。我们因为基础好，一边是制造能力好，一边又是搞发动机比较可以，所以拖拉机一下就造出来了。[①]

赵齐顺所说的“造拖拉机”，是根据农科所在 1957 年进口的英国福开森 TE-F20 型部分仿制而成，拖拉机的驾驶部分和顶棚，以及全部外表装置完全是由国人自行设计制造而成的。试制是在没有图纸和设计资料，仅以实物参考，且设备不足、大件加工困难的情况下进行的，更显其中的不易。1958 年 2 月，确定了以华业汽车修配厂为主，一方面筹建拖拉机制造厂，一方面与成都十一厂、成都四〇二厂、成都机械厂、成都量具刃具厂、红旗铁工厂分工协作，历时 50 余日，终于在 4 月 30 日试制出第一台拖拉机。[②] 就这样，5 月 1 日，西南第一台拖拉机顺利地开出了工厂。

> 在整个试制过程中，因为我们从来没有做过拖拉机，而且没有图纸，故对我们来说，几乎每加工一个零件，都发生了很多困难，如高压油泵和喷油嘴，因为精度要求很高，英美在制造时还是依靠德国解决的，但我们没有被困难骇倒，经过华业厂的车间主任朱锡保，油泵工孙文甫、黄政波，和刃具厂的修理车间主任等，用手反复地边做边试，经过若干时间，克服了种种困难，终于在“五一”节前半天的时间内成功了。工人曹金玉在加工两个扁形齿时，由于没有新设备，最不好找中心，他就吃饭时也用两个空碗在棹上试验找中心，结果在一部旧式老牙车床上用车刀制造出扁形齿。[③]

就这样，在拆卸、琢磨中成就了西南地区的第一台拖拉机，作为五一

① 2020 年 6 月 28 日访谈原四川齿轮厂职工赵齐顺。
② 成都拖拉机厂：《新产品资料》，1958 年 5 月至 10 月，卷号一，55 页，成都市工业行业档案资料中心藏。
③ 成都拖拉机厂：《新产品资料》，1958 年 5 月至 10 月，卷号一，55 页，成都市工业行业档案资料中心藏。

献礼，它被叫做——“蓉联”。肖永强正是制造团队中的一员，那时他还是个21岁的年轻小伙子，负责制造启动机、发电机和线路仪表。对他来说，1958年5月1日是个特殊且难忘的日子。

> 1958年5月1日，是一个永远值得川齿人纪念和骄傲的日子。这一天，成都拖拉机厂试制成功西南地区第一台拖拉机，为四川农机工业的发展，做出了历史性的贡献。当时，公私合营结束不久，工业生产的基础十分薄弱，独立自主制造拖拉机是相当艰难的。但一接到上级指示，全厂职工群情振奋，斗志高昂，恨不得一天就造出拖拉机。过去认为外国人才能造的神秘被打破了，我们成拖厂也要造，也能造。
>
> 要造拖拉机，首先要选样机，经确定为英国福开森TE-F20型。当时的条件不可能去国外买资料，怎么办？自己干！没有图纸，自己进行测绘。为测绘图纸，掌握大量的设计数据，工程技术人员个个挑灯夜战，废寝忘食，充分发挥了工人阶级的积极性和创造性。2000多张资料图纸俩月就完成了。我记得，全厂职工干劲十足，从没计较个人得失。什么加班费、补休假，他们从来没有想过。想到的只是争分夺秒尽快把产品拿出来。我觉得当时的工作热情和建设速度及盈利按现在人人称赞的“深圳速度”，恐怕也望尘莫及。
>
> 图纸出来了，零件生产采取了“蚂蚁啃骨头”的办法，全市工厂通力协作，土办法“洋”办法齐头并举。按照上级决定，从图纸到产品只有50多天的时间，必须造出拖拉机，作为全市人民向“五一”节的献礼。在这段时间，工厂到处灯火辉煌，机声、人声混为一体，尽管什么额外报酬也没有，但每个人干得都很上劲，工厂里没一个闲散人员，人人都为造拖拉机尽心尽力。
>
> 五月一日，西南第一台拖拉机开出了工厂，因系多厂协作制造，故命名为“蓉联”，并送到北京参加了农机展览。看到辛勤

的劳动结出了丰硕的果实，全厂上下无不欢欣鼓舞。[①]

披红挂彩进京参加全国农业成就展览的“蓉联”，是20世纪50年代奔向现代化道途的中国梦，也是中国农业机械化的一道缩影。对于百废待兴的新中国而言，“造拖拉机”并不是一件简单的事。这风光背后，是中国首批工业人拼的那股钻研劲儿。拆了装，装了拆，废寝忘食方有了技术。用赵齐顺的话说，就像“是纸糊的窗子，一戳就破了”。

为什么我们国家发展得这么快？像我们刚解放什么都没得，什么都不晓得，还是接触了这个以后才懂。解放过后，美国人丢了些汽车，什么乱七八糟的弹药在我们国家的还是有。苏联人支援过我们，但是苏联的东西就是比较笨，比较粗糙，但是人家毕竟做出来了，人家支援了我们，我们在人家的基础上又学了不少的东西。你什么都不懂，你什么也没有，那怎么能行呢？所以解放过后，我们机械加工的机床、车床、这样那样的床都是仿苏联的。后面造拖拉机，有很长一段时间我们也是仿苏联，我们建的厂子也是仿苏联制度。解放过后，国家在这方面抓得很紧，因为要发展还是老一套怎么行呢？不管搞什么，基础就是机械。机械上不去就不行，不管各行各业都要机械化，只有做到机械化才谈得上电气化。但是电气化是指挥动作，如果没有机械，动作怎么能行呢？[②]

“蓉联”在北京农业展览受到群众欢迎，第一机械工业部指示“再试制一台，必须在六月底以前送往北京参加全国重工业产品展览”。首台拖拉机的喷油嘴性能上尚存在问题，启动较慢，而且引擎有些响声。两台拖拉机的试制工作仍然以分工协作的方式进行，针对这些问题加以改进。

① 原四川齿轮厂职工肖永强回忆稿，莲花社区提供。
② 2020年6月28日访谈原四川齿轮厂职工赵齐顺。

1958 年 5 月 20 日，成都市交通局组织召开“继续试制拖拉机会议”。此次会议上确定刃具厂在 6 月 5 日前，成都机械厂和四〇二厂在 6 月 10 日前，八一厂在 5 月 25 日前将两套全部制作件拿出来。桃形轴由建群铁工厂负责；链条小钢圈由华业厂负责；螺丝由八一厂拨，个别不够的由华业厂配，需要的品种由红旗厂提出；缸盖、缸体、曲轴等两套的毛坯由红旗厂负责，其中由火车头合作社支援一名技工、一名学徒；同时，八一厂和红旗厂负责曲轴的加工问题。①

第二台、第三台拖拉机随即诞生。经过农科所技术鉴定，拖拉机具有机体轻便、耗油量低的优点，每小时可耕水田 5-6 亩，耕深 27-28 厘米。适用于西南丘陵地区和大小水田耕耘、运输、发电及打水等 50 余种作业，质量上也达到英国福开森的水平。②蓉联牌万能拖拉机进入了小批量生产的环节，计划生产任务为 200 台，然而摆在大家面前的是生产与基建、人员、设备、器材供应、协作、图纸、组织领导等更加严峻的现实困难。

在人员方面，除协作人员以及管理、技术干部，若想形成小批量生产还需要车工 34 人、镗床工 2 人、钳工 44 人、刨工 4 人、铣工 24 人、磨工 12 人、锻工 12 人、装配工 46 人、铸工 26 人、冷作工 2 人、电工 6 人、热处理工 10 人、检验工 2 人、焊工 4 人、油漆工 16 人，共计 244 人。此外，还需要增添滚齿机、插齿机、万能铣床、外圆磨床、无心磨床、立铣、牛头刨床、立钻、台钻、镗床、车床、万能工具磨床、空气锤、弓锯床、台式砂轮机、电炉、高温计、电烘箱等设备。生产仍采用协作方式，原则上原来承担试制的单位，生产协作就分工原有试制部分。③

然而，根据党中央提出的“全党办钢铁，全民办钢铁”的方针，成都拖拉机厂从 9 月 26 日开始集中全部力量投入到大炼钢铁和制造钢铁冶炼

① 成都拖拉机厂：《1958 年 5 月 20 日继续试制拖拉机会议记录》，1958 年 5 月至 6 月，卷号一，56-57 页，成都市工业行业档案资料中心藏。

② 成都拖拉机厂：《新产品资料》，1958 年 5 月至 6 月，卷号一，55 页，成都市工业行业档案资料中心藏。

③ 成都拖拉机厂：《福开森生产必须人员机器》，1958 年 5 月至 6 月，卷号一，62-66 页，成都市工业行业档案资料中心藏。

设备中，继而在 11 至 12 月转入“大战机械，自己武装自己”的运动。根据国家计划，工厂将制造锅炉 10 台、6M 空气压缩机 10 台、7 号叶式鼓风机 6 台、0.55T 矿车 10 台、3 万吨轧钢机的梅花接轴 28 根、3.75kW 电动机 31 台、7.5kW 电动机 7 台、10kW 发电机 3 台、卷扬机 3 台，以及大修汽车 48 辆、中修汽车 42 辆、小修汽车 117 辆、单引擎 44 个。同时完成自己武装自己的产品，车床、立式钻床、自动螺丝车床、半自动螺丝齿轮铣床、拉床、砂轮机、抛光机等 42 项。[①] 这场技术革命运动使工厂面貌和生产能力都得到极大改观，也留下了那段从无到有、自力更生的岁月痕迹。

在九月间突击鼓风机和空压机时，因为没有搪床，工人与技术人员共同研究利用翻沙报废了的旧气缸、旧木板等拼凑了鼓风机壳与空压机曲柄箱的搪孔机，工效较洋搪床提高 70%，保证了精度，而且可以由学工操纵。厂里没有无缝钢管，车间工人徐元贵同志创造剪刀机和卷管机，用铁皮卷管，解决了空压机散热系统需要的大量钢管问题。再者，用锯片代替高级合金钢做空压机气门弹簧片，产量都很好。[②]

在机械突击月里，工厂开始向拖拉机成批生产的专用工具进军，干部、工人、技术人员共同组成了设计施工组织，大批的设备和土法生产的工艺装备就那样一件一件被制造了出来。

当时厂里最紧张的是铯工，在高产周中由副厂长、工人和技术人员现场设计，收集资料，绘制必要的图纸，几天工夫就做出了一台导轨铣床，用废弃不用的铣床座做成了能加工长近 1 公尺

① 成都拖拉机厂：《1958 年年度总结》，1958 年 2 月至 1959 年 1 月，卷号一，5–10 页，成都市工业行业档案资料中心藏。

② 成都拖拉机厂：《成都拖拉机厂 1958 年开展技术革命运动简要总结》，1958 年 5 月至 6 月，卷号一，49 页，成都市工业行业档案资料中心藏。

（米）平面的两件铣床，用旧车床面改装成铯床等。设计了 5 公尺土龙门铯、2 公尺立车，并投入了生产。车钳车间在一周内，在没有图纸和实物的条件下，仅仅按照一张示意图就为铸工车间造了两台振动式筛沙机。总装车间原只能做装配工作和修修汽车，也做出了土无心磨床、高压油泵试验台，等等。拖拉机成批生产缺少成套的机床，便创造了成套的土机床设备，例如气缸体双面铣床、气缸体四轴搪孔机、后桥壳搪孔机、齿箱五轴搪床等。

在工艺方法上也出现了新创造，例如利用 C618 车床床身和车头箱，只用了约 60 公斤钢铁支撑 C618 车头箱和搪孔机。C618 车床齿轮的铣刀全部是由工人自己制造成。我厂没有大龙门铯，但是需要加工 3.5 公尺长、600 公斤重、宽六面要加工的 2 公尺立车的横楞和 4 公尺龙门铯的牌坊。工人与技术人员开动脑筋，利用 4 公尺龙门铯的床身，以角铁作滑轨，上装平板和刀具，将工件放在床身旁边，采用积木式机床的原理，都加工下来了。①

“东 -20”

1959 年 11 月 1 日第一拖拉机厂在洛阳涧西落成，还有第一批 13 台“东方红 54 式履带式拖拉机”驰骋在东大荒军垦农场，“东方红”的名字被传遍大江南北各个角落。在“大跃进”的鼓荡热潮下，不少企业也开始尝试试制“东方红”，当时的成都拖拉机厂也不例外。在“工业支援农业，加速实现农业的技术改造，提前实现农业机械化”的战斗口号下，他们开始试制东方红 20 型拖拉机。对于成都拖拉机厂的职工来说，第一台“蓉联”拖拉机的诞生足以证明，他们有能力且有信心克服设备能力不足、技术力量薄弱、材料品种规格不全的困难。在一个半月的时间内，第一台“东 -20”型拖拉机试制成功了。

① 成都拖拉机厂：《成都拖拉机厂 1958 年开展技术革命运动简要总结》，1958 年 5 月至 6 月，卷号一，49–50 页，成都市工业行业档案资料中心藏。

1959 年 7 月，天津召开全国拖拉机生产准备会议。根据天津会议精神和 6 月在四川省郫县召开的西南三省拖拉机选型会议上提出的六种型号，成都拖拉机厂经过调查研究，向四川省机械厅、农业厅、农业机械研究委员会、成都市重工业局等部门请示和磋商后，初步选定 ДТ-14 型。同年 8 月，成都拖拉机厂派人前往北京，向一机部第六局汇报选型工作，经批准最后将试制机型确定为苏联 1958 年的新产品 ДТ-20 型。当月中旬，洛阳第一拖拉机厂向成都拖拉机厂提供了全部图纸资料，并协助翻译、校对、描图和审核。9 月底，将全部产品底图移交给成都拖拉机厂，同时还将洛阳 -20 型拖拉机的 407 项半成品、446 项量具、8800 余件刀具、铸模和芯盒 85 套、冲模 319 套、轴承 10 套，以及轮胎、钢圈、轮钢等配件各 500 套，一并移交给成都拖拉机厂。

图纸到厂后，工厂立即组织晒图、材料定额和工时定额，进行工艺分析和制定工艺规程，设计了 26 套工艺装备。同时，成立拖拉机试制办公室，抽调经验丰富、技术水平较高的工人组成拖拉机工段（组），专门开展拖拉机试制。由于工厂设备能力不足，此次试制仍然采用协作方式。相较于“蓉联”，“东 -20”的试制协作涉及范围更广，协作项目更为精细了。

在成都市重工业局主持下，组织成都量具刃具厂、新都机械厂等 12 家工厂，参与协作 134 多个项目。其中，成都量具刃具厂协作铯齿、高频淬火铸钢件 80 项；新都机械厂协作油泵柱塞、油嘴针阀等精密加工件 16 项；空军十一厂协作活塞锻造及有色金属铸造 7 项；红旗铁工厂协作锻造曲轴毛坯 1 项；成都鼓风机厂协作凸轮轴加工 2 项；新生电机厂协作发电机、启动机 2 项；成都橡胶厂协作橡胶件 59 项；成都仪表厂协作各种仪表 3 项；交通机械厂协作宝塔齿轮 3 项；成都电器厂协作继电器等 6 项；52 厂协作活塞环 4 项；成都柴油机厂协作气缸套筒 1 项。①

虽然，工厂已具备制造拖拉机的经验，但是却面临坯件制造、铸造、机械加工、装配等种种技术上的挑战。10 月下旬，在将主要件的模型全部

① 成都拖拉机厂：《第一台东方红 -20 型拖拉机试制总结》，1959 年 8 月至 1961 年 4 月，卷号二，1–4 页，成都市工业行业档案资料中心藏。

做好后，便开始了第一台铸件的造型和浇铸。由于缺乏大型锻锤，工人们采用自由锻造的方法锻出了曲轴等形状复杂、重量较大的锻件毛坯。在齿轮加工环节，由于压力没有统一标准，又买不到滚刀，于是工人们自制了一百多项刀具，甚至还用手工敲出了 40 多套冲压件模具。11 月 27 日，拖拉机的装配工作全面展开。经过两昼夜的苦战，第一台发动机在次日晚 9 时进行了试车，29 日中午第一台“东方红 -20”型拖拉机装配完成！

与福开森 TE-F20 型拖拉机试制不同的是，“东 -20”型拖拉机试制的成功使成都拖拉机厂的生产、管理能力都有所提高。工厂逐渐具备了小批量生产的能力，也开始试制自动底盘凸轮发动机、风冷发动机等高精度配件产品。此时期绝大部分的零件不仅由自己加工而成，而且工人、干部都直接参加到毛坯制造、机械加工和装配的完整生产过程。恰如我国大多数试制拖拉机的企业，成都拖拉机厂仍然存在“还有很大部分工人同志不习惯于现代化生产方式”，并且“还没有采用正规的成批生产的加工工艺”。至 1960 年年底，60 台试生产的“东 -20”型拖拉机调拨到各区公社，投入春耕生产。[①] 对于成都拖拉机厂而言，能够担负起支援农业，提前实现农业现代化是一项光荣的任务，也标志着工厂逐步走上成批生产定型产品的开端。

① 成都拖拉机厂：《关于东方红 -20 型拖拉机在调拨各区（镇）使用过程中存在的问题及今后建议的报告》，1959 年 8 月至 1961 年 4 月，卷号三，36 页，成都市工业行业档案资料中心藏。

试制东方红 20 型拖拉机（莲花社区提供）

东方红 20 型万能轮式拖拉机产品手册封面（莲花社区提供）

成都拖拉机厂八车间全体干部合影（莲花社区提供）

成都拖拉机厂职工旧照（莲花社区提供）

天齿[1]

当成都拖拉机厂如火如荼大搞技术革命时，在千里之外的滨海之城——天津，有一座在公私合营的热潮中生长出的全新的工厂，也正干劲

① 指天津齿轮厂。

十足地发动群众大搞机械化，等待更大跃进的1960年的到来。

1954年，14岁的宣何文进了舅舅与人合办的工厂当了学徒，平时打点杂和学习技术。两年后，天津进入全行业合营的高潮，并步入了社会主义。宣何文所在的小厂和其他小厂合并，力量壮大了不少，它们成了天津第九内燃机配件厂最早的前身。

> 到了（19）56年开始公私合营，天津内燃机厂的前身就是由很多像我所在的小厂合并而成，都是十几二十人的小厂。公私合营以后，国家最开始实行的是赎买政策。比如我是资本家，我的企业作为股份归国家所有，每年给一定的股份。而不像苏联采取的政策就是“扫地出门”，企业的资产直接没收，咱们国家对于民族工业者的政策就很缓和。
>
> 十几个小厂合并后成立了工业办公室。天津内燃机齿轮厂最早叫做第九内燃机厂，那时候天津市组建托拉斯，很多小厂陆续组建成了第九、第十内燃机厂。汽车工业从生产小零件、发动机等开始生产，每一个厂就是一个生产链。第九内燃机厂后来就转变为第九内燃机齿轮厂，最初主要生产真空棒、汽车零件。经过社会主义改造之后，主要生产齿轮。当时由国家下任务，统一规划每季度生产的产品，统购统销。①

宣何文所说的诸多小厂，事实上包括信源、德成、红星、鸿义、义记、利来、振华、培力、义信和汽车商行，11家私营小企业先后合并，主要生产汽车扳手、离合状油嘴、自来水嘴等简单产品，合营时的工具设备也不过就是简陋的车床。②

1958年，在“大跃进”形势下合营企业组建成为天津市第九内燃机

① 2022年1月26日访谈原四川齿轮厂职工宣何文。
② 第九内燃机配件厂：《关于改进与加强技术管理工作的初步体验》，1959年，卷号一，19页，成都市工业行业档案资料中心藏。

配件厂，经过发展，职工人数达到 176 人，其中生产工人 150 人，但是经验丰富的老师傅却仅占 58%。[①] 在人员不足、设备简陋的条件下，第九内燃机配件厂还是成功试制了当时我国稀有的精密产品——0.25 瓦真空抽气机，随后又成功试制出 5HP、20HP 卧式真空抽气机。这些成就不仅打破了华北地区从来没有真空抽气机的局面，也让工厂迎来了重要的转机。经过南开大学和天津大学的检测，他们所生产的 5HP、20HP 卧式真空抽气机在精密度和机械性能上都超过了上海。

也正因为真空抽气机试制大获成功，工厂获得了来自化工、食品工业科学部门、机电工业等单位的产品加工需求，使企业从过去生产简单的汽车配件，转型为更为精密的机械加工。事实上，第九内燃机厂反映出当时在我国工业企业生产中普遍存在的——设备陈旧和技术人员匮乏与高精密机械制造之间的矛盾。针对这一问题，党中央提出“因陋就简，土洋结合”的方针，不少企业对此也是心存疑虑的。时任第一机械工业部基本建设局副局长的陈平便指出：

> 目前有些人，对土洋结合，在看法上还存在有怀疑。有的人不认为土洋能结合，认为土洋是对立的；有些人认为土办法是低级的、落后的、笨重的、粗糙的、暂时的，其唯一的优点就是省几个钱，而洋办法是高级的、先进的、轻便的、精密的、长远的，其缺点只是多花几个钱，洋办法即使多花几个钱也是值得的；还有些人认为土办法的采用是有局限性的，只适用于中小型企业、地方企业或单件及小批生产的企业，而洋办法则是到处可以采用，特别是适用于大型企业和大量生产的企业。这都是重洋轻土的观点，认为只有洋办法、正规设备才能解决问题，而不相信土办法或简易设备也能满足生产要求。[②]

① 第九内燃机配件厂：《关于改进与加强技术管理工作的初步体验》，1959 年，卷号一，19 页，成都市工业行业档案资料中心藏。

② 陈平：《贯彻“因陋就简土洋结合”的方针，加快机械工业的建设速度》，载《机械工厂设计》，1958（9）：3–4。

这一方针固然是出于我国工业基础薄弱而提出的应对之举，但是却也激发出了工厂职工的智慧和潜力。各地纷纷展开大搞土设备的群众运动，凭着干劲儿和钻劲儿打破僵局，在“想办法”的过程中技术、生产、管理都有了提升。当时的天津内燃机厂也投身其中，在面对诸多不利因素他们提出的解决办法是“大胆革新”和“克服保守思想”。

> 第一，充分发挥机器设备的利用率：千方百计想办法大胆革新，利用原有的破旧简陋设备发挥其潜在力量，或是改进原有机器的办法使用生产的需要。第二，彻底克服保守思想：不能认为破旧的机器不能生产出精密部件的保守思想，这必须在职工中加以观察和宣传。这是思想问题，应该引起工厂职工注意，破除迷信发挥敢想敢干的精神。[①]

就这样，经过多年摸索和发展，天津市第九内燃机齿轮厂成为了擅长齿轮加工技术的专业厂。在组织管理、生产技术、质量检验、人员培训方面都逐渐趋于系统。而彼处的成都拖拉机厂已着手迁厂、扩建，甚至一个大型托拉斯企业的构想也在牧马山下酝酿。然而，这个庞大计划却因 1961 年国民经济严重困难而搁浅，成都拖拉机厂不得不忍痛停建，转产拖、内配件。1963—1964 年，西南第一对 K-25 螺旋伞齿轮试制成功，日本 195 型柴油机也制成问世。直至为贯彻国家“加强内地三线建设”方针，天津第九内燃机齿轮厂内迁西南腹地。1965 年 3 月 8 日，随着四川齿轮厂新印鉴的启用，宣告了一家全新的专业齿轮厂诞生。

① 第九内燃机配件厂：《关于改进与加强技术管理工作的初步体验》，1959 年，卷号一，21 页，成都市工业行业档案资料中心藏。

二、到西边去

“我是山东人，山东滕州市枣庄一带。”

“很难适应。你的父母、亲人都在天津，你自己到这儿，是吧？天津人，真正的天津人。不是天津郊区，是天津市区的。”

“我们老家是河北省沧县。”

“那时候我在湖北省广济县。”

“我们这儿有东北的，去420厂找你们老乡，全是东北的。”

荣耀

三线建设——历时16年，覆盖13个省、市、区的国家性战略部署，对于百万参与者而言是一生，也是荣耀。这一战略构想始于20世纪50年代，毛泽东在《论十大关系》中便已从战略角度探讨了沿海工业与内地工业的关系。严峻的国际形势促使三线地区布局军工企业提上日程，1964年5月三线建设这一宏大计划正式启动，而四川无疑是三线建设的重要地区。1965年，邓小平在结束了西南视察后，明确提出“两点一线”布局蓝图，即以攀枝花为中心，以成昆铁路贯穿一线，向重庆和六盘水两点做钟摆式辐射，驱动西南地区的重庆、成都、西昌、绵阳、雅安、乐山等城市，在国防、民用机械、冶金、化学、轻纺工业等方面得以长足发展。

在新中国成立前，四川工业基础薄弱，更是受到战争重创。1949—1952年，四川经济与工业经过三年恢复期已有所好转，国营、合作社和公私合营工业占工业总产值的47.9%。[①] 作为四川省会城市，成都也面临工业基础薄弱的现状。

我当学徒时，成都还没有什么工业。成都原来是一个消费城

① 四川省地方志编纂委员会:《四川省志·大事纪述》，4页，成都，四川科技出版社，1999。

市，它比不上重庆，重庆在四川还算是工业城市。因为在抗日战争时期，国民政府把首都迁到了重庆，所以还有些工业基础，而成都基本上没有。我来成都时，学的是机械，我记得那时没有大的国营企业，只有一个成都机械厂，他们做一些枪械修理，但没有能力成批生产枪械。①

20世纪60年代，三线建设战略纵深的工业布局，加之“一五”建设规划的配合，成都、绵阳、攀枝花等迅速发展为新兴的工业城市。东部沿海的军事工业、民用工业企业转移内陆，干部、技术骨干及其家属等不计其数的三线建设支援者，从东部向西部，开始了空前的大规模人口迁移。2000余千米的跋涉中，有的是热忱、兴奋、期待、不舍，还有前所未有的艰辛、挑战与成就。四川齿轮厂的一代三线人，大多也是怀着这样的心情来到异乡。

1941年出生于山东滕州市枣庄一带的朱广清，因日本侵华跟随父亲逃难到安徽淮南市，当时他还只是个读小学的孩子。解放前夕国民党撤退台湾，并打算将其父亲所在的工厂一同迁往台湾。为了阻止迁厂，他与父亲成为护厂队员。

工厂是工人的饭碗，如果工厂搬迁了，工人就不能生活了。于是共产党组织护厂队一天二十四小时轮班看守保护工厂，我父亲是厂里的护厂队员之一，最后这个工厂被我们保护下来了，后面中央还表扬了这个事情。②

50年代为了响应毛主席提出的“建设大西南”的口号，他跟随父亲辗转到了重庆，在九龙坡的一处火车头修理工厂工作。1952年7月1日成渝铁路全线通车，这条新中国成立后建成的第一条铁路也将朱广清与父亲带

① 2020年6月28日访谈原四川齿轮厂职工赵齐顺。
② 2019年7月21日访谈原四川齿轮厂职工朱广清。

到了成都。

> 当时的四川比较落后，连少先队都没有，我们就开始建立少先队。当地人不知道我们上学戴的红领巾是做什么的，我们就一点点给他们科普。我在成都上的初中，是（19）59级一班的学生。当时有比我年龄大的同学辍学去工作了，我也就跟着他一起去找工作。成都拖拉机厂是1958年成立的，在1959年开始招生。他们招收的基本上都是刚毕业的学生，我也是稀里糊涂地就被招进去了，在驷马桥参加成都拖拉机厂的建设。
>
> 我就是因为毛主席提出来的建设大西南才从安徽来到了重庆，其实那就算是三线建设。但具体听到“三线建设”这个词还是在六八年的时候，其实主要是毛主席划出了第一线、第二线、第三线的区分，才真正有了“三线建设”这个词，它最主要的目的就是为国家的管理培养有文化、有经验的人才。当时的“好人好马上三线”就是对支援三线者的一个要求，希望支援的人成分好、思想正确，能更好地参与大西南的建设。我们厂是一个地级市的单位，也是国家在西南地区的一个重点企业，所以也属于三线建设。①

而王杏生就像绝大多数三线人一样，割舍亲情投身三线建设。他在1954年在上海提出入党申请之后，便动身前往唐山煤矿厂工作。随后又因出众的技术被调回杭州齿轮箱厂负责装配变速箱齿轮。为支援岷江齿轮厂组建，他带着妻子奔赴四川，而老母亲和兄姊则留在杭州。

> 我在唐山煤矿厂工作了一段时间，不过因为工作调动的原因，我又从唐山回到了杭州。其实工作调动的时候我是不想走的，因为我在唐山都成家了，杭州这边也没什么人，只有一个老

① 2019年7月21日访谈原四川齿轮厂职工朱广清。

妈妈。所以说当时他们给我商量调回家工作这件事的时候，我也没有理会。他们问：“你怎么老家都不想回去嘞？你怎么搞的呢？你到底在想什么？”后来还做了好多工作，我就说：“好好好，回去回去。”他们就给我报了名，后来通知走的时间，我就回杭州了。现在想想幸好当时我走了，要不然就赶上地震了。因为地震我们在唐山的房子都塌了，那个地方的房子都是干打垒的，不结实，一地震就容易垮。

当时沿海翻了一百多条船，因为我是全工，既可以做安装，又可以做维修，还可以做制造，几乎什么都可以做。所以在杭州的时候，我主要是做装配工作，装配一些机械零件之类的。比如，工厂要生产一些变速箱，我的工作就是装配变速齿轮。到了杭州齿轮厂那边之后，我也是比较积极的，当了试车组的组长，后面还当了党代表。有一次厂里派了十几个人去杭州市里参加党代会，我也是其中的一个。当岷江齿轮厂需要组建时，我就知道人员名单里面肯定有我，一方面我是党员，另一方面我又是代表。其实当时我也没有什么其他的想法，只知道党员应该贴合组织。再加上家里面还有几个哥哥姐姐可以照顾我的老妈妈，所以在工作调动的时候也没有顾虑，也不用将她一起带到四川去。①

来自天津的张玉臻是1965年1月第二批到达成都的三线建设者。她的母亲出身当地大家族，父亲是普通家庭出身。解放后父亲学习并掌握了电工技术，然后调到了汽车弹簧厂直至退休。中学毕业的张玉臻在一次偶然的机会下成为该厂卫生站的卫生员，然后又以私招的形式进入第九内燃机厂工作。直至1964年年底，她所做出的一个决定改变了一生的轨迹。

我当时考的学校是天津市女五中，一开始整个学校都是女学生，但后来这个学校就并到了二十五中，学校就开始招收男生

① 2019年7月30日访谈原四川齿轮厂职工王杏生。

了，后来我们又支援新校，就有几个班挪到了六十七中，所以我是在六十七中毕业。我高中是在五十中上的，家中觉得女孩子上这个学校要三年，时间太久了，所以第二年我就退学了。当时我父亲的单位从408厂换到了另一个国有企业——汽车弹簧厂。他们厂里有人就找到我父亲说：“我们这的卫生站要招一个基层的卫生员，你家姑娘要到厂里来吗？她是高中文化嘛，来了之后我们可以培训一下，就可以做一个卫生员。”卫生员的工作就是给厂里的基层职工处理一些外伤、小伤、小病，等等。就这样，他们就把我招到厂里去了。我们厂属于天津市的内燃机汽车公司，是这个公司下面的一个汽车队。这个内燃机汽车公司下属有十一个单位，从内燃机一厂、内燃机二厂，一直到内燃机十一厂。由于我这种情况属于私招，没有通过公司的招聘，劳资科都不知道，所以当我还在医院里学习的时候，他们就把我这种学徒工调到了内燃机九厂。因为制作齿轮需要计算，需要有较高的文化程度，我们这些学生文凭最低的都是初中毕业的，所以就把我们合并起来，一块分到第九内燃机厂，这就是后来的天津市内燃机齿轮厂的雏形。

……

我是在1964年第一次听到“三线建设”这个词。1964年十一国庆之后就已经开始动员三线建设了，但在十一以前就已经有下个月内迁的舆论。我当时所在的第九内燃机厂的设备是国家最先进的，所以毛主席一有支援内地、支援国家建设的号召，就下达到我们厂了。1962年，第八届九中全会上提出了“调整、充实、巩固、提高”的方针，提出了要调整工业布局，要走出沿海。因为沿海的工业比较密集，而内地比较薄弱。因为有这么一个铺垫的过程，所以到了1964年国家提出“三线建设”时，我们并没有感到突然，因为这是我们国家基础建设的需要。再加上当时的局势不太稳定，苏联和美国意图对中国使用核武器，因此我们更要把整个工业往内地迁移，要进行三线建设。

我在 1964 年的年底就做了支援内地、支援三线建设的决定。无论怎么留恋故乡、留恋亲人，在当时的大环境中，都还是要以国家为重，所以我们就响应党的号召，义无反顾地到了内地。为响应毛主席的备战备荒为人民的号召，保证敌人侵略不到大后方，我们没有迟疑就来了。主席说什么我们就做什么，献了青春献子孙。

我家里其他的兄弟姐妹和我情况不同。我妹妹跟我差十三岁，我弟弟跟我差十九岁。当时我们在天津，我带他们去厂里玩，那时我可能才十几岁，妹妹也就五六岁。厂里的叔叔阿姨都说："哎哟，这个小妹妹，在台上唱歌跳舞，表现得真好。"后来到我内迁的时候，我二十一岁，她才八九岁。不过我们支援三线的队伍里还有更小的，我记得最小的才十六岁。

我们一边搞生产，一边想家。那时候哪有现在的手机电话，只能通过写信联络家人。后来有了电话，还得从厂里的总机转到自己家里的分机，一分钟多少钱，从工资里扣。要是那个时候能像现在一样，打个视频电话就能见到家人，那睡觉都要笑醒了。离爸爸妈妈那么远，是真的想家呀！①

我的父亲母亲

数百万三线人为了国家、为了理想内迁到偏僻西部，随他们而行的还有妻子、丈夫，或是尚未成年的孩子。张琪红——这位已经年至六旬的川齿二代是众多三线随迁子女中的一员。她在三岁时便跟随父亲支援三线来到四川，五十余年前的过往娓娓道来，却让我们看到支援三线建设这份荣耀的背后，是厚重的责任感、亲情和乡愁。

我三岁多的时候，就跟着父亲支援三线来到了四川。因为我

① 2019 年 7 月 27 日访谈原四川齿轮厂职工张玉臻。

们家在天津南开区，外婆家在河西，都是在城中，条件比较好。所以当内迁的通知下来的时候，家里对于到底去不去四川，带几个孩子，还有母亲跟不跟着一起去这些问题的争议很大。我们家有五个孩子，一起带到四川去爷爷奶奶不放心，同时爷爷奶奶也担心所有孩子一起过去，母亲一个人照顾不过来，可能是因为当时北方人的这种传统，爷爷奶奶非要把作为长孙的哥哥留在身边。但我母亲则不同意爷爷奶奶的想法，坚持要将五个孩子全部带走，一家人不能分开。

说到这里我真的很伤心，因为意见不同，在我们要坐火车离开的前一天，我奶奶他们把我哥藏在了亲戚家里，导致我母亲像疯了一样地到处寻找，眼泪都哭干了，嗓子也哭哑了，却一直找不到我哥哥。但是没有办法，因为父亲的工作性质和天津劳动模范的身份，他肩负重大的责任，什么工作都要走在最前面，所以当时我们是必须要离开的。因为当时我父亲张广顺主要是负责工人和设备的搬迁，在我们去四川之前他就和姚厂长一起带队来选址。为了决定搬迁计划，我父亲他在天津和四川之间反复跑了三次。他当时是第一批过来的，也就是先头部队，所以他的责任很大，一点都不能耽误。如果我母亲在天津耽误了时间或者是留在天津，都不利于我父亲的工作。

后来我问起父亲当时他为什么毅然放弃了天津那边的好生活，把我们带到四川这边来。他说首先他是共产党人，是劳动模范，是一个领导干部，其次才是一个父亲和丈夫。他不能走在别人的后面，所以哪怕是抛弃妻子，抛弃所有的家人，他都必须跟着党走。

大家都说我小的时候记忆力好，虽然前往成都的时候我才三岁多，但我记得火车铃一响的时候，全车厢的人我是第一个哭的。其实三岁多的我也不知道为什么要哭，但是如今我明白了当时我为什么要哭，因为离开了自己的故乡。特别是等到父亲过世的时候，我才明白了这一切。人家都说三线人是献了青春献子孙，确实是这样的，所有的人，所有的家庭，所有的孩子，所有的青春都为了三线事业贡献了。我父亲他来到这个地方的时候，工厂这边还是荒山野岭，他回去的时候是我们抱着骨灰回去的，他这一生都在建设川齿。所以说到了这个年龄，我才明白这个道理。①

川齿二代邢长征的母亲、父亲都是毕业于天津第一机械学校。母亲毕业后分配到天津内燃机齿轮厂，父亲在飞机阀门厂。三线建设时期，天津内燃机齿轮厂内迁至成都。他的母亲由于是工厂干部而率先内迁，父亲便跟随母亲一同来到这座陌生的城市。

当时我父亲毕业之后和我二叔都考取了飞行员，他身体非常强壮，个子又高，从小练拳，因为天津北方人喜欢打拳摔跤，身体非常棒，后来考上飞行员，兵役证都拿了，我奶奶不让去。我小时候看过父亲的兵役证——空军飞行员，都发军装了就不让去，奶奶到武装部给人赖着不让走。当时中印关系、中苏关系非常微妙，随时都有可能打仗，我父亲作为长子，奶奶就不让去。他就进了工厂去当钳工。我父亲也是八级钳工②，川齿厂有名的八级钳工。退休之后，外边很多都聘请我父亲。他是做模具的。模具钳工是非常有名的，很需要技术的。母亲是进行三线建设才从天津内迁到四川来的，实际上我父亲本来是不来的。当时我母亲没办法，是干部，必须要过来。而且我的外公是当时天津第二印刷厂的党委书记、厂长。于是父亲是随我母亲过来了，当时很多

① 2020 年 9 月 16 日访谈莲花社区居委会原主任张琪红。

② 计划经济时期钳工中的最高级别。在计划经济时代，工人技术等级分类为八级。20 世纪 60 年代以后就很少再授八级工了，一直到 90 年代初才又开始大批授八级。改革开放后，技术等级分为五级，即初级（国家职业资格五级）、中级（国家职业资格四级）、高级（国家职业资格三级）、技师（国家职业资格二级）、高级技师（国家职业资格一级）。初级相当于过去的 1—3 级工，中级相当于 4—6 级，高级相当于 6 级以上。

都是这样的，两个人不在一个单位就都过来，不可能那时候就两地分居了。[①]

“三线建设”如今已是一个耳熟能详的称谓，但是对于彼时的亲历者而言却经历了从陌生，到号召，再到与之交融的过程。对于三线人而言，这已经难以用“一段经历”来简单概况，而是如同烙印般铭刻于心。

三线建设最开始的时候就是开发大西南，当时中央传达文件不像现在这样方便，需要分级别来传达，所以我们一开始的时候是根本接触不到中央大建设这种文件的，还是通过政府部门的宣传才了解到。那时候偏僻的农村识字的人也很少，所以三线建设一开始在人们心中的影响并不是很深，只知道是一个伟大的工程，是一个全国性的建设行动。

当时有一个口号是“好人好马上三线”，其实是一个号召性的东西，要将所有好的东西都弄到三线来，可以看出国家对于三线建设是十分重视的。在我的印象里，三线建设就是“备战备荒为人民”和“深挖洞广积粮”。因为它是在当时形势逼迫下做的一个建设，就和我们现在的精准扶贫一样，都是一个时期内国家的需求。那个时候不搞三线建设，内陆地区的工业就发展不起来，再加上害怕沿海的军工厂被别人炸了，所以才进行了三线建设。我觉得这是一个历史发展的必然过程，如果以现在的眼光来看待就有些不全面了。[②]

向西

这场牵扯到百万职工命运的迁移，难以“支援”“奉献”寥寥数语毕

① 2020 年 7 月 9 日访谈莲花社区居委会原主任邢长征。
② 2019 年 7 月 18 日访谈原四川齿轮厂职工熊佑铭。

之。“三线建设”之于个人，是使命、荣耀、割舍、未知；之于集体，却是复杂情绪背后的动员、组织、调度。仅从天津第九内燃机齿轮厂身上，便可一窥这场举国的浩大工程之不易。

1964 年，遵照“备战、备荒、为人民”和“加强三线建设”的战略方针，经当时的中央八机部报经党中央批准，天津市第九内燃机齿轮厂内迁与成都拖拉机厂合并。在接到农机部和天津市委“加速后方农机工业建设和三线建设”的指示后，天津第九内燃机齿轮厂便开始了搬迁的筹备工作。事实上，这场从准备到人员和设备内迁的攻坚战，竟然不到三个月便完成了。接到指示后，天津内燃机厂立刻成立了搬迁指挥部，下设办公室，负责材料统计、整理、总结经验，以及户口迁移工作；宣传教育保卫组，负责组织全厂职工学习、讨论，人员安排，双职工调入和安全保卫工作；家属委员会，负责职工家庭的思想动员和接待来访；生产组，做好生产计划安排和组织生产，直至最后一分钟；物资搬迁组，负责成品、半成品、毛坯、原材料、办公用品等物资的拆装发运。①

同时，组建由厂长、技术员、工人构成的先遣队，奔赴成都与成都拖拉机厂对接工作，找落脚地，并制定基本建设和搬迁进度方案。厂内则通过动员和思想教育提高职工的政治觉悟，使 90% 以上的职工意识到此次搬迁的重大意义，并且“认识到支援边疆内地是我们工人阶级的伟大历史使命”。经过对职工的思想动态、家庭情况、经济情况摸底，确定 355 名厂职工中有 70 名职工不适于内迁，须留在天津市予以适当处理和妥善安排，其中科长以上干部 4 人、一般干部 17 人、技术工人 31 人、辅助工人 7 人、服务和其他人员 9 人。②

此外，在 104 户双职工中符合内迁条件的 70 户中需要协调工作安排者为 67 人。他们大多属于内燃机齿轮厂技术干部和中层以上干部的家属，工作涉及机械行业、技术干部、集体行业、医务人员、售票员、修手表、

① 天津市内燃机齿轮厂：《天津市内燃机齿轮厂搬迁计划》，1964 年，卷号二，1–6 页，成都市工业行业档案资料中心藏。

② 天津市内燃机齿轮厂：《天津市内燃机齿轮厂搬迁计划》，1964 年，卷号二，1–6 页，成都市工业行业档案资料中心藏。

电台。根据农机部和天津市迁厂办公室指示，对双职工对口单位进行联系接洽，对于双职工采取随内迁进度调入工厂在册人数，被调入的双职工职务符合成拖条件的原则不变，教员可以作为子弟小学的教师，而属于集体经济的职工在内迁前后转为全民 / 企业职工后进行安排。[①] 在内迁准备和摸底的基础上，进入为期约半个月的公开部署阶段，

"向全体职工揭盖子"，公布内迁方案，向职工讲明要去的地点，工厂的生产规模和当地经济生活情况，并向职工提出要求：

> 1. 坚决读毛主席的书，听毛主席的话，跟着毛主席走，响应的党的号召，服从组织分配。
>
> 2. 树立吃大苦、耐大劳、不讲条件、不讲困难、不讲地点的革命到底的精神。
>
> 3. 要坚决做到个人利益服从国家利益。
>
> 4. 要积极地主动地做好家属说服动员工作。
>
> 5. 凡是具体条件的职工经过再三动员本人坚决不走或者又煽动拉拢他人不走，将根据给予情节严肃处理。[②]

根据内迁进度安排，"人员未动，设备物资先行"。此次内迁需要搬迁主要设备 96 台，辅助设备 6 套，各种仪器 27 台，刀具 6830 套件、钢材 220 吨、成品 97 件、用料 10.3 吨、工装 8.5 吨，各种家具 299 件，需搬迁费 2123563 元，木材 211.7 立方米，油毡 174 卷、车皮 51 个。[③] 12 月 6 日第一批物资开始包装，28 日抵达成都，直至 1965 年 2 月所有物资内迁完毕，共使用 30 多个车皮，30 吨以上货车 10 余量。

---

① 天津市内燃机齿轮厂：《天津市齿轮厂职工内迁有关人员变动问题解决意见的专题报告》，1964 年，卷号二，61–63 页，成都市工业行业档案资料中心藏。

② 天津市内燃机齿轮厂：《天津市内燃机齿轮厂搬迁计划》，1964 年，卷号二，4 页，成都市工业行业档案资料中心藏。

③ 天津市内燃机齿轮厂：《关于迁往成都所需费用和材料计划的请示报告〔（64）津齿厂发字第 65 号〕》，1964 年，卷号二，14 页，成都市工业行业档案资料中心藏。

> 第一批内迁物资由12月6日开始包装，19日进货场，28日全部到达成都，共32台34件。这些物资装50吨车皮五台。第二批设备由12月19日包装，1月4日进货场，共40台52件。4日晚八点多钟装30T货车4个，40T货车2个，50T货车1个，5日下午五点多钟又装30T货车3个。第三批物资共5辆车皮。第四批内迁物资计划12—15个车皮，计划在18日到20日进货场，约在27—28日到达成都。第五批内迁物资月在27—28日进货场，在2月6、7日到达成都，计划5—6个车皮。第六批内迁物资计划5个车皮，约在2月上旬全部发出。①

天津第九内燃机齿轮厂搬迁职工355人，家属150户（包括双职工170人），每户平均5人，共计946人，需用车皮11个，费用达130832元。② 为了保证内迁的顺利有序，天齿厂采取了军事化的组织方式，将职工分批次，编成班队和明确领队负责人。经过三天准备，第一、二批内迁人员行将作别故土了。1965年1月6日，天齿厂举办了隆重的“欢送内燃机齿轮厂职工支援内地建设大会”，时任天津市市长的李中垣、农机部修配局郑局长出席并发表讲话。“建设社会主义的尖兵”——共青团员、一连和二连的全体青年们纷纷向党表决心。

> 敬爱的党：
>
> 我们一连全体共青团员向党表示决心。共青团员在任何时候都是党的助手，是建设社会主义的尖兵。今天我们来到内地的目的是参加建设，为革命来的，是响应党的号召，背负着祖国人民和家乡父老的希望而来的。我们来到这两天看到了成拖同志在建设社会主义中鼓足了冲天的革命干劲，他们坚决听党

① 天津市内燃机齿轮厂：《我厂设备搬迁行动计划》，1964年，卷号二，33-36页，成都市工业行业档案资料中心藏。

② 天津市内燃机齿轮厂：《关于迁往成都所需费用和材料计划的请示报告〔（64）津齿厂发字第65号〕》，1964年，卷号二，14页，成都市工业行业档案资料中心藏。

的话，听毛主席的话，勤勤恳恳地工作，建设我们伟大的祖国。作为第一批到内地来的建设者，作为一个共青团员，一个无产阶级革命战士，我们绝不甘心落在成拖的后面。我们要求党把最艰巨最困难的工作交给我们，让我们共青团员打先锋，为此向党做出如下保证：

坚决听党的话，服从组织分配，让干什么就干什么。发扬阶级友爱，坚决和成拖同志们搞好团结。

发扬共青团的优良传统，什么最艰巨、最困难，我们就干什么。遵守厂里的一切规章制度，尊重四川人民的风俗习惯。

虚心向本厂同志学习。

把天津的好作风发扬，把坏作风扔掉。

艰苦朴素勤俭节约，在四川生根发芽，开花结果。①

一连全体共青团员

一九六五年一月十三日

各位领导、各位家属、同志们：

今天和你们在一起隆重举行欢送大会，我们感到无上光荣和激动，尤其是李市长在百忙中抽出时间来欢送我们，这真使我们感到党对我们的亲切关怀。我们绝不辜负党对我们的希望，一定完成党交给我们的艰巨任务。

亲爱的党：我们已经被批准第二批奔赴内地建设。这真正达到了工人阶级每个人的心愿。因为支援内地建设是我们工人阶级的责任，也是为了我们子孙后代将来的幸福打算，您知我们有多兴奋。请您放心吧！您不必担心我们的衣食住行和思想上、身体上、精神上，以及家务安排上，我们全都准备好了。

---

① 天津市内燃机齿轮厂：《一连全体共青团员向党表示决心》，1964年，卷号二，89页，成都市工业行业档案资料中心藏。

亲爱的党：我们保证在奔赴成都路途中遵守纪律，服从命令，听指挥。保证到达成都后，立即投入战斗，做好一切投产前的准备工作。保证情绪旺盛，安心生产，在生产中创出新的成绩。保证工作不讲条件，不怕苦，过得硬，在艰苦中锻炼自己。保证做到互相关心，互相帮助，团结友爱，尤其是和成都厂的工人兄弟们搞好团结。保证到内地后，为天津市工人队伍争光，做出好的榜样。

最后我们希望三批、四批的同志们，加快速度，做好准备，在新的岗位上成都齿轮厂胜利会师。①

二连二排全体

一九六五年一月十七日

就这样，一张一张热情洋溢的面孔，背负着国家的期望和责任奔赴成都。他们有的还是初涉世事的青年，有的携妻子、丈夫、子女踏上未来的征途，还有的带着犹豫不决的情绪。在彼处的第二故乡，还有一群人在牧马山耕耘，准备迎接未来同袍的到来。

① 天津市内燃机齿轮厂：《二连二排向党表示决心》，1964 年，卷号二，90 页，成都市工业行业档案资料中心藏。

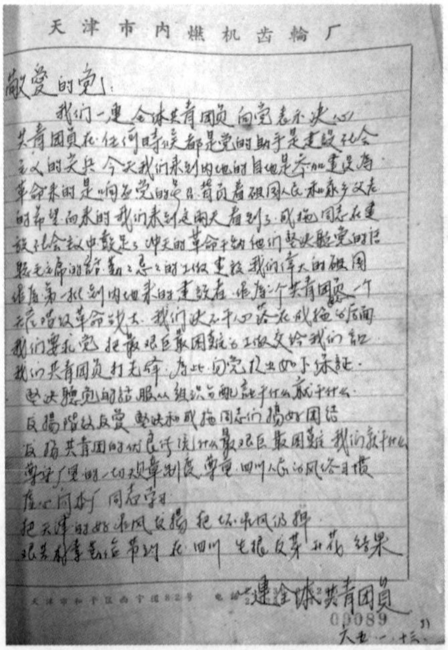

天津市内燃机齿轮厂一连全体共青团员向党表示决心

（成都市工业行业档案资料中心藏）

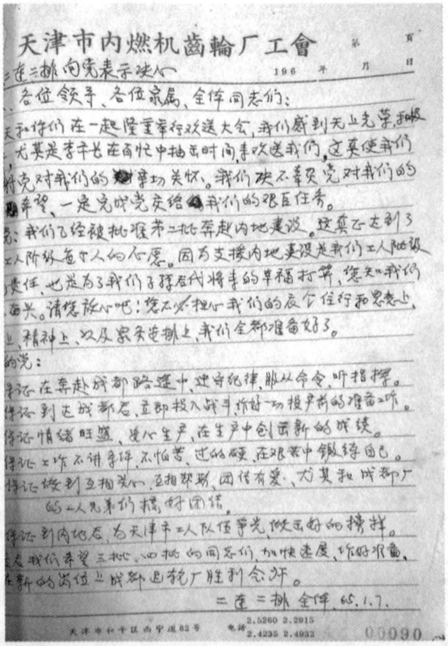

天津市内燃机齿轮厂二连二排向党表示决心

（成都市工业行业档案资料中心藏）

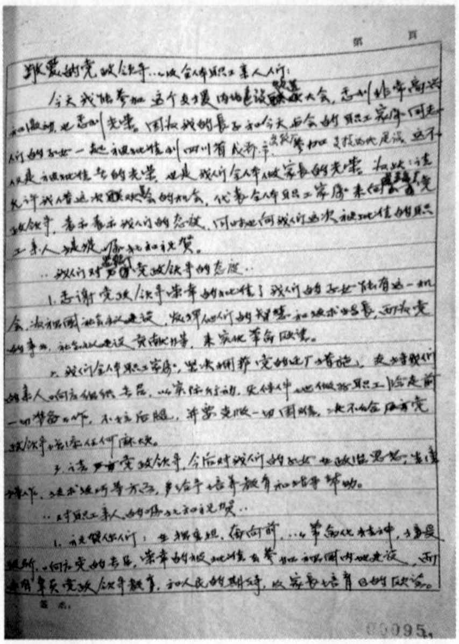

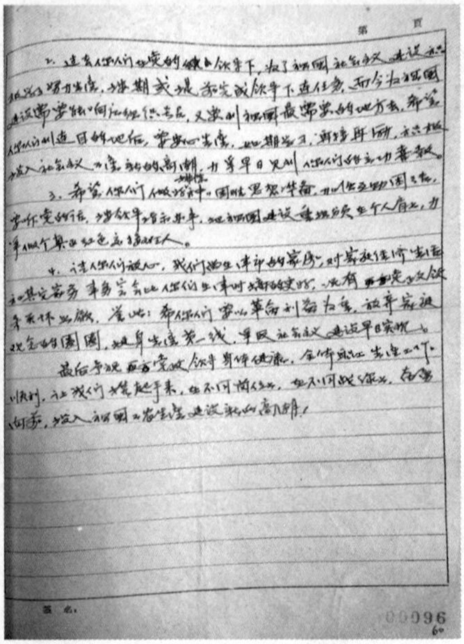

天津市内燃机齿轮厂内迁职工代表向党表示决心

（成都市工业行业档案资料中心藏）

三、大山深处

“我们一路上都是摇摇晃晃、昏昏沉沉的，有些人就开始心凉了，慢慢就开始哭了。”

“刚到山里面的时候，一切都还没有建设起来。”

“它在大山里头，山里边的确远，白水河那里边。”

纵深

三线建设以战备为指导思想，通过内迁调整我国生产力格局完成战略部署。具体建设应缩小规模，多布点、不搞综合性大厂，执行中、小、专原则；还应远离城市和平原，星罗棋布分散布置、进山沟；小而专，以产品为对象搞专业化小厂、地区成套。[①] 事实证明，这些建议在三线企业选址和建设中也被予以采纳。

三线建设时期有点特殊，当时新中国为了防止和国外打仗破坏沿海的工厂，特意将沿海的工厂弄到山里面去。虽然“深挖洞、广积粮”有些麻烦，但是在当时来看十分符合国情。那个时候生活不好，国际关系也紧张，时不时就会担心别人拿飞机来轰炸，所以工厂内迁、挖洞积粮都是为了有备无患。三线建设就算是放到现在来看，它的提出依旧是利大于弊。虽然有人说它浪费了很多资源，还导致工人亲情间的隔阂，但是它对大西南的工业发展起到了巨大的引导作用，使得四川地区的工业步入正轨。[②]

作为三线建设的核心区域，国务院有关部门在四川设立了指挥机

① 郭常福：《航空工业三线基地选址》，见王春才主编：《中国圣火》，35–36 页，成都，四川人民出版社，1993。

② 2019 年 7 月 21 日访谈原四川齿轮厂职工朱广清。

构，四川各地也设置了三线建设领导小组，统筹西南地区的三线建设工作。自1965年，第八机械工业部（简称八机部）陆续在涪陵、彭县、成都、贵阳、息烽、遵义等地建设了十余家工厂，主要生产柴油机及配套产品。① 1986年与四川齿轮厂合并的岷江齿轮箱厂（岷齿厂）便在其列。它与锦江农业机械厂（锦江厂）、湔江农业机械厂（湔江厂）是由第八机械工业部与中共中央西南局、四川省委，共同决定在四川彭县建设的三座工厂，即“三江厂”②。1967年，八机部为加速在四川建设项目的进度，确定成立岷江齿轮厂筹建厂、锦江农业机械厂筹建处、湔江农业机械厂筹建处。③同时，为加强在三线地区建设工作的领导，按照统一领导、分级管理的原则，建立西南办事处、四川彭县白水河指挥部、工厂现场的统一领导组织三级指挥机构。④经过勘察和调整，最终将岷齿厂、锦江厂和湔江厂的所在地确定为白水河流域的胥家沟、梅子岭沟、连盖坪，⑤并由杭州齿轮箱厂、上海柴油机厂、无锡柴油机厂包建。

① 潘祥鹤：《大三线有个“三江厂”的故事》，见倪同正主编：《三线风云：中国三线建设文选》，143页，成都，四川人民出版社，2013。

② 张勇、肖彦：《三线建设企业选址的变迁与博弈研究——以四川三家工厂为例》，载《贵州社会科学》，2017（5）：148–155。

③ 第八机械工业部：《关于成立向阳农业机器厂等新厂筹建处的函〔（66）八机工字0461号〕》，1966年1月至1966年12月，卷号一，148–155页，成都市工业行业档案资料中心藏。

④ 三级指挥机构中的大区办事处包括西南地区，由西南办事处负责领导四川彭县白水河、涪陵、贵州息烽三个地方指挥部和西南其他直属新建、迁建企业的建设工作。西北地区由青海乐都地区指挥部兼八机部西北工作组，负责领导西北地区各直属新建、迁建企业的建设工作。第八机械工业部：《关于1967年三线地区新建、迁建项目的组织领导、包建厂任务、工厂设计等若干问题的规定（草案）》，1966年1月至1966年12月，卷号一，8–12页，成都市工业行业档案资料中心藏。

⑤ 1966年3月，第八机械工业部、基建司与西南三线建设委员会经考察，最初将岷齿厂、锦江厂、湔江厂选址定于胥家沟、响水洞、连盖坪。三厂因建厂环境差、交通不便与相关部门交涉。为解决选址问题，1966年10月15日，时任第八机械工业部副部长的杨立功赴当地考察，经讨论决定将锦江厂的厂址调整至梅子岭沟，其余两厂厂址不变更。1967年，锦江厂再次提出变更厂址，并成立“审查工厂设计革命委员会”。在锦江厂变更厂址的影响下，湔江、岷齿在1968年也再次要求重新选址。直至1968年6月确定未动工的锦江厂可考虑调整厂址，已动工的岷江厂和湔江厂厂址不动。1970年初，第八机械工业部正式下达（70）八机军建字044号文件确认锦江厂的厂址为彭县砖瓦厂。参见张勇、肖彦：《三线建设企业选址的变迁与博弈研究——以四川三家工厂为例》，载《贵州社会科学》，2017（5）：148–155。

位于东部沿海的杭州齿轮箱厂，当时主要负责生产用于制造核潜艇的齿轮箱。根据三线建设的战略部署，杭州齿轮箱厂也被纳入内迁的企业行列。为响应号召，杭州齿轮箱厂的齿轮部分一分为二迁到西南，共抽调了 500 多名骨干，其中包括干部 120 名，技术骨干 200 名，同时从技校毕业生中调配 150—200 名，分批次前往四川彭县。1967 年上半年，干部率先奔赴四川，工人则在三季度之前分批去岷江齿轮厂，组建专攻船用齿轮箱和拖拉机内燃机配套、维修用精密、大型齿轮的专业生产工厂。第一批主要是基建、党群、计划财务、行政等方面的干部。当干部分批抵达现场后，技术干部和生产工人暂留厂做各项生产技术准备工作。作为第二批前往彭县的技术人员，技术骨干王杏生、薛祖斌便在其中。

> 当时国际形势不大稳定，我们的武器也没有其他国家先进，所以沿海地区的工厂一旦被破坏，国家就失去动力了，于是国家决定要把一部分好人好马全部迁到内陆来。迁到山里之后，还要把好的设备放进山洞。后来杨立功到了四川的西昌，他说岷江这个地方可以。这个地方的位置像一张沙发，前面是高山，后面一个平躺的，像一个沙发，所以当时厂区就建在岷江这里。后来由于时政稳定，都是立体战争了，就没有必要跑到山沟里躲着了。之前的政策要求我们要进山、进洞，要离铁路、水路远，离沿海越远越好。但时政稳定之后百分之八九十的工厂都从山里搬了出来。我们岷齿厂就合并到他们川齿厂，总的就称为“四川齿轮厂”。[①]

同赴彭县的薛祖斌作为管理干部支援三线。他在 1951 年 7 月份参加工作，经湖北省广济县的老街坊介绍谋了份征收粮食的工作，1956 年留在县粮食局工作。因向往军旅，加之因缘际会他成了一名义务兵，并被送往沈阳的学校读书。

① 2019 年 7 月 30 日访谈原四川齿轮厂职工王杏生。

原来当兵的时候需要送到沈阳的学校读书，出来之后就能当技师或者是所长，比如我们上一批出来的干部很多都是少尉军衔，最差的也是下尉军衔。可是我们去当兵的时候，国防部下了命令，我们这一届开始改革取消了这种军官的制度，将军衔分成了上士、中士、下士，就连学习的时间也由原来的三年变成了两年。①

毕业后的他被分配到部队二十军担任班长，1960 年转业到富源大队。由于杭州齿轮箱厂人员缺乏，便携爱人一同进入杭州齿轮箱厂，很快便成长为一名的优秀的管理人员。

我又带着工人去上海学技术，被调到了技术部当干部，不到半年又被调到团委去当干部。团委把我送到杭州市委党校去学习了六个月，回来之后就成为了杭州齿轮厂的党支部书记，后面还担任过装备车间和技术车间的书记。……在三线建设开始后，我们厂抽调了五百多名骨干到四川组建了岷江齿轮厂，我也在抽调的人当中。②

接近 3000 千米的逆流而行充满了未知，也注定是艰辛和不凡。抵达成都后再乘车经龙桥、新繁，抵达彭县县城，北面 40 余千米便是白水河镇。彭县，成都平原西北部的门户枢纽，“以岷山导江”，地处成都平原与盆周西北龙门山地的过渡地带，龙门山褶断带斜穿县境北部，以谭家场、关口、万年场、红岩场一线为界，以北为龙门山山地区，以南属成都平原区。整体地势犹如“一把巨型浮雕靠背椅”。③要想到达白水河，需要从成都平原北面的山口——关口进山，盘山而行，经海窝子、大鱼洞、小鱼

① 2019 年 9 月 1 日访谈原四川齿轮厂职工薛祖斌。
② 2019 年 9 月 1 日访谈原四川齿轮厂职工薛祖斌。
③ 四川省彭县志编纂委员会编纂：《彭县志》，3 页，成都，四川人民出版社，1989。

洞，跋涉30余千米就是白水河。[①] 根据“靠山、分散、隐蔽”的原则，岷江齿轮厂厂址确定在白水河流域的胥家沟，属大宝公社三大队十一、十二生产队地界，位于白水河镇北面4.4千米，距彭县县城37千米。[②] 背靠大山，前为沙金河河滩，形同沙发。距离厂区300多米便是生活区了。

> 我记得当时我们是三十多个人包了一节车厢一起去四川支援三线建设，但是也有那些自己出去做了小工的人选择不来。当时的政策还是比较好，比如说你老婆、子女在农村的话，他们也都可以跟着你迁到这边来，转为城市户口，所以我当时差不多是全家人一起来四川的。而且迁移到四川后我们就没有后顾之忧了，就努力地工作，有探亲假再回杭州看看。而他们川齿厂就不一样，后面两个厂合并之后，川齿厂还有些家属没转正，而我们岷齿厂则全部都转了，只要子女够年龄，就都可以进厂。
>
> 我们工厂里有八千多个工人，两百多个大学生，两百多个中专生，他们来自全国各地，至少遍及二十多个省。当时各个工厂的大学生都是上面分配的，不管你要不要，他们给你多少，你就必须收多少。我们就只能把他们安排到各个科室和车间，所以我们岷齿厂的大学生多，中学生多，技校生也多。其中有一个是设计院出来的，当时他被分配到杭州齿轮厂，后来支援三线也跟着过来了。[③]

如今身为社区党员志愿者的俞志仁，在16岁时与两个妹妹跟随父母来到岷齿厂。那时的他还在读初中，便被父亲带了出来。对于三线建设，他不过是懵懵懂懂。

① 潘祥鹗：《大三线有个“三江厂”的故事》，见倪同正主编：《三线风云：中国三线建设文选》，145页，成都，四川人民出版社，2013。

② 第八机械工业部：《岷江齿轮厂工厂设计任务书（建议方案）》，1966年1月至1966年12月，卷号一，13–25页，成都市工业行业档案资料中心藏。

③ 2019年7月30日访谈原四川齿轮厂职工王杏生。

> 父亲出来，我们就出来了。当时的政策是可以农转非。我们是农村户口，当时厂里也没有明确表态，只是说可以把家人先带出来，如果有机会就可以转，我们厂里转了不少人。[①]

进厂后俞志仁先从学徒做起，一直搞冷加工，这一干就是四十多年，也带了许多徒弟。“以前带徒弟都是手把手摇出来，徒弟对师傅相当尊重，就像父亲一样。”

也许正是靠着这种“传帮带”使岷江齿轮厂从无到有。在艰苦条件下的工厂初建，仰仗着“三老带三新”——老基地带新基地，老厂带新厂，老工人带新工人，由杭州齿轮箱厂负责包建，直至全部投入生产。由杭州齿轮厂党政领导挂帅，有关部门和车间领导组成包建办公室，在八机部三线建设地区指挥部的统一指挥下，进行包建任务的具体调度。[②]包建任务是在工农结合的方针之下，以低标准进行工厂建筑和生活福利设施设计，本着“干打垒”精神，采用毛石或“胡豆渣”的建筑方法，利用坡地荒地分散建设学校、医院、商店。与专门生产小型齿轮的四川齿轮厂所不同，岷江齿轮厂在定位上确定为以生产精密大型齿轮为主，也正因此在后三线建设时期，20 世纪 80 年代两厂实现技术互补，共同迈向技术改革与创新的新时代。

牧马山

一边是白水河，一百多千米之外的另一边是牧马山，这道 35 千米长的山脉由双流西北贯穿东南。四川齿轮厂厂址最终在成都双流县牧马山落成，属双流县文星公社五星三队。在天津市第九内燃机齿轮厂内迁之前，成都拖拉机厂的干部、职工们就已开始了工厂的迁建工作，几经周折牧马山成为新厂址的所在。在第九内燃机齿轮厂职工到来之前，这里已经小有

---

① 2022 年 1 月 26 日访谈原四川齿轮厂职工俞志仁。

② 杭州齿轮箱厂：《关于包建岷江齿轮厂的初步计划》，1966 年 1 月至 1966 年 12 月卷号一，26–31 页，成都市工业行业档案资料中心藏。

规模了。

成都拖拉机厂和第九内燃机齿轮厂两厂落户牧马山的缘起，要追溯到1959年“东方红-20”型拖拉机的试制成功。为了适应农业机械化要求，经省市领导指示，成都拖拉机厂将在1960年进行扩建，规模按年产“东方红-20”型拖拉机10000台进行设计。①为此，成都拖拉机厂邀请了西南设计局、成都市规划局、西南勘测院、成都市重工业局、农机部有关单位，组建了由17名成员构成的迁建工作组。参照洛阳第一拖拉机厂和天津拖拉机厂的各项指标，1959年12月1日至4日，工作组在成都市共勘察了成都市南厂北三处、成都市北一处、崇义桥一处、金堂县一处，择优选择了其中的三套方案进行技术、经济比较。②

第一方案仍选址在驷马桥，位于原成都拖拉机厂以南，川陕公路以西，排洪道以东，梨家巷以北。虽然这一方案可以依托原成都拖拉机厂，但是由于拆迁工厂与居民数量较大，牵涉面广且因素复杂，基建投资高达240.76万元而被放弃。第二方案厂址位于市区南郊，二环路以南，电缆厂以西，铁路专用线以北，高压走廊以东。沿城市二环路及放射形干道西南约90公顷，近期使用57公顷，远期发展需101公顷。第三方案厂址位于市区以北，成彭公路以东，天回东站以北，崇义桥附近。沿崇义桥东侧至天回车站一带约2.5千米可供建厂之用，约3—4平方千米。第二、三方案厂址所在区域居民较小，主要为蔬菜作物区，所需基建投资分别为73.82万元和76.5万元。第三方案有更优越的发展条件，并且有成为独立的农业机械中心的可能，但是由于距离成都市区较远，无法利用城市大型文化福利设施，且与成都各厂联系协作不便，施工运输条件较差的问题而被放弃。③

① 成都拖拉机厂：《关于我厂铁路支线的报告〔拖基（59）字第152号〕》，1959年9月，卷号二，76页，成都市工业行业档案资料中心藏。

② 成都拖拉机厂：《成都拖拉机厂厂址选择报告书》，1959年4月至1959年12月，卷号三，7页，成都市工业行业档案资料中心藏。

③ 成都拖拉机厂：《成都拖拉机厂厂址选择报告书》，1959年4月至1959年12月，卷号三，第9–13页，成都市工业行业档案资料中心藏。

综合建厂速度、发展远景、基建投资和设施利用，工作组最终建议采用在成都市南建厂的第二方案。12 月 3 日，工作组在市人委明远楼向省农业机械厅、省纪委、省机械工业厅、省基建委和中共成都市委等领导汇报选厂经过和选址意见。经讨论，“大家一致同意工作组的意见，采用第二方案”，并指示农业部直属新建项目的四川钢丝绳厂，可以放在拖拉机厂两侧，以便动力方面的协作。12 月 7 日，成都市规划局就新建成都拖拉机厂的位置，经研究决定在南郊永丰路以西地带，面积为 815 米 ×1290 米，计 105.135 公顷。[①] 农机部在接到四川省计委、成都市计委和成都拖拉机厂关于工厂迁建的选厂报告后，批复同意位于市南厂址的第二方案，认为“布局合理，有发展余地，能与城市规划密切配合，在投资上较第一、第三方案为省”。[②]

1960 年，职工们在神仙树的厂址基建已完成了龙门桩和地基，此时却突生变化。3 月 7 日，农机厅传达省委关于“成都拖拉机厂厂址另行选择的原则是后面靠山，山前有大片平地”的指示。在农机厅、机械局、市规划局领导下，从 3 月 8 日至 12 日先后考察简阳县李家坝、石板滩、龙泉山洛带区尤家桥、龙潭寺附近大草坪、灌县蒲阳镇、排里沟六处地点。[③] 最终，根据省委（60）省字 528 号文批准成都拖拉机厂厂址确定在华阳县文星场袁家碾附近修建。[④] 迁建厂址基本建设所需征用土地计 770.79 亩，租用土地计 36.58 亩。[⑤] 依照中央关于“大厂靠山，小厂上山”的指示，本

① 成都市市规划局：《为同意厂区位置及通知厂界坐标的通知〔规划（59）字第 90 号〕》，1959 年 4 月至 1959 年 12 月，卷号三，1 页，成都市工业行业档案资料中心藏。

② 中华人民共和国农业机械部：《关于同意成都拖拉机厂选厂报告的复函〔（59）农机建账字第 66 号〕》，1959 年 4 月至 1959 年 12 月，卷号三，3 页，成都市工业行业档案资料中心藏。

③ 成都拖拉机厂：《选择厂址的报告》，1960 年 1 月至 1961 年 2 月，卷号一，64 页，成都市工业行业档案资料中心藏。

④ 成都市农业机械局：《关于划拨成都拖拉机厂道路用土地的报告》，1960 年 1 月至 1961 年 2 月，卷号一，88 页，成都市工业行业档案资料中心藏。

⑤ 成都拖拉机厂：《关于我厂基本建设所需征用及租用土地问题的报告》〔拖基（60）字第 179 号〕，1960 年 1 月至 1961 年 2 月，卷号一，99 页，成都市工业行业档案资料中心藏。

着节约用地的精神，工厂基建将全部生活福利区及部分辅助生产部门安置在山区，少占平地，特别是高产地。

1961 年 6 月 21 日，（61）农机计张字第 567 号文正式批准了设计任务书。就这样，成都拖拉机厂的新厂址从成都神仙树，调整到了远离城市的文星镇。当时的袁家碾不过是野草丛生、烂泥成沼的荒凉山沟。火车头合作社和小汽车修理厂的技术工人，分配到成都拖拉机厂的大学生，以及招收的新进工人，是首批建设者，也成为日后四川齿轮厂的班底。他们与省建二公司、西城区汽车队和成都劳改收容所抽调的人员下到基建现场，从 1960 年 8 月开始的四个月里，接通了袁家碾至白家场的厂外公路 8 千米，铺设用于产品、物资运输的专用铁路 4 千米，还建设了 5121 平方米的厂房和两幢职工宿舍。①

时值深秋，细雨绵绵，从省建二公司、西城区汽车队、成拖厂、成都劳改收容所等抽调的三千余人，汇集在从四垭殿到白家场连绵十余里的基建工地上。建设者们或散居在当地农民的牛棚、猪圈、仓房，或编制成连排班，露天搭起陋棚宿营。二十来岁，青春似火，政治信念坚定，建设新生活热情高扬，再加上有“大跃进”色彩的高目标要求：四个月建成车间，半年内全部投产，更是激励着年轻的建设者们。没有食堂，一班一口行军锅，自然灾害低标准，牧马山红苕当饭，酱油盐巴作菜，八元钱一斤的蕹菜改善伙食。白天，脚踏烂泥田，人拉肩扛，吼着夯工号子，挖泥换土填地平筑路基；入夜，阴雨袭人，蚊虫叮咬。血和汗流在一起，菜和米煮为一锅，草和铺连成一片。困难十分明显，但丝毫不能难倒有着坚强信念的建设者们。

在修建四垭殿到袁家碾的专用公路时，一个同志因疲劳过度，劳动失误而工伤身亡；在“五朵莲”工棚，两个从云阳、黔

① 成都拖拉机厂：《五九年至六一年三年工作总结》，1961 年 4 月至 1962 年 4 月，卷号一，21 页，成都市工业行业档案资料中心藏。

> 江来的工人不幸被牧马山的雷电击中……从成拖厂在袁家碾上马到最后下马的一年内，有不少人患上了严重的风湿关节炎、腰肌劳损，也有不少人长时间远离家乡和亲人，奋战在基建工地；还有不少人走出条件优越的机关、学校，从城市来到山沟。作为每一个今天川齿的建设者来讲，上一辈建设者身上体现出来的对工作和事业忘我追求，将青春和热血奉献给工厂，艰难创业的精神，仍是那样的宝贵、崇高。
>
> 从（一九）六〇年八月开始，在不到四个月的日子里，建设者们凭着与天地奋斗其乐无穷的革命意志，奇迹般地在荒凉的烂泥田，修建了一条3千米专用公路；接通了袁家碾至白家场的厂外公路；铺设了白家火车站至袁家碾的专用轻便小铁道；架通了强电干线；建造了2000多平方米的职工宿舍；完工了一片连体厂房……同时，在施工的特定历史条件下还采取了平行流水交叉作业，设计现场施工组合实施等工作方法。[①]

肖永强、李国轩、涂永寿、罗敬弟、王继蓉……这些名字在历史记忆中有着一席之地，他们在牧马山下的袁家碾、四巠殿、五朵莲留下了艰苦奋斗的血汗和足迹，也留在了朱广清、赵齐顺等老一辈成拖人的记忆中。

> 我们考虑了郫县、彭县等很多地方，最后选择在成都神仙树建厂，想要在扩建之后把工厂的拖拉机年产量从一万台扩大到两万台。又因为当时的局势还不是很稳定，就在设备生产上考虑了和平和战争的两重性，在打仗的时候工厂就生产装甲车。
>
> 在神仙树建工厂的时候，沙石都运到现场去了，龙门桩和地基也都弄好了，但是由于我们工厂的占地面积太大，好多农民就开始闹，说占了他们的良田。当时我们需要用从火车南站到国营

① 林楠：《袁家碾的回忆》，载《川齿报》，1988年8月6日，第4版。

132 厂[①]的专用线拉砖拉石头，但是他们不答应，还打了好几场官司。最后还是省里决定我们先用两三个月，然后重新给我们建设一条线，这样才开始慢慢建设。

1960 年中央计划有了变化，原本的拖拉机产量从一万下降到五千。这五千台拖拉机需要换地方建设，厂长就让我去农业厅拿地图和图纸，于是我就被调到了农业厅的基本建设处。当时建厂的政策是不能挨着城镇，就考虑了当时还只是一个公社的文星镇。之后在国家提供建设费用的情况下，我们开始扩招工人建设工厂。我记得当时唱的歌有一句“我们献出青春献出生命”，这个是实在话，为了修建这个工厂牺牲了三个人。第一个是一个女同志，在修建联合仓库的时候，被掉下来的砖头砸到了头；后面两个是因为下雨打雷的时候被劈到牺牲的。

正在建设成都拖拉机厂的时候，1962 年我们跟苏联关系搞僵了，国家也就没钱批给我们建设工厂了。于是我们宿舍楼的一栋、二栋、四栋、二十栋都是建到一半就停工了，生产方面也只能自己做一些配件。不过有原来在驷马桥的火车头合作社和小汽车修理厂的一些技术和工人，再加上国家分配的一些大学生，所以还是顺利地开始投入生产了。[②]

1961 年 7 月 1 日，在省市委立即迁厂的指示下，工厂将职工划分为生产和基建两个部分。调出人员陆续搬到工地，未搬走前仍留厂内从事生产准备工作。“供应、生产、财务，以及各个车间都把两修两造和生产试制生产准备工作分为两股头。谁的劳动收入归谁，生产基建互不混淆。”另一方面成立搬迁指挥部和筹备组，前者由席德明厂长负责，后者由土建部门统一管理。搬至新厂址的人员暂住民房，吃饭以工地现有三个食堂为基

① 成都飞机工业（集团）有限责任公司（简称中航工业成飞、成飞），原名“国营 132 厂”。

② 2019 年 8 月 30 日访谈原四川齿轮厂职工朱广清。

三线建设时期设备安装（莲花社区提供）

础扩大解决，并从厂内调拨一名炊事员到工地。[①]

由于整个搬迁工作遵循“边搬迁、边安装、边整风、边生产”的原则，在不影响生产任务和质量的情况下，采取先搬闲散设备和物资，满足各条生产流水线生产所需，后搬使用中的设备和物资，行政生活用品逐步插入。10月初，50余台闲散设备、80台机床库存，半个月里陆续搬离老厂。继而利用10天的时间搬迁拖拉机车间。[②] 11月1日，成都拖拉机厂正式部署迁厂，开展生产车间划分、人员调整和物资处理。11月，将126台主要设备、材料、毛坯和行政生活用品搬迁至新厂，每天安排5—6个车次运输，各种物资总运量达到了1350吨。同时，针对设备实施两级管理，机床设备由车间管理，精密机床设备由厂部管理，精密机床的操作人

① 成都拖拉机厂：《迁厂会议记录》，1961年4月至1962年3月，卷号二，9–10页，成都市工业行业档案资料中心藏。

② 成都拖拉机厂：《成都拖拉机厂搬厂安排》，1961年4月至1962年3月，卷号二，11–12页，成都市工业行业档案资料中心藏。

员和调换都需要经过厂部同意。[1]本着自力更生的原则，90% 的设备均由职工自己安装。在紧张忙碌中，11 月陆续完成了活塞和缸套两条生产线的设备安装，以及轴瓦、高频炉、箱式电炉等主要设备的安装。[2]

根据党委指示，成都拖拉机厂须在 12 月 25 日前全厂迁至牧马山新厂。在设备安装的同时，人员便开始陆续入驻工地。为了保证管理正规化，支部书记先到达工地，进行加工车间的整体组织工作，宣布车间各级的人员名单。新厂成立了搬厂办公室，下设生产科、技术科、材料科、财务科、行政科、设备组、人事保卫组、基建处，负责基建、搬厂、安装和生活安排等一切活动。

> 1. 生产科：由李锡恩负责。
>
> 2. 技术科：由杤宗科负责工艺布置、设备搬迁、设备安装、技术资料、调整生产、准备生产等。
>
> 3. 材料科：由徐正兴负责。职责为负责工具、材料、油料、辅料等搬迁工作并建立保管制度。
>
> 4. 财务科：由邹良贤负责。职责系负责财务方面的迁厂工作，监督固定资产之动用及管理等。
>
> 5. 行政科：由王亚田负责。职责系负责副业生产，家具搬迁管理，房屋管理，各食堂的管理，搬来人员的吃住，医务室的管理，办公用品的采购和管理，内外单位的电费。
>
> 6. 设备组：由宋海涵负责。职责是负责设备的接收及保管，建立制度管线的熟悉，建立设备卡片等。
>
> 7. 人事保卫组：藏福山、罗建华负责。负责搬来人员的工作安排和全厂的保卫工作。
>
> 8. 基建处：下设七个组：（1）计划统计组：由袁志君负责。

① 成都拖拉机厂：《关于迁厂工作情况的报告》，1961 年 4 月至 1962 年 3 月，卷号二，4–5 页，成都市工业行业档案资料中心藏。

② 成都拖拉机厂：《十一月份搬厂安排计划》，1961 年 4 月至 1962 年 3 月，卷号二，14 页，成都市工业行业档案资料中心藏。

> 负责基建和安装的统计工作，退赔工作。（2）工程技术组：由潘霞生负责。负责土建安装的技术工作（包括现场规划、工程技术资料、质量检查、监督工程验收等）。（3）财务组：代任俊负责。负责基建财务方面的工作。（4）材料组：林炳忠负责。负责土建安装的材料采购和退赔材料的采购工作。（5）汽车队：由卞文清负责。负责土建、安装材料的运输工作。（6）安装队：由徐元贵、罗玉时负责。负责水上管理、动力照明、设备的安装，以及零部件的制造、设备缺件的配制。（7）工程队：石光怀、冷光辉负责。负责修路及其他土建安装辅助工作。[①]

12 月，在职工全部就位后，工厂便开始组织职工脱产学习，或半天工作半天学习。学习内容以“工业七十条”为重点，计划着把岗位责任制搞起来。此时期，成都拖拉机厂铸工车间有工人 90 人，锻工车间 17 人，金加工车间 129 人，工具机修车间 128 人，拖拉机修理 140 人。1961 年年底职工人数为 724 人，其中工人 282 人，学徒 325 人。[②] 随之一同迁往新厂的，还有大约 600 户职工家属。在三年经济困难时期，保证生产的同时让职工们吃饱肚子的问题摆在了面前。如果以 1500 名职工，每人每天以吃 2 斤菜计算，全年共需 100 多万斤蔬菜。于是，工厂根据中央提出的“一手抓生产，一手抓生活”的方针搞起了副业。成都拖拉机厂向华阳县人委申报拨给菜地 150 亩，计全年可产 90 万斤蔬菜，并且规划养猪 150—200 头，养鱼 30—40 万尾。[③]

解决了后顾之忧，便是思忖生产计划的制定与实现。成都拖拉机厂的生产计划，由最初的万台拖拉机，在 1961 年经农业机械部调整为年产丰

① 成都拖拉机厂：《十一月份搬厂安排计划》，1961 年 4 月至 1962 年 3 月，卷号二，13–14 页，成都市工业行业档案资料中心藏。

② 成都拖拉机厂：《1961 年大中型工业企业基本情况》，1961 年 4 月至 1962 年 4 月，卷号一，1–12 页，成都市工业行业档案资料中心藏。

③ 成都拖拉机厂：《根据 1961 年 4 月 12 日党委扩大会议的决议》，1961 年 4 月至 1962 年 3 月，卷号二，46 页，成都市工业行业档案资料中心藏。

收-35型拖拉机5000台。[1]后又在“调整、巩固、充实、提高”的方针下，经上级确定在迁厂初期阶段，成都拖拉机厂主要进行脱粒机配件生产和修理拖拉机。在生产配件的同时，工厂也开始了投入新的拖拉机配件和拖拉机引擎的试制，从配件着手逐步扩大品种，以达到成批生产拖拉机的目的。

流动

对于不少像成都拖拉机厂和第九内燃机齿轮厂的企业来说，国家“调整、巩固、充实、提高”的宏观调整意味着“物”和“人”的大规模流动。事实上，早在与第九内燃机齿轮厂合并之前，“流动”便已开始了。

就在成都拖拉机厂处在迁建的重要节点时，1960年，成都市动员“万人上山”，号召全市各部门、各企业的热血青年支援矿山，所谓的“上山”指的是位于绵竹市汉王镇的天池煤矿。1958年，成都市为了解决工业能源问题，在川西北龙门山脉中段，绵竹县汉旺镇筹建煤炭基地，并专门修建了运煤之用的铁路——德天铁路，将绵竹、汉旺与天池连接一线，这条铁路日后成为宝成铁路的一条支线。市委动员“万人上山突击煤、铁生产和运输”的指示传达后，成都拖拉机厂在7月18日便向全厂职工动员，提出“人员减500，生产翻一番，实现一顶二，减人要增产”的口号，轰轰烈烈、声势浩大地掀起了上山运动。[2]

七天内工厂便组成了476人的支援天池大队，第一批460人于25日到达天池煤矿。各部门抽调上山人员总计500人，其中干部57人，工人443人。[3]这500人已经占到在厂职工的1/3，于是留厂职工掀起“一顶二”的技术革命运动。虽然部分职工对于上山的意义有一定认识，但是仍有

① 1960年12月工厂行政领导关系由成都市机械工业局转属农业机械局领导。

② 成都拖拉机厂：《贯彻执行市委“万人上山”突击煤、铁生产和运输指示的情况报告（草稿）》，1960年7月至1960年9月，卷号八，79–84页，成都市工业行业档案资料中心藏。

③ 成都拖拉机厂：《上山人员情况统计表》，1960年7月至1960年9月，卷号八，1页，成都市工业行业档案资料中心藏。

不少人心存顾虑，摇摆不定。通过对职工上山意向的摸底，对于上山态度坚决的只有30%—40%，犹豫的有40%—50%，不愿去的有10%—20%。“怕艰苦，怕事故，怕劳动强度大，怕分开家庭，怕生活苦，怕去长期安家落户”，是职工们最担心的事情。但是，在做了思想工作，职工们了解到“煤、铁运输”与“大跃进”的关系后，全厂有99.02%的人积极地写了申请。

> 原本坚决不去的电话员朱凤秋，自动向支部书记申请说“这次明确了万人上山是为总路线，大跃进。厂里党团员都去，自己坚决上山当一个光荣的矿工，争取入团”。还有不少青年人口头书面申请，要求到矿山去。科室的33个团员提交了个人申请，还集体签名，送决心书：“我们从来不怕艰苦，让我到党最需要的战线上去，到矿山去、井下去。”①

留厂职工也自觉地开始帮上山人员做准备。103名职工为上山职工洗衣服、被盖717件，两天内工厂213人赠送棉衣35件、单衣223件，还有毛巾、背心、笔记本等日用品342件。似乎较之“上山”可能面临的艰苦来说，这些微不足道的准备中饱含了对于昔日同袍的一份情谊。成都市机械工业局也针对这部分“上山”人员的补助问题给出解决方案。前往天池来回途中每次补助2角，共补助4角。工作人员因公出差返回成都，每次往返车费可报销，补助按出差人员标准计算。②

直至1961年成都拖拉机厂由驷马桥迁至牧马山，此时工厂职工共有1145人，其中工程技术人员70人，管理干部150人。依然沿用老厂部门、

① 成都拖拉机厂：《贯彻执行市委“万人上山”突击煤、铁生产和运输指示的情况报告（草稿）》，1960年7月至1960年9月，卷号八，84页，成都市工业行业档案资料中心藏。

② 成都市机械工业局：《关于去天池突击运煤人员进行补助问题的紧急通知〔机工劳（60）字第59号〕》，1960年7月至1960年9月，卷号八，85页，成都市工业行业档案资料中心藏。

人员配置进行安排，包括行政管理、生产、技术和检验、财务和供销，以及冷加工、热加工和修理三大车间。冷加工车间有车工、钳工、铣工、铇工、磨工、热处理、有色浇铸、搬运；热加工车间，造型、熔炉、模型、清砂、锻工；修理车间有电工、机修、车工、刀具、引擎、底盘、大泵、钳工、锻工、木工、铆工、板工、棚工、漆工。①

这种能够满足拖拉机制造和汽车修配的人员、设备和生产配置，在1961年11月再次发生改变。根据省、市委既要恢复小汽车的修理，又要把拖拉机的修理、试制和配件生产搞起来的指示精神，经研究决定，在成都拖拉机厂开始前往新址的同时，着手组成小汽车修理车间。“从原华业汽车修配厂的全部人员中，拿出三分之二的力量来专门从事这一工作，月产水平十多辆，并立即安排任务。其行政、业务和四季度的计划安排，仍由成都拖拉机厂负责，待该厂迁往新址，而小汽车修配的组织和力量，均已初步形成后，于年底正式交交通部门领导。”② 11月3日，市工业生产委员召开农机局、交通局、拖拉机厂等单位的负责同志会议，就设备、人员、组织领导及时间安排问题进行安排。

在机器设备方面，原则上以原华业厂拨交给拖拉机厂的为主，原有机器已破旧损坏不足时，在保证30部修理力量内，由拖拉机厂配套25至30台左右。现有工具如不足时，由拖拉机厂在库存内补充解决，但是拖拉机厂专用之设备机具不能动用。拖拉机厂将厂里唯一的一台曲轴磨床留给华业厂，但由于这也是修理拖拉机时必不可少的设备，因此在分厂后汽车修理厂需协助拖拉机厂进行加工。在保证原华业厂技术力量的原则下，拖拉机厂拨出了250人给小汽车修理厂，其中技工因修拖拉机需要留下10余人外全部调出，学工10余人，行政管理干部原则上拨交给原华业厂人员。拖拉机厂则每一股室暂保留一名负责干部，厂一级领

① 成都拖拉机厂：《老厂人员安排》，1961年4月至1962年3月，卷号二，1–3页，成都市工业行业档案资料中心藏。

② 刘迎福：《关于安排成都拖拉机厂恢复小汽车修理力量的请示报告》，1961年4月至1962年3月，卷号二，32–33页，成都市工业行业档案资料中心藏。

导干部由市委研究解决。[1]

于是，成都拖拉机厂在1961年11月一分为二，先将拖拉机修理和小汽车修理分为两个车间单独核算，并将移交之人员、设备造具清册于11月20日前报市工业生产委员会和交通局。次日工作组正式到厂帮助进行独立核算、搬迁，12月1日正式交接。12月15日印鉴的正式启用，宣告两个专业化企业的诞生。成都拖拉机厂的生产方向调整为拖拉机配件生产和修理拖拉机，小汽车修理厂则主攻汽车修配。这次调整大幅削弱了成都拖拉机厂的技术力量，“原华业汽车修配厂与成都拖拉机厂合并时，是380多人，除上调、去天池和支援农业外，目前尚有270多人，而拖拉机厂真正的技术力量，也主要就是这批人”[2]。但是，从长远考虑，也为从拖拉机修理、配件制造转为主机制造打下了基础。1962年，生产走向以拖拉机配件及修理、齿轮箱为主，同时还抽出小部分力量进行35匹柴油机引擎试制。不得不说，这次专业化分流之举和技术骨干的严重缺口，也成就了日后与第九内燃机齿轮厂的合并。

在天津职工内迁前夕，成都拖拉机厂进行了第三次大规模的人员调动。1964年，三线建设内迁工作已经进入具体实施阶段，成都拖拉机厂与天津市第九内燃机齿轮厂合并成为生产齿轮的专业工厂已成定局，便与三线建设内迁两线并作一线同步开展。这一次，成都拖拉机厂将一分为三。一方面，成拖厂做好了准备迎接天齿厂职工的到来，另一方面将根据上级指示将调拨部分职工支援四川农机厂，并以原成都拖拉机厂的拖修车间为基础，分出一部分设备和职工，成立四川手扶拖拉机厂。成都拖拉机厂抽调人员支援四川农机厂的决定，在职工中引发了震荡，不少人的思想上也出现波动，无法安心工作。

① 成都市工业生产委员会：《关于安排成都拖拉机厂恢复小汽车修理力量的请示报告》，1961年4月至1962年3月，卷号二，34–35页，成都市工业行业档案资料中心藏。

② 刘迎福：《关于安排成都拖拉机厂恢复小汽车修理力量的请示报告》，1961年4月至1962年3月，卷号二，32页，成都市工业行业档案资料中心藏。

> 在干部中，以技术干部的波动较大，现有四人给厂长写信申请调走，有的技术干部想去搞拖拉机，说是“川农厂”要成为拖拉机厂。有的又不愿走，怕调远了，家庭小孩照顾不便，表示专业不合，改行都愿意。工人中以锻、铆、铸车间的工人思想波动突出一些，铆焊工认为自己肯定要调出去，工作上劲头不大，担心工作调动改行又要从头学起；有的锻工也认为：“专业化后锻工要集中，人要调走”；铸工当前有任务，但他们知道今后用不到这样多人，要走一些人，思想上有些波动，工作情绪还较正常；另有些人想调出去，但要求调到成都，不愿到外地；现在不少人对厂里人事调动非常关心，到处打听。[①]

通过反复动员，宣传国家有关工业支援农业和专业化生产的方针，最终得到职工们的理解，确定了108名职工调拨四川农机厂。根据指示调拨职工需在1965年1月7日离厂。由于时间短、任务急、涉及面大，给成都拖拉机厂带来了不小的挑战。工厂采用了“先党内，次党外；先干部，次群众；充分发挥群众，相信群众，依靠群众做好思想工作”。

> 从12月29日动员到元月7日，在仅仅7天内做好了思想工作，全厂调“川农厂”的108名职工，除20人因工作无人接替或需移交手续，以及个别女职工快生小孩暂时不能去外，其余88人于元月7日全部离成都去“川农厂”。[②]

在宣布名单后，工厂给职工留了两天多的时间进行个人安排。另一方面指定专人办理户口、粮食、副食品、人事关系、火车票和包裹、行李的托送问题，在宣布名单不到一个下午就基本办完了职工的离厂手续、领

① 中共成都拖拉机厂委员会：《合厂工作简报（二）》，1964年12月至1965年10月，卷号三，31页，成都市工业行业档案资料中心藏。

② 中共成都拖拉机厂委员会：《合厂工作简报（六）》，1964年12月至1965年10月，卷号三，48–55页，成都市工业行业档案资料中心藏。

发工资、退还储金会费等。在聚餐、观影后，1 月 7 日早上在同志们的欢送下，调至四川农机厂的职工们离开了工作了多年的工厂，奔向另一个全新的环境了。在这批人员离开后的五天，天津第九内燃机齿轮厂首批内迁的 78 名职工来到了牧马山。此时工厂共有职工 693 人，其中包括拖修车间 144 人和调“川农厂”暂未走的 21 人。调出设备 88 台（套），其中川农厂 40 台（套）、拖拉机修理车间 43 台（套）、机器设备维修总站 4 台（套），成都柴油机厂 1 台。同时，天津第九内燃机齿轮厂搬迁设备 72 台（套）。至 1 月 12 日止，工厂共有设备 365 台（套）。①

1965 年 11 月 8 日，随着农业机械厅“机工农机综（65）字第 0100 号”文下达，原属四川齿轮厂的拖拉机修理车间与四川齿轮厂划分独立成厂。②鉴于该厂今后主要生产手扶拖拉机底盘并总装，经请示省经委、省计委，同意按省人委 9 月 23 日（65）川计第 0520 号文向国家计委报送的“四川手扶拖拉机厂”设计任务书的厂名，定为四川手扶拖拉机厂。③

为了避免人员、设备大规模调动影响生产，四川齿轮厂党委向四川省农业机械厅上报“关于给拖拉机厂输送人员、设备及我厂今后人员补充颁发的意见”，经厅党组研究同意所报方案，调整工人、干部共 134 人，金属切削机床 10 台，100 吨油压机 1 台，拉力试验机 1 台。为了尽少影响齿轮生产，向工厂调拨技工及干部 30 人和设备 12 台，后从重庆水轮机厂等三个厂抽调学工 100 名支援齿轮厂。至此，成都拖拉机厂分流完毕。在与天津第九内燃机齿轮厂合并后，成为了加速后方农业机械工业建设，计划年产 30 万件齿轮的专业工厂，八机部机计字 0283 号文中将其更名为“四川齿轮厂”。

---

① 中共成都拖拉机厂委员会：《合厂工作简报（六）》，1964 年 12 月至 1965 年 10 月，卷号三，48–55 页，成都市工业行业档案资料中心藏。

② 四川齿轮厂、四川手扶拖拉机厂：《关于成立四川手扶拖拉机厂并启用新印章的函〔川齿办发（65）字第 11 号川拖办（65）字第 001 号〕》，1963 年 8 月至 1965 年 11 月，卷号二，5 页，成都市工业行业档案资料中心藏。

③ 四川省农业机械厅：《关于成立四川手扶拖拉机厂的通知〔机工农机综（65）字第 0100 号〕》，1963 年 8 月至 1965 年 11 月，卷号二，7 页，成都市工业行业档案资料中心藏。

20 世纪 60 年代的四川手扶拖拉机厂（莲花社区提供）

四川齿轮厂第一届职工代表大会合影（莲花社区提供）

互嵌

成都——作为西南重镇，因其悠久的历史和独特的城市文化，而被赋予了许多浪漫的意象。20世纪60年代的成都有了最高的标志性建筑锦江宾馆，有了带着“毛根儿”的无轨电车，有了飞往拉萨的航线，新落成的毛主席像矗立在人民南路。经过“一五”，已建成成都热电厂、715厂、719厂、784厂、733厂、745厂、773厂、776厂等几十项重点工程，俨然是新兴的西部工业城市。然而，市区的繁华、喧闹、灯火通明却蔓延不到20多千米外的牧马山，艰苦的条件和对于异乡的陌生感侵袭着这些初来乍到的异乡人。在焦桂林看来，对于当时包括他在内的不少三线人来说，对于成都的新鲜感很快便被一种失落感所吞噬。

从沿海城市、工业城市到内地四川来，当时学地理才知道四川盆地是什么样的。只在书本上讲四川盆地，但真正什么样不知道，人和地形的情况，一切都是比较生疏的，所以在思想上还是有一定波动或者看法的。我们来的时候是（19）65年1月份，我说老实话，当时的成都很落后。这个社区现在已经是花园型社区了，当时还都是丘陵地带。[①]

1965年1月，第二批内迁的天津内燃机齿轮厂技术人员张玉臻不过20出头的年纪，她刚出师便随着技术相当好的老师傅们来到牧马山，转眼就已经过去快六十载。

我是（19）65年的1月份第二批到的成都，当时的工厂不是在郊区，也不是在农村，而在山区，因为国家政策要求大厂靠山小厂上山，尽量不占农田。因此那时的生活真的很艰苦。但相对

① 2019年7月10访谈原四川齿轮厂职工焦桂林。

来说我们厂离成都市还是比较近的，在成都市的远郊。[①]

跟随父母一同来成都的张琪红当时虽然还只是个孩子，但如今回忆起初抵成都时的情景和心境，也宛若昨日之事般清晰。

> 在来成都之前，大家都把这边描绘得特别好。我们在火车北站下车之后，已经是晚上了，但成都毕竟是大城市，晚上也是灯光灿烂的，在火车站外面还有人欢迎我们，带着我们一起前往双流。但是这路却越走越黑，越走越黑，连盏路灯都没有，而且当时是那种泥巴路上铺石子的机耕道，再加上当时环境和生态比较好，来的时候正好是雨季，所以就像是梅雨季节一样，天天下雨，泥土都是红的，路就更难走了。我们一路上都是摇摇晃晃、昏昏沉沉的，有些人就开始心凉了，慢慢就开始哭了。[②]

第一、二批内迁职工在1965年1月到达位于牧马山的“新家”，面对热烈的欢迎和特意准备的包子，他们心情复杂。或许他们不知道的是，在此前的几个月里，成都拖拉机厂也因合厂与分流发生了不小的震荡，而在未来的一段时间里，他们也将在不断的磨合中融为一个整体。事实上，在合并文件正式向成拖职工传达之前，已有人听到了风声。

> 大家纷纷议论认为我们厂与天津厂合并可能成为一个大厂或者是一个中央厂、车工厂，厂长不坐吉普车了，可能要坐小轿车，我们的工资福利也会更好；有的认为生产齿轮很赚钱，工资、福利都会增加；又有的认为搞齿轮厂，要不到这么多人，要走一批，彼此互相猜测。[③]

① 2019年7月10访谈原四川齿轮厂职工张玉臻。
② 2020年9月16访谈莲花社区居委会原主任张琪红。
③ 中共成都拖拉机厂委员会：《合厂工作简报（一）》，1964年12月至1965年10月，卷号三，17页，成都市工业行业档案资料中心藏。

为了平息猜测和谣言，工厂层层发动，采用黑板报、广播、标语和召开职工大会等形式宣传合厂的意义、党的方针政策，表扬好人好事好风格。即便如此，职工内部还是出现了关于合厂的不同观点。有的认为拖拉机厂的牌子大，是正牌儿，而且拖拉机是外面的，说起来好听、光荣。齿轮厂牌子不硬，不好听，齿轮装在“肚皮内”看不到；有的认为合厂以后，“天津厂职工工资、福利高些，我们也有希望增加几元钱”；有的认为工厂变得小而专了，厂里人员多，肯定要调动；还有的职工对专业化心存疑虑，认为“搞齿轮学不到技术，没有搞头”，而“搞拖拉机，学头大，过瘾”。一些青年工人担心以后自己调动工作，怕把恋爱对象耍掉了，因此在下面讨论要调工作，把“拖斗”[①]一起调走，不要甩脱了；有的年轻人正打算结婚，以便组织照顾好调在一起；双职工们便是担心调走之后不能带家属和孩子，提出要调就要调在城里工作，以便照顾家庭，而不愿调往外地。[②]

经过工厂党团员会和全厂职工大会反复动员，职工们慢慢接受了合厂的决策，绝大多数职工也清楚认识到“天齿厂职工是为了贯彻党的方针政策，服从国家建设需要，不远千里而来，他们的困难较多，我们应该发扬共产主义风格，把方便让给别人”，有的还提出“天下工人是一家，我们坚决把方便让给天津职工，决心以实际行动搞好合厂工作”。[③]此次内迁从1964年10月开始，至1965年2月底迁建工作基本完成。内迁职工及家属800余人，包括350名职工和56户家属。除了最为基本的生活、住宿问题，还有不少天津双职工的工作安排和子女入学问题等待解决。针对津、蓉两地居民的供应差异，成都拖拉机厂特向市委提出建议，请示批准有关部门协助解决。

> 第一，天津是全国的大城市，居民供应比内地较高，为了使

---

① 指对象。

② 中共成都拖拉机厂委员会：《合厂工作简报（一）》，1964年12月至1965年10月，卷号三，19-20页，成都市工业行业档案资料中心藏。

③ 中共成都拖拉机厂委员会：《合厂工作简报（一）》，1964年12月至1965年10月，卷号三，19-20页，成都市工业行业档案资料中心藏。

他们内迁后生活上不受很大的影响和变化，我们意见，家属的粮食定量按原供应标准不变，其他副食品供应按成都市居民标准供应。

第二，天津内迁职工、家属合同我厂原有职工、家属约二千余人。因我厂地处农村，离城20余千米远，交通不便，为了安排好职工、家属生活，有利于生产，我们意见，请市商业部门在我厂建立一个综合商店。

第三，天津内迁职工所带天津的工资卷，是否可以兑换。若不能全部兑换，我们意见至少兑换一个季度的，以便他们购买有关商品。①

许多职工体谅工厂的困难，愿意自己挤一点，把宿舍腾出来让给内迁职工住，使工厂顺利地解决了内迁职工的住宿问题。

厂内双身和单身职工也发挥了互让精神。我们原计划是搬一部分单身职工住单间，双身职工二户住一家（从房中间隔断）。双身职工感到，我们搬一户下来，就可以解决8个单身职工，又可以节约一些材料和资金，房屋也免损坏。因此，他们主动提出让宿舍出来，住单间。

……

现在住宿上，天津双身职工原则上一户一间（人多的隔一下），女职工带小孩的住母子宿舍，单身男、女职工都是8个人一间，原来安排是本厂单身职工130人，搬下来住单间，现改为双身职工住单间，只搬29户。②

① 中共成都拖拉机厂委员会：《关于天津内燃机齿轮厂内迁职工及家属有关生活问题的请示报告》，1964年12月至1965年10月，卷号三，114–115页，成都市工业行业档案资料中心藏。

② 中共成都拖拉机厂委员会：《合厂工作简报（二）》，1964年12月至1965年10月，卷号三，30页，成都市工业行业档案资料中心藏。

1965 年 1 月初，送走了去四川农机厂的职工，便开始了迎接天津职工的准备工作。几天的时间里，大家伙儿纷纷协助搬床铺、腾宿舍、打扫卫生，忙个不停，共调整出 74 间房间，为天津职工的到来做好了住宿的准备。有的家具不够，职工们便动手制作、漆刷，还为双身职工准备了 140 多间双人床。针对饮食也专门进行了安排，食堂准备了北方风味的菜饭，还单独办了清真食堂。在市委批准下，开设了日用百货、纸烟、糖果、小吃面食等综合商店。

天津市第九内燃机齿轮厂的第一、二批内迁职工陆续抵达。中央农机部、省厅、市委、市人委和厂里的领导、部分职工到车站迎接了他们。回到工厂时已值深夜十点多，静候多时的职工夹道欢迎，把内迁职工热情地接到休息室休息，还准备了洗脸水、开水和晚餐，开了欢迎会。当时主要负责接待的是朱广清。老家在山东滕州的他，在 1959 年 8 月进入成都拖拉机厂工作，第二年成为技术科的描图员，还负责资料技术档案管理。作为在四川生活了将近四年的北方人，朱广清成为接待内迁人员的最佳人选。

> 他们是 1965 年开春之后过来的，当时为了给内迁进来的人安排住宿和工作，我们厂里的员工还被调出去 200 多个。因为我是北方人，在四川也生活了很久，对两方面都比较熟悉，所以派我去接待他们内迁来的人。从下火车到我们厂这边，越走越黑，连个灯光也没有，但是为了建设，也只能把内心的失落感和对家乡的思念放在心底。当时我们食堂包了很多包子，但是他们想家了还是吃不下。[①]

为了缓解思乡之情，让大家愉快过好春节，遵照天津过节的风俗习惯，食堂准备了初一吃饺子，初二吃面条，初三吃盒子。还组织职工到市里参观、游览、理发、洗澡，又召开座谈会畅谈思想，交流经验。

① 2019 年 8 月 30 日访谈原四川齿轮厂职工朱广清。

通过参观游览，改变了部分同志对四川内地的看法，多数人反映："四川比北方好，气候温和，物产丰富，东西便宜。"不少同志感慨地说："成都在短短的十多年里变化这样惊人，真是做梦也想不到的。"有个青年工人说："原来在天津听人说四川有几个不好，厂里动员我来时就害怕，不愿来。这次来了，但我感到四川没有哪里不好。"他们纷纷给家里亲人写信，相告内地情况大好，有的还托人带回绿豆、芝麻酱等，让家里人放心，并劝思想不同的职工赶快来厂。但有少数同志，来后情绪不稳定，工作不够安心，生活不习惯。①

第一批内迁的 71 人由原天津第九内燃机齿轮厂的一名副厂长带队，还有后来担任车间支部委员、厂分工会主席的宣何文。由于带队副厂长在天津长期休病假，而且对情况不太熟悉，于是宣何文便和其他两名干部"把大家在平常有困难的事儿管起来了"。春节之后，随着内迁人员的全部抵达，两厂行政班子正式合并。

成都拖拉机厂的党委书记、厂长和管技术的副厂长都有，来了之后我们就穿插到里面。工人们原来属于哪个车间，哪个工种，就安排在对口车间。比如像我，来了之后还是干原来的设备、管理产品这些工作。60 年代，工厂有齿轮车间、热处理车间、铸工车间、锻工车间，后勤还有机械修理车间，另外还有供应科、行政科、技术科等各个科室。②

每批来厂的内迁职工一律在第三天分别下到车间和科室，截至 1 月底已到厂 198 人，在春节过后便会在各车间、科室正式参加工作。他们

① 中共成都拖拉机厂委员会：《关于迎接天津职工来厂情况简报（八）》，1964 年 12 月至 1965 年 10 月，卷号三，56–58 页，成都市工业行业档案资料中心藏。
② 2022 年 1 月 26 日访谈原四川齿轮厂职工宣何文。

当中有的家中母亲生病，响应号召毅然远离家乡，难与亲人在春节团圆。有的是家中娇养，不过二十出头的姑娘。从未出过远门的她们，初到异乡面临生活自理的问题，需适应集体生活。虽然初抵成都，大有好奇、新鲜之感，但是临近春节，他们却又难以抑制思乡情绪，接到家书的难免伤心地流泪，未接到家书的也难过不已。除夕当晚，有的寝室几乎是所有人全哭了。

沿海与内陆的文化差异、工作方式，以及不同代际的生活习惯也显现了出来。尤其是在大城市里过惯了优渥生活，追求时髦和特立独行的年轻人的一些行为，显得与艰苦朴素的牧马山是那么地格格不入。

> 据了解，有些青年家中每月每人生活标准平均是30–50元。因此，家里根本不需要他们拿钱回家，有的还倒向家里要钱。因而来厂后不会计划用粮用钱，生活上要求也较高。他们来成都后，见便宜就买，见好吃的东西就吃，不少人喊钱不够用，喊粮不够吃。……
>
> 有少数青年职工追求资产阶级生活方式。他们看到原厂职工上班、休假都穿着很朴素，说是“土里土气，多难看”。他们上班有工作服，下班有休息服，放假有礼拜服。不少女职工有卷发机，对“卓娅头”很感兴趣，对奇装异服很欣赏。出去都要打口红，穿着“时髦”的衣服。到附近场镇去，要用手帕遮鼻子。有的女寝室还提出外出要统一行动，若有一人不这样，就不准她出寝室门。有个青年还在宿舍过道上跳摇摆舞给大家看。①

如今回想会令大家会心一笑的“尴尬”往事，在当时却引发了不小的议论，令原厂部分职工情绪上也有了波动，甚至部分职工之间出现了“看不惯、说不拢”。这种一度人心不稳的混乱状态，随着投入生产和调适逐

---

① 中共成都拖拉机厂委员会：《合厂简报（十）：当前职工的思想情况》，1964年12月至1965年10月，卷号三，78–85页，成都市工业行业档案资料中心藏。

渐平稳了下来。春节过后，311 名内迁职工都投入了生产，绝大部分职工思想稳定并安心生产，还涌现出了不少好人好事，被树立为典型。如共产党员老工人李典民，在完成自己的任务之外还帮助其他人完成任务，而且主动承担起了做思想工作的责任。八级机修工人杨泽民、六级工刘玉海带动其他同志维修设备，保证生产。在公休日，他们修好了四台车床、三台滚齿机。还有热处理车间的青年工人严以俊，工作不怕脏、不怕累，别人不干的活，他主动去干。在生活上艰苦朴素，每月生活费只花 8.9 元，还计划再少花一点，还积极申请要求加入共青团组织。①

为了使两厂职工能够突破地区、文化的隔阂密切地团结起来，工厂还专门组织职工反复学习毛主席的《为人民服务》《纪念白求恩》和《增强党的团结》。10 月 16 日，四川齿轮厂召开了合厂以后的第一次团结大会。

> 我们全厂职工来自祖国的各个地方，共同的革命目标使我们走到一起来了，共同的革命事业把我们连接在一起了，我们是工人阶级的一员，工人阶级是一家，都是阶级兄弟，都是同志，都应该有阶级友爱，阶级感情，同志之间应该互相关心，互相爱护，互相帮助，互相尊重，互相谅解。由于我们来自各个地方，生活习惯上、工作方式上、生产管理上客观地存在着不同的地方，刚开始汇集在一起，互相不够了解，互相不够习惯，对一些问题的看法和处理方法由于处的位臵不同，有时产生不同的看法这是难免的，不奇怪的。
>
> ……
>
> 我们不能分地区，划界限。我们工人阶级的历史使命不仅要在我国实现共产主义，而且还有支援世界革命的任务，要在全世界实现共产主义。我们经常唱全世界无产阶级联合起来，难道，我们自己还不能紧密团结在一起吗？现在的国际形势、国内形

① 中共成都拖拉机厂委员会：《合厂简报》，1964 年 12 月至 1965 年 10 月，卷号三，86–87 页，成都市工业行业档案资料中心藏。

> 势、厂内的生产工作任务都不允许我们不团结起来。因此，我们应该消除地区之间的界限，打破地区之间的框框。这样，我们职工的团结问题，我们的生产工作问题，都不难解决，我们工厂的面貌就会改变，我们的生产就会出现一个新的生产高潮。这样，我们全厂在加强备战、支援越南、打败美帝国主义的斗争中做出更多的贡献。①

这次团结大会触动了许多职工的心。在那个特殊的年代，作为工人阶级被赋予的责任感和使命感油然而生。经历了陌生、排斥、包容、互嵌，来自天津的许多内迁职工明确了来到四川的目的，树立了以“四川为家”的思想，而原厂职工也更多地关心背井离乡的工友，在生活、工作上给予关照。在持续了近一年的激烈碰撞、磨合与互嵌后，两厂职工之间的壁垒逐渐消弭，他们有了共同的身份——川齿人。

干打垒

三线建设期间，内迁的企业大致有三种模式，即对口搬迁、对口支援和对口包建。四川齿轮厂和岷江齿轮厂分属对口支援和对口包建。所谓“包建”，就是将原厂一分为二，一半内迁支援三线建设，一半留在原地生产。由于包建厂需要在异地完成基建，因此可以享受到一些国家的照顾政策，例如厂内职工的妻子、子女若在农村，可随其一起内迁，并转为城市户口。当子女插完队，且达到进厂年龄时，可以转正成为厂职工，“我们没有一个不转的，只要你够年龄，就可以进厂”。而属于对口支援的川齿厂便没有如此待遇了，在20世纪80年代两厂合并之后，仍然有一些四川齿轮厂的职工家属没有转正。

① 四川齿轮厂：《在天齿、成拖厂并厂后“团结大会”上讲话》，1964年12月至1965年10月，卷号三，136、142页，成都市工业行业档案资料中心藏。

他们天津过来的也是支援三线建设，属于对口支援，我们厂（岷齿厂）就是属于包建的，包括锻造、加工等一整套工艺全部过来。[1]

无论是包建的岷江齿轮厂，还是对口支援的四川齿轮厂，都面临着一切从零开始。从杭州内迁白水河的技术人员周夏亮，还记得当年踌躇满志地登上西行的列车，伴随着车轮“哐当、哐当”的摇晃声，头脑中浮现出的是对“天府之国”的种种幻想。

然而，下了火车，汽车却无情地把我带进了深山老林——远离成都二百多千米的天台山下。美丽的幻象破灭了。满目荒凉的山脚下，仅有几间冷落的仓库，一座不起眼的车间，再就是四五幢黄砖宿舍楼。这就是我们的工厂？！面对现实，我从一开始的慌乱中冷静下来，没有嗟叹，没有袖手旁观，毫不犹豫地加入搞基建的洪流。挖土方，平田地，运砖，搬石头，担着满桶水泥浆上屋顶……冬之寒，夏之暑，还有连绵阴雨的泥泞。艰难呵！惯于摆弄机器的双手，对肩挑背扛很不适应。一天下来，肩膀常常压得红肿生痛，身子骨更是累得散了架似的难受；然而，毕竟那时我还年轻，第二天咬咬牙，照样干得挺欢。

事在人为。经过漫长、艰苦的劳动，总算结出了丰硕的果实——一排排厂房，一幢幢宿舍楼拔地而起。从游泳中学会游泳，我们从中学到了很多原来不懂的东西。树电杆、探水源，安装机器，安装宿舍的自来水和上下水道……一切生产上、生活上自己能解决的都自己动手解决。从中，我们深深体味到创业的艰辛和自豪。

从城镇一下子转到深山老林，生活上的困难远比想象的要艰难复杂得多。这儿没有小菜场，没有百货店，一切要动用汽车

① 2019 年 7 月 30 日访谈原四川齿轮厂职工王杏生。

从百里之外拉来。然而，僧多粥少，供不应求。每天排气长队买菜，往往为了点时鲜瓜果和蔬菜，你挤我拥，发生争执、干仗也是屡见不鲜。在长达两年多的时间里，我们没有自来水，家家户户靠房前屋旁的山泉度日，人们诙谐地称它为“仙水”。排起长龙接“仙水”，也是常有的事。你若想稍稍改善一下生活，至少跑八里地到白水河小镇，或是驱车九十余里上县城。气候恶劣，一年四季，除了夏天有些太阳，平时终日雾绕山腰，阴雨绵绵。一出太阳，就像遇上黄道吉日，大家争先恐后晾晒衣服、被褥，生怕错过机会阳光忽然绝迹。这，就是我们老一代建厂初期艰苦创业的缩影。[①]

这些异乡人不得不去面对闭塞的交通，匮乏的资源，环境的不适，还有心底内滋生出的落差和思乡。但似乎很快这些情绪便被修建厂房、宿舍，完善各类基础设施的忙碌所冲淡了。当时担任岷江齿轮厂机修组组长的王杏生，负责盖机修车间厂房和设备安装工作。

我觉得我们的生活是比较艰苦的，几个单位都是要基建。比方说帮着推推水泥车、拉砖之类的。第一批的二十几个人刚来的时候连电都没有，我们来了以后，就从一个县拉了三万多千伏的电过来。当时基建的时候我们要把山的坡面砌平，砌成一个平面后才能在上面建厂。然后打一个洞做地基，这样才能把工厂建起来，后来发现砌平的坡面下面好像有流沙，不能建工厂，我们又只能换个地方。

当时我们有一批安装队，专业的安装人员只有几个人，其余的都是我们自己出的人。后来我跟一个叫朱保山的人去杭州齿轮厂学习管理，成立了一个办公室。我们在建完了厂房之后就搞住房、住宿的修建，两个人可以扛两百斤，还在工作中和解放军比

① 原四川齿轮厂职工周夏亮回忆稿，莲花社区提供。

赛。虽然累了一点，但是晚上休息一下，第二天又全力投入建设中。建厂的时候周围农村的朋友也帮了很多的忙，他们为我们提供了劳动力支持。当时工厂没建好，我们主要是住在农民家里。所以我们跟周边的农村朋友相处得十分融洽，他们提出今天要什么东西，明天要什么东西，我们满足他们就好了。那些吃的、用的，他们都是从我们这里拿的。我们给他们生活上提供一些便利，他们给我们工作上提供一些支持。刚到岷江的时候，农村连棉花都没有，晚上睡觉也只能烤火。有的人家住在山上，一辈子都没下来过。

厂房基本修建好了之后，我们又兴建了机修车间和工具车间。机修车间就是搞筹备，当时我是机修组组长，于是就由我负责盖机修车间厂房。修建完成后，我又负责设备安装。本来是想让安装队来的，但是安装队老是拖拖拉拉不来，厂长就生气了。厂长说："我们都是搞机械的嘛，都能干。"然后我们就自己干了，给国家省了不少钱。岷齿厂的设备基本上都是我们机修车间安装的。此外还有安装水管的工作，安装了一年多才完成。[①]

作为管理干部的薛祖斌当时负责群众组织工作，在厂房修建和设备安装完毕后不久，他在不到一个月的时间里便组建起了工会和团委，使初建的岷江齿轮厂走向正规化。

刚到山里面的时候，一切都还没有建设起来，也没有什么事情要做，后来工厂的车间建设好了，设备也安装进去了，一切就走向了正规化。为了更好地组织工作，我被调回政工部门的政工科担任科长。因为那个时候还没有团委，所以工厂的很多事务都是我在组织，群众也十分地信任我。之前我生病的时候工厂召开过两次职工代表大会选举新书记的表决都没有通过。等我病好回

① 2019年7月30日访谈原四川齿轮厂职工王杏生。

去的时候，党办主任给了我三个月来成立工会和团委，因为职工的信任和支持，我用了不到一个月就把这两个都成立好了。后来经过省里的审批，我正式成为了岷江齿轮厂的党委委员。①

1970年年底，岷江齿轮厂主体土建工程方接近收尾。此时厂区和生活区已初具规模。

厂房靠路边的山脚下……但他们的职工宿舍建在山上，由下而上坡度很大，只好将山挖成台阶，一级一级的。生活区最高的地方是子弟学校，它和最下边的百货商店高差有40米左右。从下往上有一条反S形的上坡水泥马路，马路两边就是一排排的宿舍，还有一条步行的“中山陵”式的台阶路。上班是下坡路，下班是上坡路，日复一日，年复一年。②

此外，岷齿厂还建设了子弟学校、托儿所、电影院、篮球场、商店、煤店等，满足日常生活所需。

落户牧马山的四川齿轮厂较之岷江齿轮厂虽好很多，但是对于所有新厂建设者来说同样是白手起家。占地七百多亩的丘陵地带，成为新组建的四川齿轮厂近千名职工工作和生活的场域。1964年，一场持续了数月的“歼灭战”打响了！为了加快建厂进度，工厂设计和基建工作采取革命化的方式，在统一领导和统一指挥下集中兵力打歼灭战。工厂设计是由八机部设计院、洛阳拖拉机厂设计组、天津第九内燃机齿轮厂和成都拖拉机厂的技术人员，共同组成联合设计组到现场设计。③

“快搬、快建、快生产”是建厂的重要指导思想，为了实现“多、快、

① 2019年9月1日访谈原四川齿轮厂职工薛祖斌。

② 引自潘祥鹌：《大三线有个“三江厂”的故事》，见倪同正主编：《三线风云：中国三线建设文选》，50页，成都，四川人民出版社，2013。

③ 四川齿轮厂：《迁厂、合厂工作总结报告》，1964年11月至1966年1月，卷号三，2页，成都市工业行业档案资料中心藏。

支援三线建设四川齿轮厂职工下班后自制煮饭用煤饼（莲花社区提供）

好、省”，新厂建设尽量“上山”减少占用耕田，充分利用两厂原有设备，同时也将生活设施降到最低标准。1964 年 12 月始，西南建筑设计院、成都设计院负责工厂的土建设计，边设计边施工。12 月 30 日工地现场成立指挥部，由当时的成都市人委金秘书长挂帅，八机部、机械厅农机公司，以及成都市建工局、电业局、物资局、交通局等相关部门的负责干部亲自参加，建设银行和华阳县计委协同配合。[①] 统一指挥、统一领导打破了甲乙关系和不切合实际的繁琐手续，也杜绝了扯皮现象。从 1965 年 1 月 7 日全面动工，至 1 月 27 日仅仅 20 天的时间里，完成新建宿舍 2976 平方米，两个水泵房 39 平方米，改建热处理车间、齿轮车间、总仓库 9886 平方米，新安装各种管道 6224 平方米，电力和照明线路 12780.5 米。[②]

① 四川齿轮厂：《迁厂、合厂工作总结报告》，1964 年 11 月至 1966 年 1 月，卷号三，3 页，成都市工业行业档案资料中心藏。
② 四川齿轮厂：《迁厂、合厂工作总结报告》，1964 年 11 月至 1966 年 1 月，卷号三，3 页，成都市工业行业档案资料中心藏。

为了加速建设进度，岷江齿轮厂和四川齿轮厂的早期厂房和宿舍基本都是干打垒建筑。“你们知道什么叫‘干打垒’吗?”如今已是耄耋之年的王杏生笑着问。“当时我们在建厂，都是干打垒起来的，就是石头垒起来的平地。比方说，一个山坡，砌一块，这边再砌一块，这边再砌一块，之后他就要这么垒起来。”焦桂林一旁笑着解释。

> “干打垒”的房子，就是用两边的木头夹板，夹好了以后，从里边连土带草，一点一点地捣，捣结实了，把板子撤了以后就是一面墙。当时国家穷，老百姓更穷，走得两脚泥，到处都是泥。①

干打垒虽然解决了内迁人员住房这一燃眉之急，可却谈不上舒适、坚固，尤其是到了雨季墙面便会渗水，让本不那么温暖的房屋更多了一丝寒意。张玉臻回忆道：

> 我们就两栋单身宿舍，年轻人来了都是单身，只有我们主任是二代，她跟她父亲、母亲一家人来的，是现建的家属宿舍，三个月盖的家属宿舍，进去屋里头的墙都冒水，路是黄泥巴路，我们上班不管男的女的都手拉着手往下走，不然就会滑倒。山下是工厂，山上是生活区，手拉手上班。一下雨，四川天气一下雨就十天半个月地下，尤其是冬天，路又滑，天气又冷。哎呀，真的眼泪都流成河了。②

张玉臻口中的主任便是川齿二代张琪红，在担任莲花社区主任期间深受大家爱戴。四川冬季的寒冷、条件的艰苦让她对自己的孩提时代依然记忆犹新。

---

① 2019 年 7 月 10 日访谈原四川齿轮厂职工焦桂林。
② 2019 年 7 月 10 日访谈原四川齿轮厂职工张玉臻。

当时的生活环境真的是非常地差，我们那个房子是用干打垒的方式修的，一共才用了二十几天就修好了，住进去的时候墙上都还在渗水。用水也不像现在一样用自来水，条件十分地艰苦。给我印象最深的就是才来的时候，全体人员都水土不服，都拉肚子。不过我们党和政府那种无时无刻的关怀是十分到位的，当时成都市专门派医疗团队来到我们这个地方给我们治病，成都拖拉机厂的人还做包子给我们吃。

……

再一个是住房问题，刚开始来的时候我们住的干打垒的房子，是一个20平（方米）的套间，家里有四个姊妹实在是住不下。于是父亲就在床的两边档口上了一块活页板，睡觉的时候就把板子支起来，四个姊妹横过来睡。那个时候家里没有厕所和厨房，厨房是在过道上，厕所就是公厕，我母亲还经常因为哮喘晕倒在里面。之后川齿厂经过不断的完善，修建了新的宿舍楼，按照领导职位和工龄来分配房子，所以搬家是十分平常的。就比如说我结婚的时候是分在了一个10平方（米）的小单间，后来修了新的房子，资历老的就去住新房子，我们就可以分到他们原来的大单间。之后又从大单间搬到了小套间，然后又搬到了大套间。直到企业破产之后，又集资建房买了一个90多平方（米）的房子，住宿的环境一直在不断地提高。工厂里面除了这些硬件设施在不断完善之外，软实力也在不断提高，比如转业了许多医生和老师到工厂里面来，一切都在向着更好的方向发展。①

虽然条件艰苦，但是张琪红的家却成了包括张玉臻在内，不少年轻人经常串门的地方，畅谈、欢笑融化了冬季里无尽的寒意。

我们这个社区主任的父亲之前是我们厂里的总工办主任，在

① 2019年7月10日访谈莲花社区居委会原主任张琪红。

> 天津他就是我们厂办的干部，是天津市劳动模范。他们当时来的时候，没有家属宿舍，只有两栋单身宿舍。因为要接家属来四川，所以我们花了三个月盖起一个家属宿舍。市机械局对于内迁的厂房问题很重视，因为原来生活在大城市，生活条件比较好，晚上都是霓虹灯，马路都是柏油马路，到处是高楼大厦，还连着许多城市，相对来说四川这很艰苦。当时计划修的家属宿舍条件还可以，有卫生间、厨房，但我们修的时候这个图纸并没有实行起来。因为当时的厂长要给国家省钱，就把图纸给改了，把独立卫生间改成了大的公共卫生间。当时的厕所还不是现在这种冲水的，而是那种后面掏粪的，一沟一沟的，每个人上完厕所后粪便就到后面的大粪坑里面，好作为肥料。当时我们来的时候都很不适应，因为我们那会儿年轻嘛，都没结婚，就几个人一起住单身宿舍，有 4 个人的，也有 8 个人的，后来就都变成了 6 个人，一个宿舍六个人就和小家庭一样了。星期天我们就去主任家打扰人家，在他们家吃饭，煮玉米之类的，他们的家属对我们很照顾，大家生活在一起也很融洽。①

这些东边来的三线人，无论是在生产还是在生活方面，都需要克服蜀地潮湿的气候。在建厂初期，机修组组长王杏生就注意到气候对齿轮加工所要求的精密性是致命的。职工们只得将长尺、卡尺、量具、刃具等用油浸泡，防止工具因潮湿而生锈。

> 我们厂和川齿厂生产的设备不太一样，他们是生产拖拉机配套的齿轮，我们则是生产轮船配套的齿轮箱，那是一种传动齿轮。不过四川这边加工工业器具的费用是相当高的，特别是加工齿轮这种精密设备。因为这边天气特别潮湿，所以长尺、卡尺、量具、刃具这些都必须放在油盘里用油泡着，不然就会生锈导致

① 2019 年 7 月 10 日访谈原四川齿轮厂职工张玉臻。

无法使用。当时的条件真的是特别地艰苦，岷江那个地方根本就不适合做机械。[①]

而不少初来乍到的北方人也因水土不服而病倒，初创期的工厂无论是基础设施，还是配套设施都极其不完备，当时的岷江齿轮厂和四川齿轮厂没有组建医院。根据薛祖斌的回忆，“一开始的时候也没有组建医院，只有一个能开药的小诊所，连吊盐水都做不到，后面还是因为一次工厂食堂的食物中毒事件导致人心惶惶，于是后面才调来了医务人员成立了一个医院”[②]。同样，四川齿轮厂也仅仅是设置了一处临时场所放置病床。

我记得当时因为水土不服而临时住院的地方是一个院子，里边有小学和幼儿园，我后来还在那里读过混合班。当时临时把那个院子全部腾出来摆了病床，里面住满了人。可能因为我年纪比较小，没有特别严重的水土不服反应，但是我的家人都水土不服，去那个院子输液去了。只留下我一个人坐在我们家分到的单身宿舍外的楼梯口，没有人管我，也没有人问我吃饭了没有。因为就算在那种情况下，我父亲仍然在第一时间就投入到工厂设备的安装、人员的分配和生产工作的启动之上，没有想着去看看妻子和儿女有没有被安顿好，家人生病也没有时间去医院看一眼。

然后我记得当时有一个叫李忠现的单身职工问我：小红，你吃饭了没有？我说没有。他说：你怎么没吃饭呢？我说家里面的人全部都去输液去了。然后那个姓李的职工就带我去吃饭，真的是很温暖。我们三线人真的是一个大家庭，不管是不是亲生姊妹，或者亲生儿女，他觉得我们那么远过来了就是一家人了。虽然这个人后来调到北京，然后去世了，但是他这种关爱的情怀我到现在都还记忆犹新，以至于后来每当我身边有需要帮助并且我

① 2019 年 7 月 30 日访谈原四川齿轮厂职工王杏生。
② 2019 年 9 月 1 日访谈原四川齿轮厂职工薛祖斌。

能够给予帮助的人时，我都会像他一样去伸出手。[①]

如今这些封存在档案和记忆中的“干打垒”，早已被飞逝的时光远远甩在了过去。然而，20世纪60年代的“干打垒”已然不再单纯是一种高效、便捷的房屋建筑方法。在沙石、黏土和成的土坯里，是齐心协力、白手创业、艰苦奋斗，是新中国无数工业人的风骨，也是一个时代的印记。

① 2020年9月16日访谈莲花社区居委会原主任张琪红。

四、我们的厂

“当时人们就称我们厂为三套马车，一个成都拖拉机厂，一个天津内燃机齿轮厂，一个岷江齿轮厂。”

“1300 多人，560 多台套设备，20000 吨运输量，1900 车次，43 万多千米。”

小社会

“靠山、分散、隐蔽”建设原则和特殊的管理体制，将诸多三线企业塑造成为一座座游离在城市之外的“孤岛”，来自五湖四海的人们因为共同的目标相识于异地。对于他们而言，厂即是家，同事即是同乡，“三线建设”的崇高使命更是建构了“三线人”的身份认同，还有对“厂子”的集体认同。相对独立的地理空间和制度空间，生成了相对独立的社会空间。20 世纪 60 年代至 80 年代的四川齿轮厂和岷江齿轮厂，如同绝大多数的三线企业，在计划经济体制下有条不紊地运行着，形成了以移民为主的封闭式社会。厂子——这个“小社会”便是职工们的社会网络，是衣食住行，还有生老病死。

在计划经济时代，作为国营企业的川齿和岷齿，既不必担心产品销路，也不必担心发不出工资。

咱们生产出来的齿轮是国家包销，是计划经济；现在改革开放，都是市场经济了。国家下任务，这一个月生产五千件齿轮，少一件也不行，多了奖励你，是包生产包销，给的原材料也是计划的，我们不担心发不出工资，所有工时都报告上去，就是国家管的。叫我干多少，我就完成这个任务，如果要材料，上面会自动拨的。比如说到九月份了，国家就按照计划，钢材、水泥什么

“为革命而做饭”，三线建设时期的四川齿轮厂食堂（莲花社区提供）

都按计划给，有需要就打报告，到那里取就行了。[①]

这些三线企业初建时期，大多遵循着“先生产，后生活”的建设方针，职工的吃喝拉撒全靠后勤，偏僻的地理位置自然也带来了生产、生活的高成本。王杏生、焦桂林、张玉臻几位老人你一言我一语为我们勾勒出了一幅画面。

焦桂林：当时工资30多块钱，给家里边寄十几块钱，就剩下几块钱了。吃饭在食堂，当时有点肉的都是甲菜、乙菜、丙菜，我们吃的都是三分钱的南瓜，三分钱给你舀一点，大家都吃

① 2019年7月10日访谈原四川齿轮厂职工张玉臻。

这些。（我的）家里条件也不好，来以后还得给家里寄钱，那时我们也没有几块钱。吃不了鸡蛋。当时农民卖鸡蛋就是“割资本主义尾巴”，卖鸡蛋是不允许的，是走资本主义道路。

张玉臻：生活的地方像盆地一样，吃穿住都得从外面拉进去。

王杏生：一个月有两趟免费到成都的车，都是大货车。买菜要到县里面去买，坐一趟这个车要买三四天的菜。

焦桂林：菜、肉各方面的需求，都是车子从成都往山里面拉，然后卖给职工，所以后勤吃喝拉撒都得管。

张玉臻：附近公社就给米，谁给你种菜、卖菜？都得国家统购统销，生活用品全都是国家计划经济中的。[①]

经过几年的发展，四川齿轮厂和岷江齿轮厂无论是生产，还是生活都有了不少起色。厂内不仅有了商店，还建设了澡堂、医院和子弟学校。早在 1965 年，为了解决工厂的生产需要，新组建的四川齿轮厂获批在牧马山办一所半工半读学校。学校招收的第一批学生，是从拖拉机修理车间招收的半工半读 200 人中抽调 100 人。[②] 到了 20 世纪 80 年代，工厂已经建起了从幼儿园、小学到职业技术学校，使随迁子女的读书问题得到解决，也成为了真正意义上的“工厂办社会”。张玉臻便是在这种存在于 20 世纪 60 年代至 90 年代，“小社会”式厂区生活的亲历者。

当时我们在厂里是先生产后生活，生活是第二步，吃的、用的这些都是在附近的农村里买。但后来我们厂发展得就和“小社会”一样，商店里面有蔬菜、粮食，我们也不需要跑到外面去买了。我们大多是白天工作，晚上休息，星期天厂里有专车进城，所以生活还是很不错的。工厂里的工人都觉得我们厂里的生活就

① 2019 年 7 月 10 日访谈原四川齿轮厂职工张玉臻、王杏生、焦桂林。
② 四川省农业机械厅：《关于调动人员、设备报告的批复〔机工农机综（65）字第 072 号〕》，1963 年 8 月至 1965 年 11 月，卷号二，6 页，成都市工业行业档案资料中心藏。

川齿子弟校高七八级毕业合照（莲花社区提供）

是在农村里的城市生活。不同的是我们是工人，每个月拿工资，购买什么都用货币交换，不像农村要自己种地、卖点鸡蛋来换钱。工农关系也挺不错，后来随着工厂发展人多了，就把厂区周围的前山、后山都发展成了家属区。

川齿厂像个“小社会”一样，孩子们从小学一直到高中都可以在厂里的子弟校上学，而且子弟校还送出了不少优秀的学生，有很多考入大学的，还有出国留学的，在国外定居的留学生、博士生都是从子弟校出去的，所以这个学校让我们很骄傲。如果你高中成绩不好，考不起大学的话你也可以选择考技校，技校毕业后也能在厂里工作，就业仍然可以得到保障，所以这是个很不错的“小社会”。但是，从另一个方面想，国家管得太多了，太全面了，吃喝拉撒这些后勤都管完，还有年纪大了的退休职工。工厂那么大的负担，能不亏损吗？[①]

对于川齿二代的邢长征而言，“工厂办社会”下群体性的纯粹生活，却是他美好的童年记忆和成长轨迹，如今谈起依然会让听者忍俊不禁。

在当时一个工厂“小社会”环境下，有很多父母对子女读书方面不太重视。成都的三线企业比较多，包括无缝钢管厂、420厂，等等，每个厂都有个小的环境，读书就在此地。我从天津来到这里之后，几岁就被送到幼儿园。我经常开玩笑说我是川大毕业的，什么叫川大毕业？就是川齿幼儿园大班毕业的，整个就在一个小的圈子里边成长起来了。所以为什么我们单位上出去的人，到了社会上跟其他人交流很少能找到共同点，谈的东西、聊的东西都不一样。就像我现在回过头来看自己的经历，在外边做生意也好，做什么也好，再回到单位和单位上的一些人聊天，就觉得单位上的人的确要单纯一些，想的东西不像社会上的人想得那么复杂。他们虽然也有比较，但不和社会上比较，只比较我自己那个圈子里面的。

最近我经常看电视、电影，有的从部队大院出来的孩子，一个比一个顽固，上社会又是容易有事，觉得他们高人一等的，觉得他们怎么样怎么样。单位出来的人有时候也是这样。我记得小时候我们坐公交车，一问哪里的，说川齿的，都觉得国有企业工人很不错。现在再问哪的，川齿。声音都变小了，我觉得丢不起这人了，觉得矮人一等。我小的时候实际上就是看他们这么过来的，当时也想延续着像他们当时一样的生活。现在反过来，我不想过那种生活。确实现在时代变化很大，你不可能反过来再过羡慕他们的生活，因为他们当时在那种环境下也默默付出了很多。

实际上我们当时的生活都很平淡，从小学读书开始，父母一

① 2019年7月27日访谈原四川齿轮厂职工张玉臻。

样地要求好好学习，他们下来之后只是督促你做作业，不会说很多。因为孩子多，工作也忙，每天又没这么多时间，不可能还坐在油灯下去辅导每个孩子。很多孩子都是自己学，愿意学的就多学一点，不愿意学少学一点。所以就分成几种了，有的连技校都没考上，有的考上大学了。我们还算不错，考上技校了。我们父母当时都是工人，很累，每天回来之后有时候晚上遛遛弯。那时候没有电视，到了夏天大家就铺个席子在外边，摆着小方桌吃西瓜什么的，这就是我们童年生活。

我小时候对未来的打算只有两个，一个是当兵，一个就是直接在工厂里边工作。当时觉得我们在工厂里边是非常好的，不光是工厂的人，像五星三队、一大队，很多周边的农村生产队都到我们工厂来买东西。我们工厂还有自由市场，都是农村的过来摆摊。厂里还有自己的电影院，每周都要放电影。春节的时候还搞游园活动，组织放烟花，童年还是比较快乐的。我们那时候玩的东西都很土，很接地气的，滚铁环、玩弹弓，还玩烟盒。把烟盒叠成三角，然后拿起来再翻，翻完之后刷，你刷几张，你再刷几张，让掉几张就掉几张。没有玩的就打泥巴仗，拿个泥巴相互对砍。现在很多反映六七十年代题材的电视剧，很多人应该都看过。①

同为三线子弟的张琪红也为我们讲述了这段物质匮乏，但精神充盈的艰苦岁月。也许正因如此，可以在许多三线人和随迁子女的身上看到乐观豁达和吃苦耐劳的品质。

在川齿厂这段经历还有着许许多多让人难以忘怀的美好回忆，比如说跳房子、跳橡皮筋、翻烟纸盒、玩泥巴、拍盒、做手工坦克等各种各样的游戏，就算是在我们养鸡养鸭补贴生活的时

① 2019年7月9日访谈原四川齿轮厂职工邢长征。

候也有许多的趣事。那个时候没有现在那么多不同种类的农药，农民们在种庄稼的时候只有一个六六粉，而我们养的那些鸡鸭经常跑到稻田里面去，吃到了带着农药的食物就会中毒。那个时候的条件非常艰苦，肉类都十分地珍贵，所以这些鸡鸭死掉了是非常可惜的，于是我和我姐姐就思考是否有办法能将这些鸡鸭救活。当时工厂里面的工人偶尔会吃坏东西导致中毒，这时他们都会洗胃，于是我们也想尝试自己做一下实验，给那些鸡鸭洗胃，看看是否能救活它们。于是我们拿了父亲的刮胡刀的刀片，用它划开那些吃了农药后奄奄一息的鸡鸭，然后帮助它们清洗一下那些肚子里面带着农药的谷子。我们还跑到工厂的医务室找关系好的医生拿了一支青霉素给它，最后用针将伤口缝了起来，没想到那些鸡鸭居然活了过来。后来邻居们、小伙伴们家里的鸡鸭中毒以后全部都来找我和姐姐，就这样我们变成了兽医。

那时候的消遣还有话剧表演，我记得我三年级的时候就跟着姐姐一起参加了厂里面的话剧排练。当时过来指导的人是成都市话剧团的叔叔，不仅教我们怎么排练《红灯记》这些样板戏，还会给我们化油彩妆。到现在都还保留着当时拍的一张剧照，场景是在文殊院那个阴森森的地牢里，主角被两个小女孩拉着，其中一个是我三姐，另一个就是我。我们还跟着成都话剧团的叔叔到双流和成都的其他地方进行慰问演出，可以说当时的工会活动是非常丰富的，就连吹拉弹唱这种乐队我们自己都有。当然这不仅是为了丰富文化生活、增加工人的凝聚力，更是为了有一个精神支柱，避免我们这些人想家。①

① 2020年9月16日访谈莲花社区居委会原主任张琪红。

四川齿轮厂职工影剧院（莲花社区提供）

四川齿轮厂小食店（莲花社区提供）

四川齿轮厂医院职工合照（莲花社区提供）

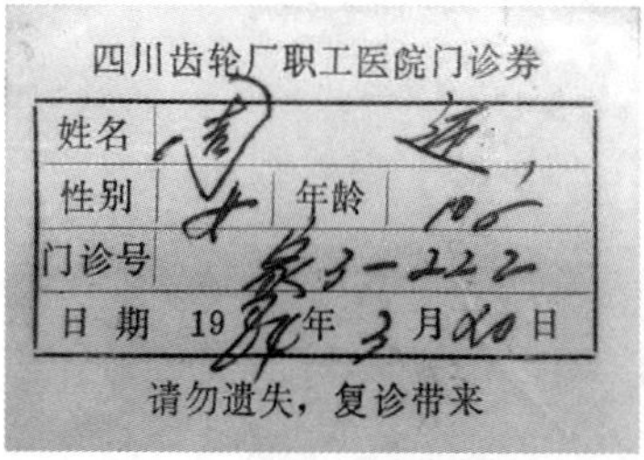

四川齿轮厂职工医院门诊券
（莲花社区提供）

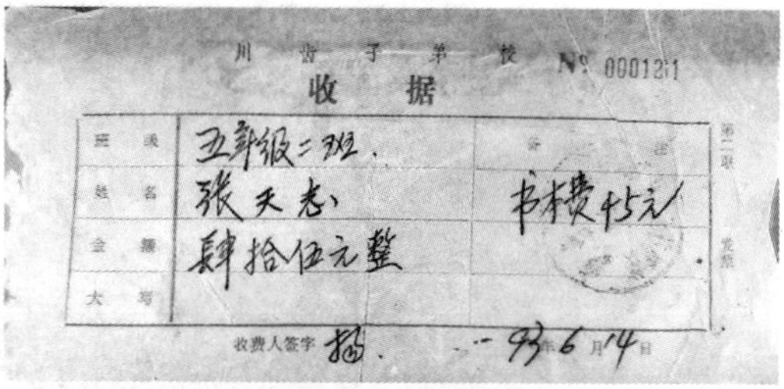

川齿子弟校书本费收据（莲花社区提供）

川齿俱乐部门票（莲花社区提供）

四川齿轮厂集邮协会成立十周年
暨第二届集邮展览纪念邮票
（莲花社区提供）

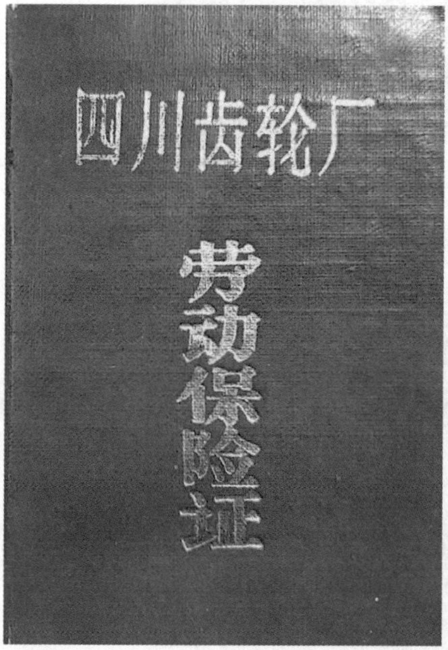

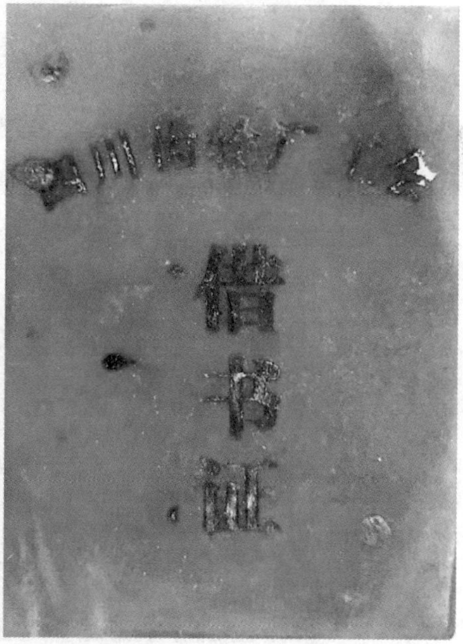

四川齿轮厂证件（莲花社区川齿记忆馆藏）

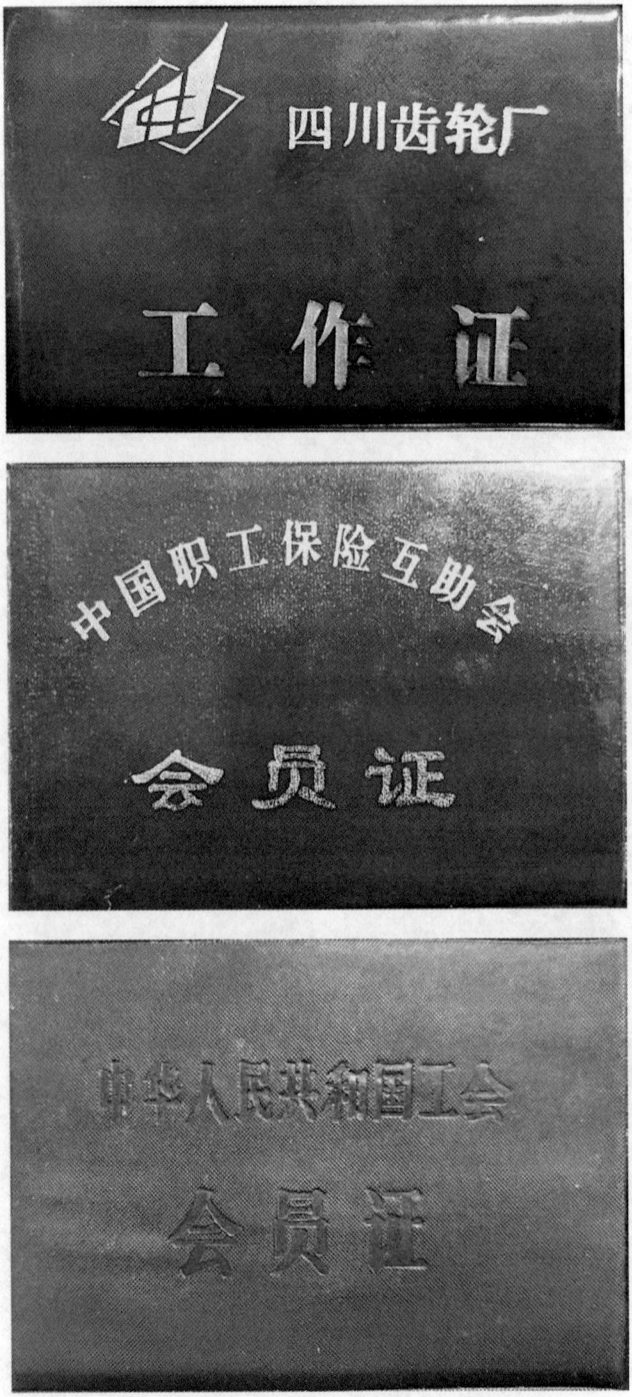

四川齿轮厂证件（莲花社区川齿记忆馆藏）

四川齿轮厂春节游艺晚会（莲花社区提供）

四川齿轮厂运动会（莲花社区提供）

乡愁

在最初的一段时间里，许多内迁职工沉浸在低落情绪里，春节将临思乡愈浓。无尽的乡愁，难掩的失落，渐渐通过味蕾和繁忙的生产得到缓解。对于随迁子女张琪红来说，食堂里菜品的味道和气味，不仅幻化成了年代的记忆，也在重塑有关“三线人”的集体认同，是异乡人进行自我调适的途径。

> 刚来四川这边的时候一切设施都还很简陋，但是工厂的一系列设施都在不断完善，同时工厂对于我们这些从外地迁过来的人的饮食口味、风俗习惯等也考虑得非常周到，就比如我们的食堂。因为工厂早上上工特别地早，而且工作时间持续长，要从五点半上到中午十二点，我们的食堂为了照顾工人中途会饿的情况，就会在十点的时候提供一个中班饭，让大家休息一个小时。此外，当时食堂的饭菜特别得物美价廉，我一直记得食堂的泡菜都是炒过的，特别好吃，还有回锅肉和炒莲花白这些，到后来还发展到了干锅小炒，菜品在那个时候还算是比较丰富。
>
> 因为内迁过来的北方人多，比较喜欢吃面食，所以食堂在中午也会卖馒头和面条。当时过年过节的时候，食堂还会有特别好的福利，会给大家提供蒸年糕、蒸甜烧白、粉蒸肉这些食物，而且给我们每个职工都发了餐券，我们用餐券购买了以后就可以自己端回家去蒸。内迁的人当中有几个是从天津过来的回民，工厂还专门为他们成立了回民食堂，不是一个回民窗口，而是彻底分开的一个小食堂，这个食堂一直保留到了两厂合并，因为那个时候的回民都已经成家了，基本上都是专门去买菜然后在家自己做饭，去回民食堂的人慢慢就没了，所以它就取消了。[①]

① 2020 年 9 月 16 日访谈莲花社区居委会原主任张琪红。

虽然生活环境带来的落差让内迁职工感到不适，但是在那个年代，作为国有企业的工人阶级有着光荣的使命。为了能够早日实现社会主义工业化，工厂有着严格的生产制度和政治学习，甚至初抵牧马山的许多内迁职工对此感到不习惯。虽然条件艰苦、制度严格，而且津、蓉两市在粮食定量方面也存在差异，工厂也为职工们改善了粮食、生活方面的福利条件。由于粮食定量减少，在食堂增加中价粮、副食，并把四川省粮食厅拨的3%机动粮重点补助了内迁职工。同时，工厂提高了集体福利，厂内洗澡不花钱，托儿费少收1元5角，单身职工住房少收1角5分。[①] 工会举办的文娱活动丰富业余生活的同时，也使内迁职工的思乡之情有所缓解。联欢会、样板戏、看电影，或是爬上解放牌汽车进城转一转，便是60年代成都许多三线企业职工们的乐事了。

张玉臻：有时候会有外面的人慰问，比如部队，组织职工去俱乐部，买票看电影。春节有联欢会、猜灯谜，各式各样的活动。我们跟当地搞好关系，就组织看坝坝电影，周围的人都会过来看。

焦桂林：那会儿经常看样板戏。我们厂里专门有人演样板戏，都是厂里的职工自拍自导自演。外面的人一看都说很专业，但其实不是专业的，都是我们厂自己的职工。有时候也会进城买东西。那时候进城不像现在有公交、中巴车，都是解放牌汽车、红岩汽车。红岩汽车最高最大，那时候男女老少都在爬这个车。拉大家伙儿到小天竺，那里相当于枢纽站，到小天竺下了车以后到哪儿去玩都行。早上8点半发车，每天都有，但是要是去晚了就没有了。后来发展出班车，叫“嗒嗒车”，星期天才有，来接他们上班的。

张玉臻：坐这个车来上班，满街就属它光荣耀眼。一趟就

① 中共成都拖拉机厂委员会：《合厂简报》，1964年12月至1965年10月，卷号三，89页，成都市工业行业档案资料中心藏。

是五六个车一起开，特别干净，我们坐车上感觉很自豪。现在倒是无所谓了，现在咱们这儿有九个路线的车，随便你到哪儿，现在的社会就这么方便。我们都已经 70 岁以上，就享受老年免费票了。

王杏生：你们是小天竺，我们是体育馆。我们厂（岷江齿轮厂）的大客车是到体育馆，那时候叫“省体育馆”，在展览馆旁边的，就在现在省体育馆的位置。①

出门逛街，感受城市的热闹是当时不少内迁职工们调剂平淡生活的重要方式。尤其是从沿海城市而来的青年职工，兴奋之余常会忘记合理计划，“大手大脚”起来。有的青年工人一次便买了两双皮鞋，甚至第一批来厂的 71 名职工中，有 20 人入不敷出，向领导反映没钱买饭票了。②无论是忙忙碌碌里，还是浑浑噩噩中，无论是机器轰鸣的车间内，还是摇摇晃晃的红岩汽车上，有些令人看不上眼的牧马山，就这样成了许多人的第二故乡。来了以后想家吗？“怎么会不想家呢？”

那时候哪有现在的手机、电话？就是写信联络。后来有电话了，得经过厂里给你转，自己家里头有分机，总机那儿给你转。想跟家里头说说话，打长途电话，总机给你转，一分钟多少钱，在工资里头扣。那时要是能像现在，发个视频就能看见家人，真是要高兴死了，睡觉都要笑醒。真的想家啊，爸爸、妈妈离得那么远。③

家书是连结故乡与彼处的唯一纽带，缓慢挪动的绿皮火车载着的是期盼。也许，对于许多内迁职工来说每年能够回趟家看上一眼，和父母亲朋

① 2019 年 7 月 10 日访谈原四川齿轮厂职工张玉臻、王杏生、焦桂林。

② 中共成都拖拉机厂委员会：《关于迎接天津职工来厂情况简报（八）》，1964 年 12 月至 1965 年 10 月，卷号三，666 页，成都市工业行业档案资料中心藏。

③ 2019 年 7 月 27 日访谈原四川齿轮厂职工张玉臻。

唠唠家常，就是繁重生产任务中最大奖励了。在当时只有 20 来岁的张玉臻眼里，没有比坐在火车上更令人感到踏实、开心的事情了。

> 一年有一次 12 天的假，路上给你 4 天的时间，一共是 16 天。我们要坐 36 个小时的火车到北京。那时没有直达天津的车，要在北京转车，这样算下来就 40 个小时。现在有高铁、飞机，多方便啊。过去没有，就是绿皮车。过年回趟家，上面的人拉，底下的人拽，门都上不去，都是爬窗户的。老师傅喊着“快拉一下，拉一下！”哎呦，要不都赶不上了。①

根据当时的政策，结婚成家后便没有探亲假，加之内迁背井离乡，有一些青年人便响应了晚婚晚育的号召。18 岁就谈了对象的宣何文，一拖再拖，直到 1970 年 30 岁的时候才结婚。为了这件人生大事，第一次踏上了返乡的火车。“前面都没有春节回去过，当时把探亲假让给了女同志和有家属回家团聚的同志，像我单身一个人就无所谓。探亲假 22 天，路上 8 天，总共就 30 天。我的父母、弟弟妹妹都在老家，现在双方的弟弟、妹妹都在天津。”② 这些支援三线建设的内迁职工，有的是双身职工，有的在内迁之前就谈上了男、女朋友，还有的是在内迁之后在相互帮助和彼此扶持中结下良缘。在内迁初期，竟有了 10 多对，他们大都是一、二级工或是学工，“以远离家乡、无人照顾为理由谈情说爱”。③ 这在还不怎么开放且制度严格的工厂里引发了些许议论，相似的文化背景和生活习惯成为择偶的重要标准。

> 大部分人都是在本单位内解决的。原来在家的时候都是一个厂的，又都是老乡，一起到这来互相帮助、互相依靠，主要还是

---

① 2020 年 7 月 27 日访谈原四川齿轮厂职工张玉臻。
② 2020 年 1 月 26 日访谈原四川齿轮厂职工宣何文。
③ 中共成都拖拉机厂委员会：《合厂简报（十）：当前职工的思想情况》，1964 年 12 月至 1965 年 10 月，卷号三，78–85 页，成都市工业行业档案资料中心藏。

> 天津人找天津人。在一起工作，老乡习惯都一样，像四川人吃海椒，我们北方人不能吃海椒，这距离就大了，所以大多数是找本厂的老乡，当然也有人找了四川人结婚。还有的人以前在家就搞对象，一块儿分到厂来，这就挺好的。有的人在家搞了对象，俩人都来成都，但没分到一个单位。三线工作也是支援国家，觉得是很光荣的事，国家一句话就来了，所以婚姻一般都是这样的。也有人跟农民比较熟的，经常到农民家去做客，然后就牵线搭桥，这样也搞成了。大部分都是这四种情况。[①]

就这样，许多三线人就在他乡扎下了根。“那时候不像现在，支援个三年五年，有个时间限制。去哪儿就在那儿扎根了，儿孙就都在这了，你还回得去吗？你回不去了。”[②]一个个小家庭在牧马山组建了起来，工厂也不再仅仅是工厂，而是成了家。即便如此，每个小家庭身后却依旧是亲情的断裂，众多像张琪红一样的三线子弟也许有着相似的深刻感受。

> 我们在整个企业发展的过程当中体现出一种大无畏的奉献精神。他们都是从外地来到这边，每年过年过节连探亲假都不能休。一个三线工人来到这边，可能他的子女爱人或者是父母还没有过来，一个月的工资除了自己的生活费和往家里寄的钱之外，他还能有多少剩余？当时一个回天津的硬座就要30多块，一来一回这路上要花的钱，他可能要存好几年，这种亲情的断裂真的是让人伤心。就比如我哥哥当时是留在了天津，这就造成了他和父母之间的隔阂，他一直认为自己当初是被父母抛弃了，不知道是爷爷奶奶把他留了下来。父母不在身边，但是以前的那些人情世故都压在了他的身上，真的是孤立无援，我们这些姊妹在四川无法帮助他，父母也充满了愧疚。

---

① 2019年7月10日访谈原四川齿轮厂职工焦桂林。
② 2019年7月10日访谈原四川齿轮厂职工张玉臻。

因为距离隔得远，每次回去和亲戚们团聚都抹眼泪，我的舅舅、舅妈都七八十岁了，每一次分开都像是在生离死别，不知道下次还有没有机会见面。我母亲现在也85岁了，我哥哥现在工作不在那边，我们几个姊妹都陪着我的母亲，她天天念叨说想回去，想吃天津的早点，觉得天津的水都是甜的。她都拄拐杖了，去年有我们陪着才能够回去一趟，今年又闹着要回去。

但是这种亲情的断裂不仅仅只在我们这一代，更是延续到了我们的下一代。我哥哥的孩子在天津生下来之后，没有人照顾，父母也还没有退休，他只能将才六个月的孩子送到这边来，他的孩子都是我和我母亲给带大的。因为想着不能重演父母和哥哥的故事，我父亲只能提前退休回到天津，等到孩子稳定了再回来。于是在侄女3岁的时候我们去了天津，到了天津后，侄女她却坚决不去幼儿园，又是哭闹又是绝食，一定要跟着爷爷、奶奶和姑姑，我们没有办法只能把她接回四川，等到6岁再送过去。后来我父亲在天津陪伴侄女直到她三年级了才回来，但她小学毕业后就开始和爸爸、妈妈打闹，初中就跑到四川这边来读书了。虽然初三我又把她送了回去，但是她考大学、找工作、找对象都想来成都，和父母之间有很深的隔阂。

除了亲情上的隔阂，还有其他多方面的隔阂。我说的献了青春献子孙，其实更多的是牺牲了子女们享受公平、平等教育的机会。如果我生活在天津，在天津接受到良好的教育，那么我可能也会像家里的亲戚，同辈的表姐、表兄那样得到更好的发展，拥有更好的生活。[①]

① 2020年9月16日访谈莲花社区居委会原主任张琪红。

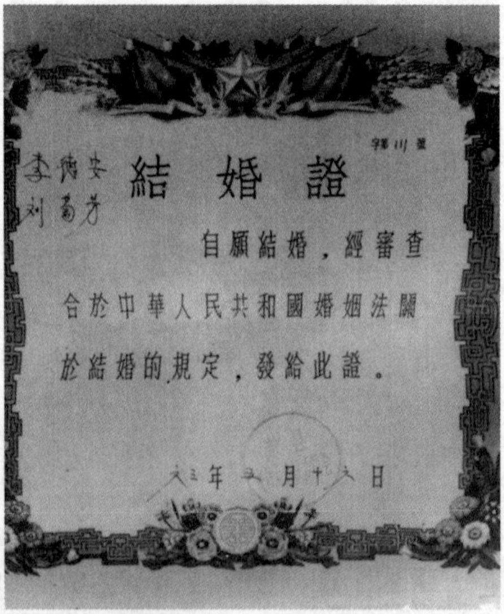

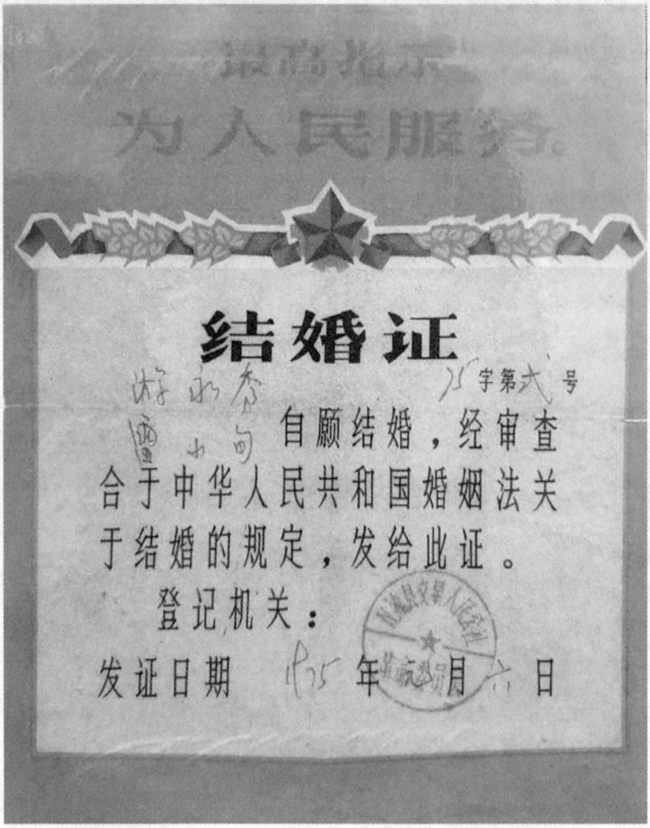

四川齿轮厂职工结婚证（莲花社区提供）

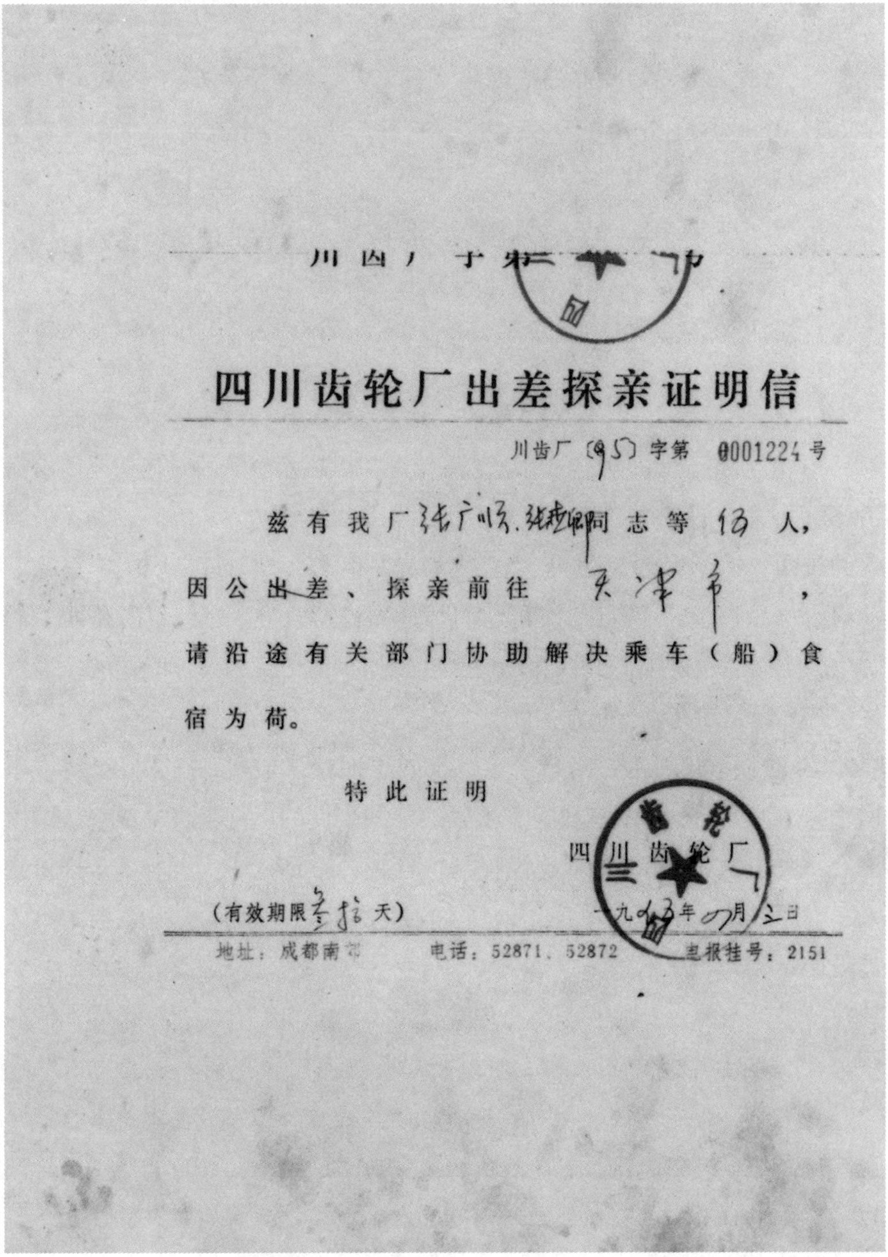

四川齿轮厂出差探亲证明信

川齿厂〔95〕字第 0001224号

兹有我厂张广顺、[illegible]同志等 [illegible] 人，因公出差、探亲前往 天津市 ，请沿途有关部门协助解决乘车（船）食宿为荷。

特此证明

四川齿轮厂

（有效期限 [illegible] 天）　　一九[illegible]年[illegible]月[illegible]日

地址：成都南门　电话：52871、52872　电报挂号：2151

四川齿轮厂出差探亲证明信（莲花社区提供）

五、燃情岁月

“好人好马的标准就是出身、个人表现这两个方面。”

“朱委员长平易近人，个子不高，穿着学生蓝的棉裤、棉衣。”

“那时候我们的压力没那么大，思想也比较单纯，也没有人去抱怨什么，我们当时一心想的就是学技术。”

车间

20世纪60至70年代，是动荡而亢奋、炽热而冷酷的时代，充斥着激情澎湃，又满是沉重不堪。在复杂情绪弥漫的时代里，“生产”成了最纯粹的东西。在工厂创建之初，“学技术，促生产”成为每个职工工作的原动力，“车间—家”两点一线是他们每日的行动轨迹。车间，既是职工们的生产空间，也是他们的社交场域。在焦桂林的记忆中，那时候的生活虽然艰苦，但是却充满了热情。

“那时候下班开会，经常开会，女同志抱着孩子到车间去开会。下了夜班，早上开会；下了白班，晚上开会。两班倒的就把夜班的喊来，跟白班的一块儿学习。多干的活也没报酬，当是做了贡献。”① 同样在朱广清看来，那时候的人们思想单纯，也从不会去抱怨。于他而言，“学技术”才是最重要的。

那时候我们的压力没那么大，思想也比较单纯，也没有人去抱怨什么，我们当时一心想的就是学技术。那个时候我是个干部，下车间去工作也不是随便就能去的。于是我就和厂长谈，说要去车间工作，后来厂长终于答应我了，我就到车间里工作。先

① 2019年7月21日访谈原四川齿轮厂职工焦桂林。

是当了班长，又是组长，后面又当了调度。

我觉得学技术这个事情还是很简单，虽然需要一点天赋，但是更多的还是靠努力。我认为我还是有点天赋的，就算现在我的技术拿出去还是有很多人不会。比如之前我让磨工磨一个大圆筒，他说他是木工，磨不了这个。于是我就让他看我做，然后慢慢学。我觉得做事情就要干一行爱一行，弄这个东西我就会弄到底，不会因为遇到困难就放弃，毕竟失败是成功之母，只有失败了不断去找原因才会成功，就跟百炼成钢一样的道理。[①]

生产，既是工人们的首要任务，也是评判工人能力与素质的重要指标。尤其是在三线建设时期，“备战备荒为人民”“好人好马上三线”口号的提出，激励着一批又一批工人奔赴三线，投身生产。

当时提出来的是“备战备荒为人民”“好人好马上三线”这些口号。好人好马的标准就是出身、个人表现这两个方面。如果家里有不太好的成分，国家政策根本就不考虑，我们来的一些都是工农兵出身。作为工人的首要任务就是生产，产量高、质量高就是先进分子；产量上不去，就不能称为先进分子。比如说我们每天的工作都是有定额的，如果你完不成任务，产品质量又不好，十个里有三个不合格，那就你不能称为先进分子。当时是计划经济，必须要完成国家下达的生产任务。然后每个季度、年度都会有个小小的口头表扬，比如哪个同志超额完成任务了，超额了百分之多少，大家要把他作为学习榜样。同时，年底还会表扬先进工人，不仅会上光荣榜，还会奖励现金。[②]

此时期的四川齿轮厂车间是我国 20 世纪 60 年代工业生产和技术革

① 2019 年 7 月 21 日访谈原四川齿轮厂职工朱广清。
② 2019 年 7 月 27 日访谈原四川齿轮厂职工张玉臻。

1969 年，安装行车（莲花社区提供）

新，以及企业民主管理的一个缩影。而且，凡是从 20 世纪 50 年代走出的工人，也大多经过反对官僚主义的精神洗礼，而“三化”“五同”更是渗透到生产生活的方方面面。“三化”，即干部工人化、劳动经常化、生活群众化；而“五同”则是同吃、同住、同劳动、同娱乐、同学习。采访期间，我们在曾担任川齿厂车间主任的赵齐顺老人身上看到了深刻的时代印记。

> 我很早就出来工作了，所以当师傅也很早。我大概是在 1954、1955 年的样子开始当师傅，之后做车间管理工作，当了小组长。我记得（19）58 年我当组长的时候，我那个小组的人就不少了，当时有 80 多个人。那时候为了不拖累生产劳动，硬是要自己带头完成任务，不然你当组长，自己却都没完成任务怎么行呢？我就带头完成任务，利用下班时间搞小组管理，抓得很紧，

一直都是这样的，直到1980年又转去了车间当主任。

当时所谓“干部参加劳动”是这样子的。当时要求即便是当了车间主任，还是要下去参加劳动，也就是说你不能高高在上，不然就脱离实际了。这个问题实际上倒不一定说非要喊你坐在车床，或者硬要你去做好多活动出来，不是那个意思。只是说，要看到有一部分干部，他不是从底下提拔起来的，而是上面委派下来的。举个例子，我转来了以后就当了主任，底下的人什么样你都不晓得不清楚，这个主任你当得好吗？那你就下去，不能脱离实际，像我是由底下起来的，其实不需要喊我下去，我自己都要下去。

我在当车间主任和组长的时候，都是把我的生产任务完成了，吃了饭我就下去。下去干啥子？当组长的时候我就想，我的小组比得上那些上中班、夜班的小组吗？技术上有没有问题？产品质量有没有问题？甚至于有个别的职工没来，或者来到这儿情绪不高的职工，作为主任、组长要做他们的思想工作，给他讲清楚。问问他：刀子有问题吗？操作上有问题吗？做不完的事情，那么什么时候做得完呢？做思想工作不能变成形式主义。一般人如果没有什么特别的事情，肯定就会好好干。比如发现这个同志平时很好，今天他怎么有点愁眉苦脸的，那你就需要问问。一般来讲，他就要说遇到了什么特殊情况，或者家里有哪方面的困难，是经济困难，还是跟家里面吵架了。了解这些情况过后，作为车间主任就需要根据这些情况，能帮助解决的，就应该帮助他解决；假如不能帮助他解决的，就要跟他讲清楚，应该怎么正确地对待这个事情，你愁也没有用，你上班时候思想开了小差怎么办？做事不好，出了事故怎么办？器件报废怎么办？或者你家里面确实有什么事情，那最好现在或者今天下班回去把事情先处理了。人嘛，基本上都是通情达理的，本来是你自己的事情，组织上来关心你，你再有意见也不可能有多大意见。正因为我爱下去，所以就能了解到这些情况。同时，多下去也能少出问题。话说回来，不管是当什么领导，说白了，要想真正深得车间职工的信任，你就必须老老实实的，不能摆一个架子——什么我说的话就样样都对，咋个可能呢？人无完人，还不要说你，那些大官、大领导，照样有整错的时候。而且作为一个领导，不能轻易地说别人。①

定量

在20世纪60年代初，我国进入国民经济的困难时期。为克服困难局面，党中央开始调整经济建设，于1961年开始实施“调整、充实、巩固、提高”的八字方针。在全国皆处于饥荒的状态下，为保障国家工业化的正常进行，我国实行优先保障煤矿工人生产生活资料的政策。王杏生老人便是众多享受优先保障工人政策的亲历者与受益者。20世纪60年代他被分配到唐山国营开滦煤矿工作，据他回忆，虽然处于困难时期，但是生产发展并没有因此受到阻滞。为了确保正常生产实行定量配给。例如，煤矿定量配给米粮5斤，每季度约有三四十斤的超出量。这一情况一直持续了3年。

在社会主义建设初期大力发展工业的时代背景下，无论是工人，抑或是农民、学生，经济生活都深受影响。来自四川江安县农民出身的熊佑铭，对于困难时期优先保障工人政策亦有切身体会。

我是宜宾下面的江安县人。江安县有两个军工厂，我们其他地方的好多猪喂肥了，先满足那个地方，本地人还得不到吃。另外他们的粮食相应地给26—28斤，农村自种交公粮都不够，个别的交了当月就没得吃的了。他穷得很啊，土地只有那么多，不产粮，但是公粮统购也得交，弥补不足的粮。这个事情我想当时中央是有安排的……但是农业是后半年才有收成，政府又能补贴

① 2020年6月28日访谈原四川齿轮厂职工赵齐顺。

多少呢？[①]

计划经济时代也是定量的时代，老人们手中至今还保存着五花八门的票证，记录着一个物质匮乏的年代，那艰苦创业的岁月，还有相互扶持的同志情谊。据赵齐顺回忆，那时候面临自然灾害的艰难处境，粮食定量配给，虽说无法吃得很饱，但生活还是有保障的。

60年代初期，我们国家面临三年的自然灾害，那个时候生活还是有保障的，可比平时差一些。比如粮食定量，我们这里车工是32斤，那时候干部就20多斤，配额还是有所保证的。但要说吃得很饱，那是不可能的。不是我一个人这样子，大家都是这样子的。我们在驷马桥的时候，端上饭，有时候都不马上吃，先拿到茶馆里面去，那会儿里面有炉子，就拿到那儿去再煮一遍。把它煮胀，煮多一点，干饭变成稀饭它不是就多了嘛。

但那时候上班的秩序都是很好的。我记得以前厂里有个人，哪怕饿到不行他都要去上班。那时候兴饭票，而且每天的饭票都有日期，就怕有些人提前吃。结果那个人他最会改，他就把明天的改成今天的，提前吃了。没有办法，因为实在饿得太恼火了。结果到月底那几天就没有吃的了，即便这样他都要来上班。那会儿人的思想就是这样，但是在这种情况下，你要想额外给他发饭票是不可能的，只有同志之间稍微帮助他一点。这个工作就是工会出面要做的。工会、工会小组组长要帮助他，想尽办法把这几天挨过去。我都还记得，我们帮他管理过饭票，帮他看着。假如他没有吃的又发饭票给他，这样大家都觉得不公平对不对？所以就没有那样做。只是同事之间互帮互助，工会出面一起帮他渡过这个难关。[②]

① 2019年7月20日访谈原四川齿轮厂职工王杏生。
② 2020年6月28日访谈原四川齿轮厂职工赵齐顺。

而对于川齿二代张琪红来说，这段时光虽然艰苦，但却美好。相较于如今的孩子，那时的孩子们独立得更早，在替父母分忧中也练就了一身本领。

小时候的生活条件是非常艰苦的。双流这边没有专门卖菜的菜市场，而是每个星期，或者每个月由工厂从成都拉肉拉菜过来，放在一个小卖部里面，所有的职工都挤着去买。因为父母工作都忙，没有空闲时间管我们，所以家里的饭菜都是我和11岁的大姐姐，还有7岁的三姐姐做，我们也因此锻炼了一身的本领。

当时是没有煤饼，每户人家都是供应的散煤。这种煤是不能糊到一块的，为了让煤耐烧一点，我们几个姐妹就用大木箱子把散煤抬到家楼下，然后一起去挖泥巴。把泥巴敲散了以后堆在一起，把煤放在土堆中间，然后再加点水，用大铲子搅拌，最后用铁盒来制作煤砖，风干后就成了我们使用的煤饼。因为成都天天下雨，雨水一冲煤就散了，然后就什么也没了。所以每次做煤砖的时候我们最害怕的就是下大雨，如果我们在半夜两三点的时候听到下大雨的话，就会马上起来把煤砖全部贴在墙根底下，尽量让它少被雨水冲刷。等干了以后剁成一块一块的，再把它收集起来，每天用它烧饭。

有了煤饼子之后，还需要引火的东西。我上幼儿园和小学的时候，每个人都会拿一根钢签，在上学放学的路上用它来扎树叶，还有周边农民林子里的竹叶和笋壳。插完了往钢签根部一捋，然后继续插树叶，等到家的时候钢签也差不多插满了。

父母都是12点下班，然后1点半去上班，而我们也还要上学，所以做饭和吃饭的时间十分短。为了家里能尽快做好饭，必须快点把火给点燃。所以为了方便烧饭，我们几个姐妹还会去锅炉房那边捡二碳。工厂里面有锅炉房，供应热水让厂里的人喝水和洗漱。烧锅炉用的都是钢碳，有的没烧完倒出来之后也没有用了，我们就会把它们捡起来拿去生火做饭，工人们也不会说什么。那些碳从炉子里面倒出来的时候还是红的，为了不烫手，也为了方便我们寻找，工厂里的叔叔们会帮我们把铁丝弯成铁钩。我们每次捡二碳都是先使劲刨一大堆，然后慢慢地寻找，那时候我们就变成了捡煤渣的小孩了。

现在的这些小孩子们真的和我们那个时候不一样，不管是生活条件，还是教育水平都有了翻天覆地的变化。我当初读书的时候，从幼儿园到高中都是在厂里面的子弟学校，之后又做了一年多的临时工。我当时读的职业技术学校是1968年开始教学的，教了一届之后停了几年，在1976年又恢复了，我记得破产之后这个学校就上交给上级政府了。读书的时候，技校的位置是在现在社区四十八栋那个地方，为了修建新址，我们这些学生在四十八栋楼和职工电影大楼里面还会有一个建校劳动，先修了实习工厂，然后又扩大了新的技校，就这样一点点地扩建才有了后来齿轮厂的规模。

虽然苦一点累一点，但是那个时候能够进四川齿轮厂的子弟校读书，在双流县来讲是一件非常了不起的事情。川齿厂当时在双流县是比较出名的，所以基本上是县里面的领导子女才能进到这里来读书，像我的同学都是什么武装部部长的儿子、文星公社党委书记的儿子这些。

除了发生在我自己生活当中的这些趣事之外，我的父亲也十分地热爱生活。那个时候吃肉是需要肉票的，但是每个月也才半斤肉的定量。我们基本上都是在周末和那些从天津来的人一起把肉买来包饺子吃，所以家里的肉经常不够吃。不过当时川齿厂周围有不少农民的水田和小水塘，因为他们是不吃虾的，于是有时星期天我就会和父亲一起去周围抓虾。父亲是十分聪明的，在家的时候教我们用竹子编织渔网，把家里吃剩下的骨头渣子放在渔网里面，然后再放两个石头，将它们沉到水塘里面去。我印象最深的就是在双华场那边有一个水塘，旁边有一个很大的黄果树。

四川齿轮厂职工购粮证（莲花社区川齿记忆馆藏）

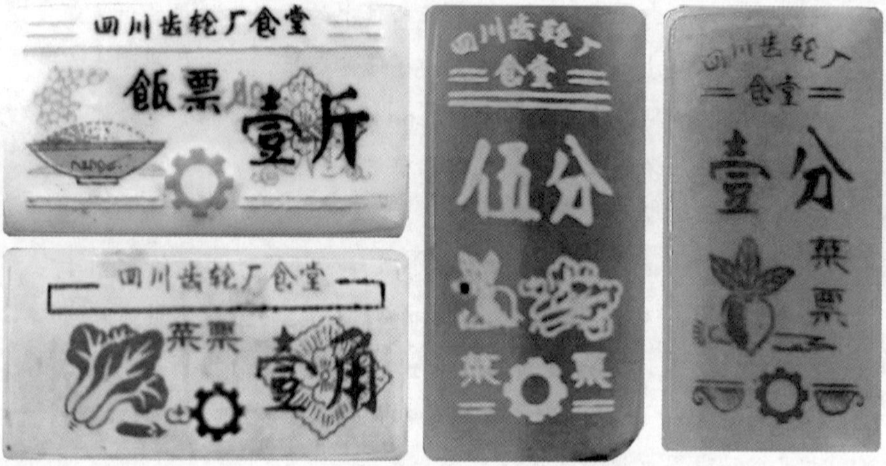

四川齿轮厂食堂饭票、菜票（莲花社区川齿记忆馆藏）

我们把渔网放好之后，就会坐在黄果树底下吃家里准备好的咸鸭蛋、盐水花生和烙好的饼，就像是现在去郊游野餐一样。等到下午父亲就会去挑网子，网里面全是噼里啪啦乱跳的虾，能装上一竹筐，晚上回家我们就会放点盐和八角来煮一煮，这些也是肉，相当于是在打牙祭了。

因为当时住的是个没有厨房的单间，我们都是在一个狭小的过道上做饭，所以我们的邻里关系十分和谐，大家都相互信任，没有那么多猜疑。在周末的时候还会一起推豆花，就连吃饭也是敞着大门的，时不时地还会相互丢钥匙。小孩子们也总是在一起玩，可以说邻居家的好多小孩都是我们带大的。直到现在我们邻里之间都还有联系，时不时地还会再聚一下。①

委员长

对面的耄耋老人，往昔的葱茏岁月在交谈中流淌而出，或风云迭起，或壮志踌躇，或低落失意。56 个转瞬即逝的春秋，经历了困苦、辉煌与沉浮的往事如烟云般淡漠了，却始终有这样一个时刻令人铭记。那是一位共和国领袖，穿着朴素，面容亲切。1965 年 4 月 11 日，对于齿轮厂的职工们来说是一个难以忘怀的日子，朱德委员长在两名随行人员、市委冯书记、王秘书长、市公安局局长、公安局工作人员的陪同下来到四川齿轮厂。

在四川视察期间，委员长得知了地处远郊的四川齿轮厂经过职工们肩挑背扛、夜以继日的艰苦奋斗，已在荆棘满地的荒山上建起了初具规模的专业齿轮厂，还从东部沿海大城市内迁了部分职工前来支援三线建设，便不顾碎石路的颠簸来到了这个“天晴一把刀，下雨一包糟”的偏僻工厂。那天，整个工厂沸腾了！听到朱委员长要来，厂里的职工、家属和附近的公社社员携儿带女地从四面八方汇集到工厂大门两侧，夹道欢迎。“朱总司令来了！”人们不约而同高兴地互相呼喊着，而朱德委员长缓缓走过欢迎的人群，微笑着向大家挥手致意。他在随行人员、省市领导和工厂领导的陪同下，走进了一个个车间。当时的朱广清负责维护秩序，正在生产的张玉臻也成为能够一睹委员长风采的幸运者。还有不少职工或是在食堂忙碌，或是在家中休息，也因错过这个机会而遗憾不已。

朱德委员长平易近人，个子不高，穿着学生蓝的棉裤、棉衣。当时我正在操作，我们两班倒，那天我刚好上白班，真是太

① 2020 年 9 月 16 日访谈莲花社区居委会原主任张琪红。

幸运了，终生难忘！车间走完，他就到办公室做出指示，指明工厂的发展前途，要多生产农机，要让农民买得起。后来在大会上就把朱委员长的指示向全厂公布。①

厂领导把委员长迎进了厂部会议室。在逐个询问了大家的姓名、年龄和职务，同大家一一握手之后，朱德委员长认真听取厂领导的汇报。出席并汇报的正是当时四川齿轮厂的李洪恩、石萍书记和王新民、安登峰、昌士义、姚凤祥四位厂长。在汇报了工厂主要生产农机配件的特点时，朱德委员长做出指示，“我国农村耕地面积大，农机产品的需求量很大，你们生产的产品要做到品种多、质量好”，并强调要千方百计降成本，要以实际行动支援农民兄弟。他针对当时我国农业机械的落后状况语重心长地说：

我们要多生产品种多质量好的产品，放些在库房里，要时才方便，农村面积大，我们生产的是支农产品，要降低成本，不然农民买不起，工人老大哥要大力支援农民兄弟。②

朱德委员长在详细询问了工厂生产经营、产品型号、产量和建厂、合厂及工人、干部的思想、技术情况后，对职工生活更是关怀备至。当得知牧马山因远离城镇而买菜困难的现状之后，当即对在场的省、市领导说：“你们要想办法帮他忙解决。”整个谈话无不透露出对于三线建设者的关切之心，他还勉励全厂职工要努力学习毛泽东思想，搞好团结。

四川真是个好地方，山清水秀，四川的粮食吃不完，每年支援其他各省，四川是天府之国，东北的定量高，别人没有蔬菜

① 2020 年 7 月 27 日访谈原四川齿轮厂职工张玉臻。
② 四川齿轮厂：《朱总司令来厂的重要指示》，1964 年 12 月至 1965 年 12 月卷号一，2 页，成都市工业行业档案资料中心藏。

> 吃，我们四川蔬菜多得很，内迁职工到内地是好事情，多走些地方嘛。四川气候温和，物产丰富，真是锦绣河山啊，我很热爱四川。……
>
> 我们要做到工农结合，工作上从群众中来，到群众中去，现在你们任务大，要试制好，废品少一点，品种多一些。大家都来学毛主席的思想，青年人要教育他们认真读毛主席的书，不要一天想家庭、爱人、娃娃的，职工有困难要想办法帮他们解决，主要靠党员、团员把群众团结起来，团结得像一家人。[①]

当年曾聆听朱德委员长教诲的“毛头小伙儿”和精气神十足的姑娘们，后来挑起工厂建设的大梁，在企业改革中展露自己的才华。他们凭借“干打垒”精神，用了20多年的时间，在废坡上建起了几十栋家属宿舍和新厂房，把当年在草棚子中抡大锤的锻工车间改建成高大的厂房，拥有从150公斤到2000公斤的现代化锻锤。把一家生产农机齿轮的工厂，发展为涉足工程机械、汽车、农机、建机、化工、船舶等行业配套服务的大型专业化企业。

① 四川齿轮厂：《朱总司令的重要指示》，1964年12月至1965年12月，卷号一，4–5页，成都市工业行业档案资料中心藏。

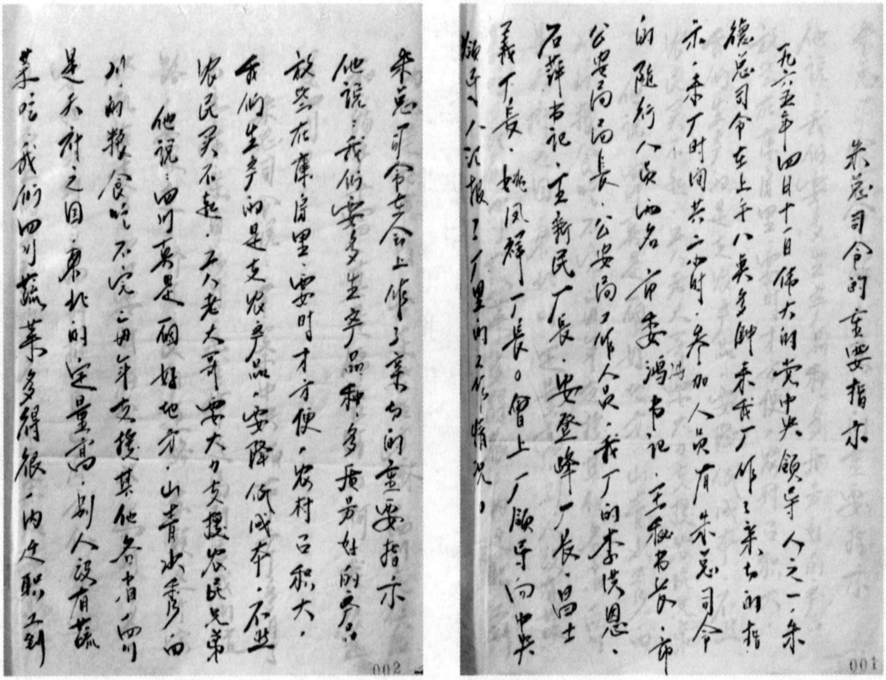

朱总司令的重要指示

一九六五年四月十一日伟大的党中央领导人之一，朱德总司令在上午八点多钟来我厂作了亲切的指示，来厂时间共二小时，参加人员有朱总司令的随行人员两名、市委冯书记、王秘书长、市公安局局长、公安局工作人员，我厂的李洪恩、石萍书记、王新民厂长、安登峰厂长、昌士义厂长、姚凤祥厂长。会上厂领导向中央领导人汇报了厂里的工作情况，

朱总司令在会上作了亲切的重要指示

他说：我们要多生产品种，多质量好的产品，放在库房里，要时才方便，农村面积大，我们生产的是支农产品，要降低成本，不然农民买不起。工人老大哥要大力支援农民兄弟

他说：四川真是个好地方，山青水秀，四川的粮食吃不完，每年支援其他各省市，四川是天府之国，东北的定量高，别人没有蔬菜吃，我们四川蔬菜多得很，内定职工到

《朱总司令的重要指示》[①]

① 四川齿轮厂：《朱总司令的重要指示》，1964年12月至1965年12月，卷号一，4–5页，成都市工业行业档案资料中心藏。

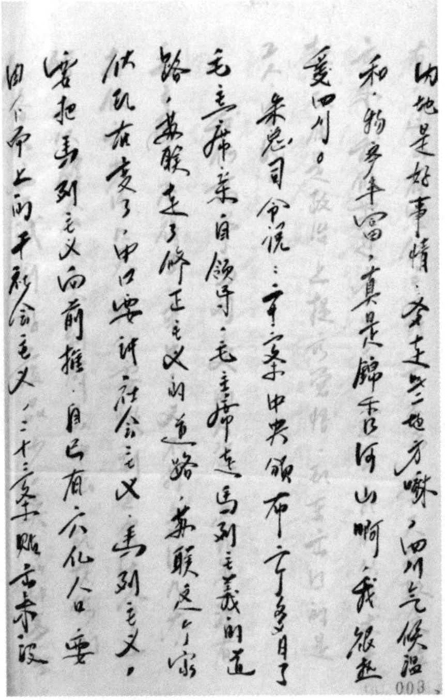

的地是好事情，会走些地方嘛，四川气候温
和，物产丰富，真是锦绣河山啊，我很热
爱四川。
朱总司令说：二十三条中央颁布了多月了，
毛主席亲自领导。毛主席走马列主义的道
路，苏联走了修正主义的道路，苏联这个国
家现在变了，中国要讲社会主义、马列主义。
要把马列主义向前推，自己有六亿人口，要
团个命上面干社会主义，二十三条贴告示设

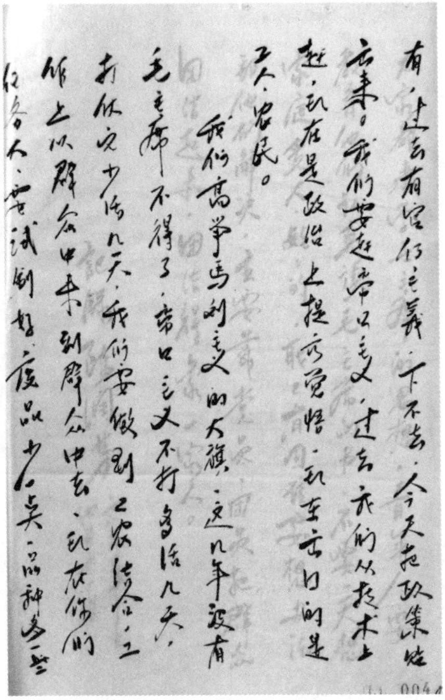

有，过去有官僚主义，下不去，今天老改集体
的事。我们要赶帝国主义，过去我们从技术上
赶，现在是政治上提高觉悟，现在当日的是
工人、农民。
我们高举马列主义的大旗，这几年没有
毛主席不得了，帝国主义不打多活几天，
打什么少活几天，我们要做到工农结合，工
作上从群众中来到群众中去，现在你们
任务人，要试制好产品，少而快，品种多一些

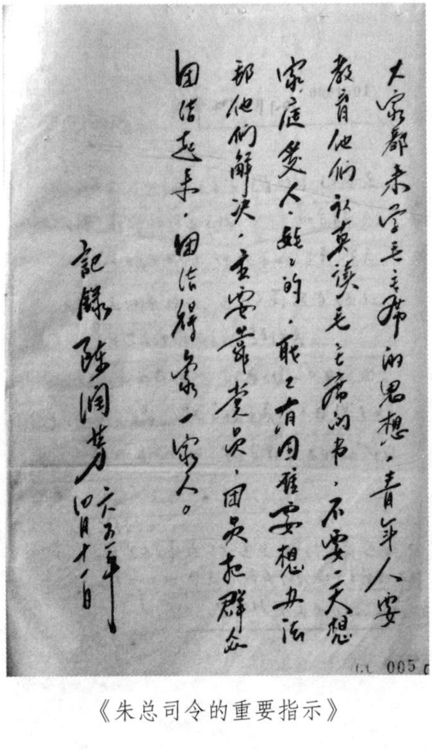

大家都来学毛主席的思想，青年人要
教育他们认真读毛主席的书，不要一天想
家庭爱人，好好的干，有困难要想办法
帮他们解决，主要靠党员、团员把群众
团结起来，团结得象一家人。
记录 陈国芳
六五年四月十八日

《朱总司令的重要指示》

下篇　川齿人：漂泊与回归

一、勇立潮头

“必须把改革放在一切工作的首位。”

“自力更生艰苦创业是工厂的传家宝。”

“D85 试制成功，一个希望便在胸中升腾。尽管这一切都历尽艰辛，但它把我们推向一个新的高度。”

正轨

1978 年 12 月，党的十一届三中全会召开标志着“改革”“创新”时代的开启。国家不再对企业生产实行统购统销，变单一计划经济为以计划经济为主、市场调节为辅相结合，允许市场竞争。这道春风从东部沿海徐徐吹进内陆腹地，三线企业改制势在必行。计划经济时代的三线企业面对改革浪潮，未来的前途变得飘摇不定。胥家沟的岷江齿轮厂遭遇了前所未有的巨大危机，经过几次努力之后，最终不得不与四川齿轮厂合并，在当时这却是最佳选择。而位于牧马山的四川齿轮厂则积极投身到工厂管理、产品结构和技术改革中，来应对当时农机市场的骤然收缩，谋求未来的发展之路。对于张玉臻来说，改革开放给工厂带来的不是冲击，而是干劲儿。

改革开放没有影响厂内正常的运转，学校和医院这些还存在，还是我们厂里自己管。不过后来破了产，学校由教育局管理，教师分给地方上的学校，幼儿园变成个人承包，医院也不存在了。在职员工分到外面去了，不在职的就失业了，厂里的技校归劳动局管。不过这些跟改革开放没关系，只是破产以后工厂解体之后没了领导，所以就各归各的了。改革开放以前还有后勤，水、电、气都是用的厂里的，厂里头有自己的发电机、水泵房，直到后来破产，国家拿钱来改造水、电、气。所以改革没有影响我们正常的生活，改革以后我们过得更好了。

1973 年工厂先进集体代表和先进个人合照

> 此外，改革开放以前我们没有奖金，干多干少都一样。可改革开放时期就有专门记录的制度了，比如说下达的任务是一天 500 件，最后完成了 600 件，那超出的 100 件就会有奖金。每个月的月中统计，你生产多了就给奖励，多劳多得。原来国有企业都是吃大锅饭，但改革开放以后不仅有物质奖励，也有精神奖励了。比如小组有集体奖，个人有个人奖，车间评先进，还有年终奖。厂里头给你们车间发奖励，车间再给职工发奖励，这样下来，每个职工都更有干劲了。[①]

也是从 1979 年开始，四川齿轮厂将新产品的试制提上议事日程，自行车三飞、BJ130 变速箱成为首批试制的产品。1980 年生产出第一台

① 2019 年 7 月 27 日访谈原四川齿轮厂职工张玉臻。

BJ130 变速箱产品，1982 年进入小批量生产。不得不说，当时的四川齿轮厂把握住了改革开放的机遇，将过去单一的产品结构，逐步扩大到汽车、工程机械领域的十多个品种，并在 1983 年终于实现了扭亏为盈。而此时尚有不少三线企业在生死线上挣扎求存。

对于四川齿轮厂而言，1982 年的历史性抉择至关重要，它关乎生存，更关乎发展。这一年，工厂提出“技术引进”，希望能够借此机会增强市场竞争力，甚至是走向国际经济大循环。为了掌握市面已有产品的信息，还专门成立了技术发展科，专攻新产品的技术研发和试制。随着 BJ130 汽车变速箱、ZL40、ZL50 等产品试制的成功，技术发展科的力量也随之壮大，将标准化组、情报组、电子计算机组收入麾下，更名为设计科。从 1984 年起投身到 D85 推土机变速箱的试制中。原四川齿轮厂设计科的茹光源回忆道：

> （19）80 年以前，工厂主要生产齿轮配件，为了适应市场需要，当年开始生产 BJ130 汽车变速箱，很快打入市场。但是，由于产品单一，工厂常处于“吃不饱”的状态。这时，厂里才意识到开发新产品的重要性，在（19）81 年初成立了技术发展科。从此，工厂有了转机，新产品不断应市，彻底改变了被动挨打的局面。技术发展科刚成立时只有少安仁，不久发展到七八人。当年开始搞 130 同步器变速箱的设计和试制，经过努力，试制出了三台样机并进行了三万多千米的行驶试验，获得有关方面的好评，用户感到满意。
>
> 工厂尝到甜头后，（19）82 年开始搞工程机械的配件。首先从 ZL40、50 各小总成和齿轮等配件生产着手，先后与厦门、柳州和山东、江苏等有关厂家取得联系和配套。接着于年底开始搞 5 吨叉车变速箱的技术准备工作，半年时间就完成了试制任务，交北京叉车总厂进行 1000 小时强化试验，获得了成功。（19）83 年 10 月又试制出 3 台 D80 推土机变速箱的样机，经天津工程机械研究所进行行驶试验合格后交黄河工程机械厂进行装主机试

> 验。这一系列新产品成功后，工厂先后把标准化组、情报组、电子计算机组等归入技术发展科，人数从3人发展到二十多人，同年更名为设计科。从（19）84年起，工厂开始试制D85推土机变速箱。为了进一步增强产品在市场的竞争能力，同年与美国卡特皮勒公司签订了引进从80马力到220马力的动力换挡变速箱的生产许可证合同，先后在（19）84年、85年、86年派出多人赴日本小松、美国卡特皮勒公司学习十个月，使设计科技术人员无论在设计能力、理论水平方面都有了很大提高。①

开拓新产品和技术研发让四川齿轮厂打了一个漂亮的翻身仗，加之1985年5月厂长负责制的推行，在很大程度上在管理机制上保证了并厂搬迁、技改和技术引进的有序开展，缔造了最为辉煌的十年。这十年，成为全面开创社会主义现代化建设的新局面，建设有中国特色的社会主义和实现“小康”战略目标的最好诠释。

他山

1982年9月1日——具有跨时代意义的时刻，中国共产党第十二次全国代表大会在人民大会堂召开，这是党的第七次全国代表大会以来最重要的一次会议，关乎20年国家经济建设和未来走向的重大决策在会上得以提出。邓小平在开幕词中指出，“中国的事情要按照中国的情况来办，要依靠中国人自己的力量来办”，“我们坚定不移地实行对外开放政策，在平等互利的基础上积极扩大对外交流”。有关建设有中国特色的社会主义的论述振聋发聩，至今回响。

同年11月26日至12月10日，第五届全国人民代表大会第五次会议上，审议决定了国家的第六个五年计划，阐述了今后经济发展的方针和制定长远规划的总指导思想。当时的四川省机械工业厅，根据“六五”计划

① 原四川齿轮厂职工茹光源回忆稿，莲花社区提供。

继续贯彻执行“调整、改革、整顿、提高”方针的同时，提出“依靠技术进步，抓紧技术改造，努力搞好重点产品打基础，上水平、攻成套，提高重点企业的技术，生产和经营管理水平，尽力把企业的经济效益搞上去”的指导方针。[①]“调整”“改革”“创新”成为了四川工业领域，乃至全国工业发展的关键词。

改革开放政策的实行，为对外技术引进和设备进口创造了良好的外部环境。不仅如此，1978 年还成立了我国首家以进出口贸易、国际服务为主的大型工贸公司——中国机械设备进出口总公司。同年，机械工业部按照国际技术贸易做法，通过中国技术进口总公司对外签订了 6 项技术引进合同。1980 年，机械工业部成立了中国机械对外经济技术合作总公司，专门从事技术引进、成套设备进口和合作生产等业务，1982 年并入机械工业部中国机械设备进出口总公司，成为我国对外技术和设备引进的桥梁，以“他山之石”提升我国机械工业整体水平。自 1978 至 1983 年，机械工业部系统总计签约达 250 多项，成交总金额近 3 亿美元。[②]

作为西南重要的机械工业企业，四川齿轮厂借助对外引进，在技术改革上实现了质的飞跃。为了满足当时国内工程机械配套的需要，提升动力换挡变速箱的制造技术。1982 年，机械部重矿局在北京召开的桥箱技术引进座谈会上，确定四川齿轮厂为工程机械变速箱生产专业化工厂，并承担引进变速箱技术任务。[③] 8 月 15 日，四川齿轮厂向四川省机械局报送了引进国外的工程机械动力换挡变速箱技术，计划从美国卡特皮勒公司、美国埃里逊公司和西德沃依斯公司 3 个厂家中选择。[④] 这一请求得到了四川

① 四川省机械工业局：《关于转发机械工业部〈关于编制机械工业长远规划的通知〉〔川机计（83）字第 022 号〕》，1983 年 3 月至 1983 年 11 月，卷号一，154 页，成都市工业行业档案资料中心藏。

② 王子仪：《发展各种贸易方式，积极引进技术和设备》，载《国际贸易》，1984（4）：25–26。

③ 四川齿轮厂：《四川齿轮厂“六五”后三年发展规划》，1983 年 1 月至 1983 年 10 月，卷号二，26 页，成都市工业行业档案资料中心藏。

④ 四川齿轮厂：《报送技术引进项目的函（川齿技〔1982〕14 号）》，1982 年 2 月至 1982 年 11 月，卷号二，1 页，成都市工业行业档案资料中心藏。

省机械工业局的支持，同意引进工程机械传动装置，并将其作为四川齿轮厂的主导产品方向。作为省机械局直属企业，经过 1979 年产品结构调整，四川齿轮厂由过去生产汽车、拖拉机齿轮的专业厂，发展为生产装载机和 130 型汽车用齿轮和齿轮箱。自 1962 年四川齿轮厂的诞生，经过与天津第九内燃机齿轮厂的技术整合、调适，已然具备了比较完善的制造设备和检测手段。这也是四川省机械工业局和国家机械部判断工厂能够消化技术和承担制造任务，同意引进和纳入国家技术引进计划的重要原因。“六五”期间融合外汇消化的约需技术改造费用 500 万元，经费由四川省组织工厂贷款及自筹解决，以便尽快装配生产线和调整生产厂房，形成年产 3000 台左右的生产能力。①

同年，四川齿轮厂又申请了引进军民工程机械液力变速装置。事实上，早在 20 世纪 60 年代，我国便开始通过仿制国外样机逐步实现了自行设计。在 20 年里，实现批量生产和研制的液力变速工程机械有轮式装载机七个品种、叉车四个品种、履带推土机三个品种、轮式起重机两个品种。自行式铲运机和平地机各一个品种。还自行设计液力变矩系列叶栅系统、行星动力换挡变速器系统。② 然而，在 20 世纪 80 年代的中国工程机械领域，液力传动技术仍缺乏通用性、系列化生产图纸，也缺乏专业化的生产工厂。所生产的产品不仅寿命低于国外同类产品，也大多存在性能差、故障多、维修费用高的问题，导致我国较为依赖国外进口。据统计，1969—1978 年间我国共花费 4 亿美元从国外购入 6000 台设备，③ 长期仰求于国外也严重制约着我国工程机械技术的提升。

1982 年 9 月 8 日，机械工业部以（82）机技字 619 号文件正式转报国家计划委员会和对外经济贸易部审批。次年 1 月，四川省计划委员会、机械

---

① 四川省机械工业局：《请审批四川齿轮厂〈引进工程机械动力换挡变速箱技术项目建议书〉的报告》，1982 年 2 月至 1982 年 11 月，卷号二，5-6 页，成都市工业行业档案资料中心藏。

② 四川齿轮厂：《关于引进军民工程机械液力变速装置的建议书》，1982 年 2 月至 1982 年 11 月，卷号二，48 页，成都市工业行业档案资料中心藏。

③ 四川齿轮厂：《关于引进军民工程机械液力变速装置的建议书》，1982 年 2 月至 1982 年 11 月，卷号二，49 页，成都市工业行业档案资料中心藏。

工业调整领导小组和机械工业局建议由四川齿轮厂为主，成都工程机械厂分厂配合，由两个专业厂联合引进共同消化，以推动组织液力变速箱的专业化、系列化和批量化生产。[①] 四川齿轮厂与四川仪表总厂、长江液压件公司、东新电碳厂、长江起重机厂、长江机床电器厂、四川矿山机器厂起重所、重庆仪表材料所、长江挖掘机厂、红岩机器厂、东方绝缘材料厂、成都量具刃具厂、宁江机床厂，共 29 个项目被纳入 1983 年技术引进计划。[②]

計划引进的新技术项目表

序号	引进项目名称	引进单位	引进国别·厂商	技术引进方式	引进技术主要内容	预計签约时间	预計引进费用（万美元）	外汇来源	备註
	工程机械动力换挡变速箱	四川齿轮厂	1.[illegible] CATERPILLAR INDUSTRIAL PRODUCTS CORPORATION 2.[illegible] DETROIT DIESEL ALLISON DIVISION OF GENERAL MOTOR CORPORATION 3.[illegible] VOITH CO. 在以上三个厂家中通过谈判选择一家	技术许可证	见下表	一九八三年	200万美元	[illegible]	

引进厂家 \ 输入功率 型号和档位		75～100HP	155～200HP	270～690HP
选择的厂家	美CATERPILLAR公司	TL30 前4 后3 D4E 前3 后3	TL50B TL66D 前4后4	TL80B 前4后4 TL92C 前3后3 D9L 前3后3
	美ALLISON公司	TT2421—1 前2后1	TT3420—1 前2后1 TRT4820—1 前2后2 CRT3331— 前3后3	CRT5633 前3后3
	西德VOITH公司	D843 前2后2	C473T—3V 前3后3和前4后4 C402 前3后3	VOITH公司无此系列

1983 年四川齿轮厂计划引进的新技术项目表[③]

① 四川省计划委员会、四川省机械工业调整领导小组、四川省机械工业局：《关于请求早日批准四川齿轮厂技术引进项目建议书的报告〔川机技（83）003 号川机军（83）001 号〕》，1982 年 10 月至 1983 年 11 月，卷号一，4–5 页，成都市工业行业档案资料中心藏。

② 四川省机械工业局：《关于一九八三年技术引进工作计划安排的通知〔川机技（83）021 号〕》，1982 年 10 月至 1983 年 11 月，卷号一，6–9 页，成都市工业行业档案资料中心藏。

③ 四川齿轮厂：《计划引进的新技术项目表》，1982 年 2 月至 1982 年 11 月，4 页，成都市工业行业档案资料中心藏。

包括四川齿轮厂在内的一批纳入国家“六五”“七五”技术引进项目的企业，不仅捕捉到了此次技术革新的契机，也极大推动了我国工程机械行业的整体发展。由于我国工程机械行业起步晚，加之十年动乱，严重影响了行业的发展。在20世纪80年代，仍然普遍存在规格不全、品种少、数量少、可靠性差、寿命短等弱点。工程机械的落后情况也远不能满足国民经济建设的需要，造成各部门依赖进口的局面。据不完全统计，建国以来进口各种工程机械耗资达20亿美元之多，相当于对工程机械行业总投资的七至八倍。①

这一次的技术引进无疑将助推国内工程机械产品结构、工艺规范、试验规范、质量控制和验收标准的确立。另一方面，在1964年天津内燃机齿轮厂内迁与成都拖拉机厂合并的基础上，根据川府函（1983）84号文，岷江齿轮厂并入四川齿轮厂，使工厂具备了相对成熟的技术、人员来消化技术。1983年3月，引进项目有了实质性的进展。根据国家计委计外(1983)202号文件，四川齿轮厂和成都工程机械厂成立技术引进协调小组，在制定的项目可行性研究报告中，确定由四川齿轮厂提供动力换挡变速箱的总成，成都工程机械厂提供液力变矩器作为配套。②

集结

20世纪80年代，当四川齿轮厂如火如荼大力发展生产，准备引进美国项目和更新设备时，100多千米之外的岷江齿轮厂却面临搬迁。1980年2月26日，原农业机械工业部以（80）计函字48号文下发“关于岷江齿

① 四川齿轮厂：《关于引进工程机械动力换挡变速箱（包括变矩器）专有技术的可行性报告》，1982年10月至1983年11月，卷号一，33页，成都市工业行业档案资料中心藏。

② 四川省机械工业局：《关于转发国家计委批准“动力换挡变速箱”技术引进项目建议书的复函的通知〔川机技（83）字第039号〕》，1983年1月至1983年10月，卷号二，2-3页，成都市工业行业档案资料中心藏。

轮厂和湔江农业机械厂要求搬迁厂址的复函”。[①]

四川省机械工业局：

岷江齿轮厂（80）岷齿整字第002号《关于要求调整搬迁的报告》和湔江农业机械厂湔机（80）基字第004号《关于搬迁厂址的请示报告》均收悉。我们认为报告中所反映的问题确实值得重视，并应妥善解决，基本同意工厂的报告，今转你们，请结合你省农机工业的调整改组，提出切实可行、经济合理的方案，报请省人民政府批准后报部。

中华人民共和国农业机械部

一九八〇年二月二十六日

这一批复不仅预示着岷江齿轮厂的三线人即将离开生活了近二十年的白水河，也意味着“岷江齿轮厂”终会湮灭在时间长河里，而为之奋斗和拼搏的人们也将迎来新身份。事实上，隐蔽在山中的不少三线企业都存在生产条件恶劣、投资大和利润低的困境。

成本高，但是我们的生产还是有起色的，我们的产值一般和这里（川齿厂）差不多，利润也差不多，只不过挣的钱都浪费掉了……拉出来的路费也贵，需要好几辆车……工厂搬迁是件大事，因为时政稳定了，当时所有三线建设企业都基本搬到外面了。第一是条件太过艰苦，第二是工厂的人已经和四川人打交道了，他们的子女和媳妇是四川人，你想回家也没有必要了，家里的父母年纪大了，每个月去一趟就行了。所以说这就是现实啊，

① 引自潘祥鹤：《大三线有个“三江厂”的故事》，见倪同正主编：《三线风云：中国三线建设文选》，157页，成都，四川人民出版社，2013。

没办法。[①]

1978 年，这个不平凡的转折之年，牵动着每个国人的命运。在这一年里，国务院召开务虚会，就加快四个现代化建设和经济管理体制改革进行讨论；召开全国知识青年上山下乡工作会议，结束了二十余年的城镇知识青年上山下乡；召开中共十一届三中全会，将党和国家工作中心转移到经济建设上，实行改革开放。“计划经济为主、市场调节为辅”的破冰之举，打破了计划经济下三线企业的安逸状态。能否迅速调整，顺应市场经济规律，成为决定众多三线企业存亡的关键，但显然包括岷江齿轮厂在内的不少企业未能成功转身。

“靠山、分散、隐蔽”成为岷江齿轮厂最大的掣肘。交通不便、信息闭塞，很快便使这个三线企业在市场浪潮的冲击下被边缘化。从 1980 年起，“工厂生产开始大幅度下滑，原材料和产成品的运输路线长，运输费每百元成本占有量高达 13% 以上”[②]。此外，“工厂办社会”曾经为职工带来了多大的便利，如今便为企业带来多么沉重的负担，其非生产固定资产高达 35% 以上，非生产人员的比例也占到 24% 以上。由于工厂孤居深山，无任何城镇依托，连职工的基本生活也无法满足。在内、外因交织下，岷江齿轮厂更是在 1980 年已濒临全面停产。

岷江齿轮厂在偏僻的深山里，职工的蔬菜供应一直靠工厂从 40 千米外的彭县运。吃菜问题一向相当紧张；职工子女的求学问题也很突出。由于工厂条件所限，子弟校教育质量不高。尤其是上高中的问题工厂着实无能力解决。

由于厂址的先天性不足，许多具体问题摆在面前。职工生活困难，工人生活困难，工人不安心山区，纷纷要求调动；科技人

① 2019 年 7 月 30 日访谈原四川齿轮厂职工王杏生。

② 潘祥鹤：《大三线有个“三江厂”的故事》，见倪同正主编：《三线风云：中国三线建设文选》，159 页，成都，四川人民出版社，2013。

> 员的情绪也不高，人心思迁，提出请调报告占90%以上；在生产经营管理上更是十分吃力。工厂附近无任何协作厂，材料及毛坯都由成都以远运送，产品又要用汽车向外拉。任何生产过程中的协作，也要跑到百千米外解决，20辆汽车忙个不停。这种生产渠道自然决定了产品成本较高。投产以来的最高水平也只完成了生产纲领的1/3，上缴国家利润的总和也不足100万元，这与2100万元的国家投资极不相称。①

除了地理位置偏僻、交通不便和信息匮乏带来的连锁反应，最要命的是岷江齿轮厂正处在龙门山地震断裂带上。龙门山断层沿着四川盆地西北缘底部切过，绵延长约500千米。20世纪以来就已发生过四次7.0级以上的大地震，其中便包括1976年8月16日，在龙门山断裂带北段松潘、平武发生的7.2级大地震。对于职工们而言，这次地震与唐山大地震以及此后的2008年汶川大地震一样，成为深嵌在岷齿三线人集体记忆中的巨大灾难。原三线企业湔江农机厂高级工程师潘祥鹤讲述的“三江厂”故事中，勾勒出岷齿厂、湔江厂和锦江厂的这段灾难记忆。

> 1976年7月28日唐山发生新中国成立以来最大的一次毁灭性地震，中国震惊了，世界震惊了！记得那年好几个月都住在防震棚里。……岷江厂的大多数人都住在厂里的子弟学校操场上，还有部分双职工就在自己住的楼前找块稍大点空地，放一张大木板床，四角绑上四根木柱，挂上蚊帐，帐顶上盖块塑料布，再加上一层油毛毡就能防雨了，四周再围上塑料布，就成了一座房子，一家老小以此为家过日子。家家户户床挨着床。有条件的还在棚子顶吊上电灯。……厂里的生产停了好几个月，那日子真的是难熬。
>
> 1976年唐山大地震没过多久，紧接着四川松潘、平武8月

① 四川齿轮厂：《四川齿轮厂三线建设调整改造规划》，1984年4月至1984年10月，卷号三，47页，成都市工业行业档案资料中心藏。

16日也发生了7.2级地震。湔岷两厂以往也常有轻微的有感地震，但8月16日晚上22：06，忽然床像秋千一样摇起来，两厂的职工都紧张得不得了。特别是岷齿厂，凌晨4点多钟就有一些职工成群结队地拉着孩子提着包，步行离开了工厂，走到白水河镇，乘汽车或小火车离开山沟赶到成都。那一次地震，导致有的宿舍楼的外墙出现了较大的裂缝，工厂停产了1—2个月。不久岷江厂就在工厂靠山坡的位臵修建了地震测报站……1981年11月，在白水河还发生了5.4级地震，震源深度为13千米，伴有数次余震，虽说震级不大，但因为震中就在白水河，所以发生时山上浮石乱滚，工厂断电，地声隆隆。①

岷江齿轮厂迁出白水河有着复杂的自然和人为因素。在得到1980年农业机械部的批复之后，工厂开始积极地寻求出路和制定迁出方案。时隔三年，在四川省机械厅寇润圻副厅长、张百洲处长，省农机总公司刘方煜总经理的积极协调下，最终确定岷江齿轮厂并入四川齿轮厂的方案。② 1983年，国家机械工业部、四川省人民政府发布机械工业部（83）机农函字689号文决定和四川省人民政府川府函（83）84号，正式宣告岷江齿轮厂并入四川齿轮厂。

此次并厂搬迁对于两厂所具有的意义是不言而喻的，然而背后更深层次的动因，却是在20世纪80年代经济体制改革浪潮下，我国对三线建设布局的调整和优化。1979年，基于国内外形势的变化，三线企业普遍存在的亏损、滞后和人员流失的困境，中央提出“调整、改革、整顿、提高”的方针，即不再向三线地区大规模投资，而是从国民经济发展的全局和长远计划出发，对产品结构、产业结构和企业结构进行调整。同时，结合“七五”计划，针对环境恶劣、远离原料产地和生产停滞的三线企业，采

① 潘祥鹤：《大三线有个“三江厂”的故事》，见倪同正主编：《三线风云：中国三线建设文选》，158页，成都，四川人民出版社，2013。

② 潘祥鹤：《大三线有个“三江厂”的故事》，见倪同正主编：《三线风云：中国三线建设文选》，159页，成都，四川人民出版社，2013。

取“关、停、并、转、迁”，也就是“该关停的就不要搬迁，能迁并的就不要迁建，能就近搬迁的就不要远距离搬迁，能向中小城市搬迁的就不要向大城市集中”。[①] 1984年11月，国务院三线办公室通过《“七五”三线地区企事业单位调整方案》，确定调整121个单位，其中关停9个，迁建和部分迁建49个，迁并48个，全部转产15个。[②]

岷江齿轮厂正是在三线布局调整背景下的合并、搬迁。在不少人看来，两厂合并是一个理想的解决方案。因为两厂同属省厅下属企业，产品、规模都相近，同为三线企业更加有着天然的亲近感。加之正值四川齿轮厂引进美国卡特皮勒公司工程机械动力换挡变速箱制造技术，扩大产能和增加人员的需求，也为并厂搬迁提供了一个契机。在四川省政府和省三线办的批准下，岷江齿轮厂从1984年至1987年，将分两个阶段完成搬迁。在这批三线人踏上火车西向而行的二十年后，他们走出了龙门山，迈出白水河，身后只留下创业和打拼了二十年的“岷江齿轮厂”。

对于“山外”的四川齿轮厂而言，1986年同样是不平凡的一年。作为“七五”的开局之年，并厂搬迁成为四川齿轮厂“六五”计划中的三大任务之一。虽然四川齿轮厂的地理位置比“山里”的岷江齿轮厂优越很多，但是也存在着工厂搞“小社会”带来负担的问题，且设备多数陈旧，精度较差，厂房简陋拥挤，基本建设和技术改造资金不足。因此，围绕“重点产品”走专业化道路和国民经济“三上一提高”搞技术攻关，成为两厂合并发挥技术优势的机缘。两厂合并后，全厂职工总人数将达到3230人，其中生产工人1951人，技术人员283人，占全厂职工的9%。可利用的固定资产净值2407万元，拥有设备1880多台，另有运输设备、生产辅助设备、生活设备、医疗设备共579台。[③]

---

① 吴传钧：《调整布局　促进三线建设》，载《开发研究》，1987（3）：17–19。

② 陈东林：《走向市场经济的三线建设调整改造》，载《当代中国史研究》，2002（3）：34–42。

③ 四川齿轮厂：《“六五”期间技术引进的重点技术改造实施方案规划〔川齿（83）技06号〕》，1983年1月至1983年10月，卷号二，19–20页，成都市工业行业档案资料中心藏。

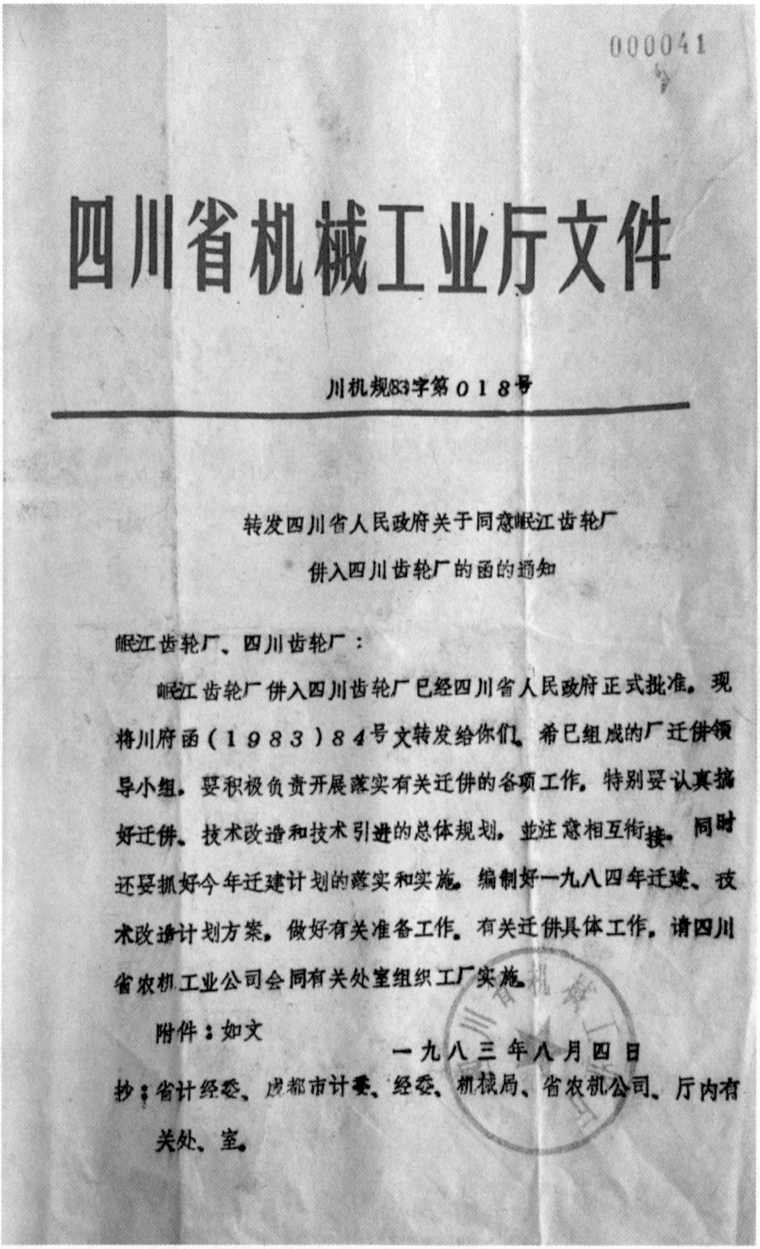

000041

四川省机械工业厅文件

川机规83字第018号

转发四川省人民政府关于同意岷江齿轮厂
併入四川齿轮厂的函的通知

岷江齿轮厂、四川齿轮厂：

岷江齿轮厂併入四川齿轮厂已经四川省人民政府正式批准。现将川府函（1983）84号文转发给你们。希已组成的厂迁併领导小组，要积极负责开展落实有关迁併的各项工作。特别要认真搞好迁併、技术改造和技术引进的总体规划，並注意相互衔接。同时还要抓好今年迁建计划的落实和实施。编制好一九八四年迁建、技术改造计划方案，做好有关准备工作。有关迁併具体工作，请四川省农机工业公司会同有关处室组织工厂实施。

附件：如文

一九八三年八月四日

抄：省计经委、成都市计委、经委、机械局、省农机公司、厅内有关处、室。

四川省机械工业厅川机规（83）字第018号文[①]

① 岷江齿轮厂：《四川省机械工业厅文件川机规（83）字第018号》，1983年5月至11月，41页，成都市工业行业档案资料中心藏。

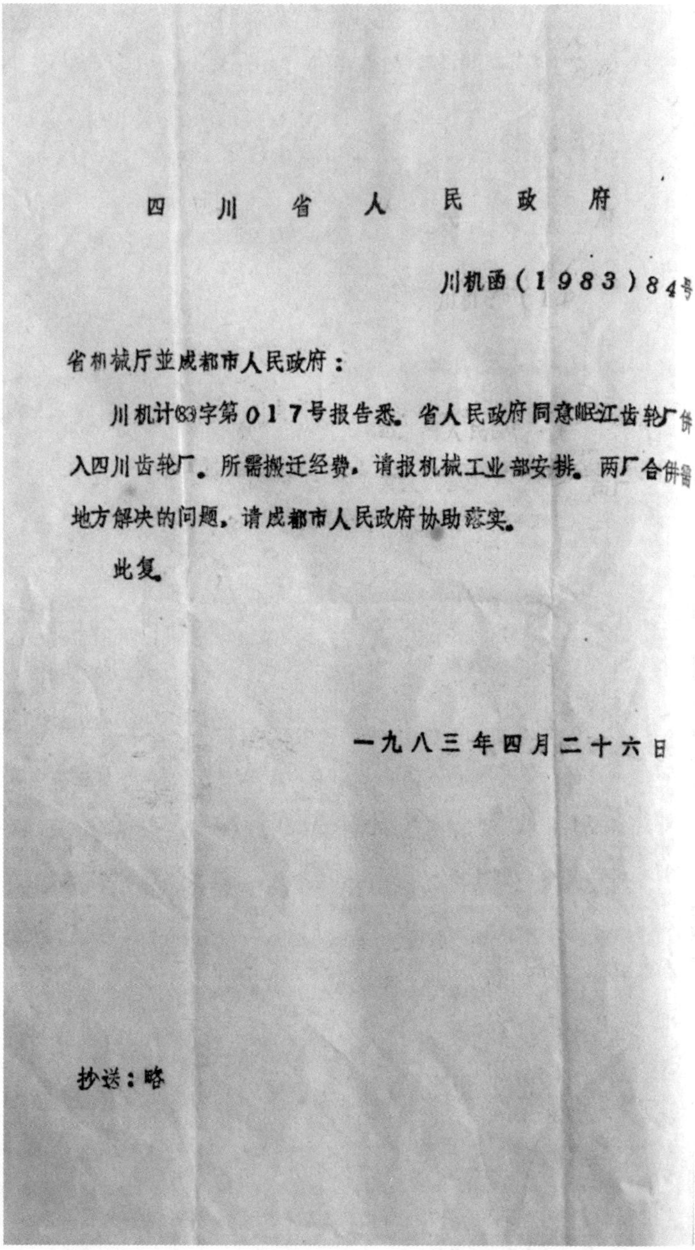

四川省人民政府

川机函（1983）84号

省机械厅並成都市人民政府：

川机计(83)字第017号报告悉。省人民政府同意岷江齿轮厂併入四川齿轮厂。所需搬迁经费，请报机械工业部安排。两厂合併需地方解决的问题，请成都市人民政府协助落实。

此复。

一九八三年四月二十六日

抄送：略

四川省人民政府川机函（1983）84号文[①]

① 岷江齿轮厂：《四川省四川省人民政府川机函（1983）84号》，1983年5月至11月，42页，成都市工业行业档案资料中心藏。

此次并厂搬迁以“边生产，边基建，边搬迁”为原则，搬迁资金也从411万元调整为611万元。其中机械部、省府和省机械厅拨贷210万元，占34.3%，其余均由企业自行筹款并取得上级政策支持的前提下解决。时任四川齿轮厂厂长何志友正是组织、调度此次合并搬迁工作的“指挥者”。

> 并厂搬迁从1983年11月开始破土动工到1987年9月底止，工厂已完成并迁厂投资612.96万元，各类工程建筑面积达3万多平方米；从1986年7月中旬截至1987年10月底，共搬迁职工、家属1300多人，占总人数的97.4%，各种设备560多台套，物资578.88万元，搬运量近20000吨，用车1900多次，行程43万多千米……①

“1300多人”“560多台套设备”“20000吨”“1900车次”“43万多千米”，这些数字背后是一场声势浩大的“人、财、物”转移和“党、政、群”协作。1986年7月13日，并厂搬迁正式拉开序幕。在白水河生产区，十二辆解放牌汽车齐列待命。“组织搬迁的厂领导来了；迎接职工出山的厂党委书记来了；山里的职工都来了。车轮启动，欢送的鞭炮顿时燃响！”原四川齿轮厂职工贺继科记录下了这一时刻。

> 人们在欢呼，在告别。运输科的领导却陷入了沉思……1300多名职工、家属，500多台设备，数百万元的物资，各种难以计数的生产用品，全都压上了运输科的车轮。从九峰山至成都南郊，横贯三县一市，行程115千米；沿途危崖险径，坡高道窄，厂领导们反复强调：安全。压力大呵！
>
> 并厂搬迁以发挥两厂优势，提高工厂经济效益为目的。搬迁速度快，就能使工厂的生产经营很快实现一加一等于二，进而等于三、四、五……对于运输科，第一步等于二就太慢了。科领导

① 何志友：《艰苦创业迁并厂，再接再厉展宏图》，载《川齿报》。

> 发动群众讲任务，口号为六个字：讲安全、拼命干！于是，出现了“去如急风回如电，车如流水人如龙”，除圆满完成规定的家具、物资搬迁运输外，还完成设备搬迁近400车次。截至（19）87年9月25日，出动1870车次，搬迁物资7094吨，行程43万千米无一重大安全事故。[①]

可以说，整个搬迁环节中最艰巨、最艰险的就是大型设备的搬迁。1987年5月8日，并厂搬迁第一批大型设备Y310滚齿机、M7475外圆磨床经过近七小时的艰难行程，顺利从白水河生产区安全到达大本营。重4.3吨、高3.35米的摇臂钻，还有超高、超长、超宽的立车、龙门铇和双梁行车等大型设备，然而运输车的最大吨位却不过8吨，这对运输司机来说都是不好应付的。为了保证将大型设备安全运出山，运到牧马山的四川齿轮厂，运输科成立了大件搬运队。沈绵荣、瞿建成、冷捍东、廖帮余、沈来根……这些名字从人们的记忆中一个一个跳了出来，有的“从清晨到深夜每天工作16小时”，有的“困了，下车打个盹”，或是在“三道埝”露宿。到了1987年5月，白水河生产区的人员已分批迁出1104人，除了5吨以上到的50台大型设备之外，一共搬出设备247台。

> 俗话说：“叫花子搬家也有三大箩”，何况一个千多人的厂要从彭县全盘搬至牧马山？其规模之大，战线之长，困难之多，在全川可能也是少见。撇开1000多职工家属的铺、笼、灶、被和锅、碗、瓢、盆不讲，单是搬迁设备中所遇到的困难那也是三天三夜说不完：一是承担这么艰巨的任务，确实是大姑娘上轿头一回。二是缺少起重设备，山里最大的起重设备仅有一台卷扬机、一台绞盘和5T葫芦吊。三是运输距离长，超宽、超高、超重设备多，5至8月份又是雷雨季节……所有这些，并没有使搬迁队

① 引自贺继科：《车辆，驰向工厂壮美的未来——运输科并厂搬迁工作散记》，载《川齿报》，1987年11月8日，第1版。

退缩。他们说了一句话："这些设备过去拉得进去，现在就拉得出来。我们决不给工厂丢脸！"

为了安全，山里的老设备科长沈绵荣带领大家反复选择最佳运输路线，反复测量沿途电线的架设高度，桥梁允许承载的重量和公路的宽度及行人的流量。在搬运超重、超宽、超高的立车、龙门铇和双梁行车等大型设备时，他们的工作更是细致：一辆指挥车打头，老远就把前面的车辆行人堵住，以防其他车辆随意超车。由于车速慢，有时半夜还在路上跑。第一架行车运到牧马山就是第二天凌晨在运输 12 吨重、4.38 米高的 C512-1 立式车床经过彭县关口的铁路桥时，立车顶端离铁路桥只有 5 毫米那么宽，在场群众都惊呼："好悬啊！"是啊，再超过 5 毫米的话，不是桥毁就是车亡，至少也要在原地耽误不少时间。5 毫米在日常生活中是可以忽略不计的，可在这里，它反映的是确实搬迁队员的责任心和一丝不苟的工作精神。①

在这场规模宏大的搬迁"战役"中，一边是排除万难、一丝不苟的川齿厂运输队，另一边则是被称为"白水河边的守护神"的岷齿厂护厂队。这个由 18 名职工组成的护厂队，在长达一年多的搬迁工作中负责保护几百万元的物资，没有发生过一起重大的盗窃案件。"这里地处深山三号地区，给护厂队的工作带来一定困难。原武装部副部长吴芝全任队长与留守处副主任周述洪一起负责治安工作。他们分别在厂门口、生活区和厂区定点、定人、定岗，做到职责分明。留守处干部坚持和队员一道，从晚上八点值班到第二天早上七点。"② 根据"边生产，边基建，边搬迁"的原则，随着大型设备陆续抵达大本营，紧接而来的就是设备安装，启动生产。

① 引自贺继科：《车辆，驰向工厂壮美的未来——运输科并厂搬迁工作散记》，载《川齿报》，1987 年 11 月 8 日，第 1 版。

② 广文：《白水河边的守护神》，载《川齿报》，1987 年 11 月 8 日，第 1 版。

> 搬迁对把设备运到山外后，应当迅速投入生产。为此安装组的同志们坚持做到了：当天迁出设备当天进入车间，绝不在露天过夜，然后抓紧就位，安装和调试。从第一台设备出山起，他们就没有闲过。由于安装的是旧设备，这里缺几颗螺钉，那里少几块压板的事经常发生，他们就东寻西找或者自制辅助件。没有大型起重工具，他们便土法上马。在安装5吨双梁行车时，还是大热天。要把这台长16.5米、宽4米、自重达20吨的庞然大物吊上8米高的钢轨安装好，困难很多。但他们一不等，二不靠，三不向厂里伸手。用六根钢绳把一根重半吨、高十米的扒杆固定死，一边配一个滑轮组，加上一台卷扬机和一台绞盘机就开始吊装了。十二个人用力推动着绞盘机的四根轴，艰难地一步一步地向前挪动。行车一寸一寸地升起，汗水从工人们的脸上一滴滴地掉落地上。硬是凭着这种“蚂蚁啃骨头”的精神，他们在安装工作中为工厂的生产发展赢得了时间，为工人节约了大笔资金。①

如火如荼的并厂，并未完全消解身份认同带来的困境。原岷江齿轮厂的部分职工找关系调回杭州，但对于大部分人来说四川已成为自己的“家”，他们决定留下来，并将有一个新身份。因为根据两厂合并的原则，岷江齿轮厂并入四川齿轮厂后便不再保留厂名。“机构合并，劳动力组合，干部配备，先搞加法，经过实际工作锻炼考察，根据生产工作需要，坚持党的干部政策和标准，按照规定程序聘任安排使用干部。”在工资、福利、奖金分配上统一标准，而在住房分配上，则“提倡山里职工要有牺牲精神，山外职工要高姿态，住房分配方案彼此沟通，互相理解”。② 1987年11月，并厂搬迁工作宣告结束。四川齿轮厂新建一栋30套55平方米的职工家属住宅，实行住房切块分配，共调整住户355户，全面维修旧住

① 唐开福：《一切为了新川齿的腾飞》，载《川齿报》，1987年11月8日，第4版。

② 何志友：《艰苦创业迁并厂，再接再厉展宏图》，载《川齿报》，1987年11月8日，第1版。

房251套。还投资30万元新建一栋1500平方米的幼儿园，以解决职工孩子入托问题。

“整个搬迁过程形成了‘山里山外是一家，安定团结搞四化，引进并厂促发展，共同建设新川齿’的生动局面。”[①]“搞四化”和“搞改革”犹如一针强心剂，让原岷江齿轮厂职工有了奔头。然而，除了“山里”与“山外”的不同环境，似乎也有着一丝“山里人”与“山外人”的微妙隔阂。原岷江齿轮厂生产科科长王杏生，在来到四川齿轮厂之后依然担任生产科科长，在他眼中多多少少仍然存在“山里人”和“山外人”之分。

> 岷齿搬迁之前生产生活也并没受到太多的影响。像我一个月生产多少我能留多少，但搬出来的时候已经没啥生产任务了，就停产了一段时间，到了川齿厂才继续生产，这中间有一个过渡，这个过渡不是说要等到闲置的时候，从车间出来的人们要等一段时间，才能重新分配好，人来了总要给工作的，放在什么地方都要有个地点，所以不存在闲臵的。
>
> 川齿厂和岷齿厂合并之后，两个厂的职工之间没有特别大的摩擦，就连交流也很简单，就问问你在哪个车间，他在哪个车间，你自己做什么技术，你姓什么我姓什么，大家交换一下。但是隔阂还是有的，像我组织了两三次活动，川齿参加的人不多，除了和我认识的那些。他们川齿也组织活动，但我们岷齿也很少参加，因为有隔阂。川齿的大多是天津人，岷齿的大多是上海人、杭州人。[②]

事实上，三线建设已然不仅是地理空间内的战略布局，它也形塑了带有鲜明地域文化的工厂认同。无论是四川齿轮厂，还是岷江齿轮厂，

① 何志友：《艰苦创业迁并厂，再接再厉展宏图》，载《川齿报》，1987年11月8日，第1版。

② 2019年7月30日访谈原四川齿轮厂职工王杏生。

川齿、岷齿厂合并初期总工办人员合影（莲花社区提供）

都因三线建设结成移民社会，并因“隐蔽”和“分散”而逐渐形成以工厂为中心、相对封闭的“孤岛文化”。同事即老乡，也使得他们的社会关系网络更加单一。曾担任岷江齿轮厂工会主席的薛祖斌，进入川齿厂后仍然担任工会主席，通过举办活动、开导的方式，来弥合山里和山外的细迹微痕。

> 后来政策宽松了，我们就从山里搬了出来，和四川齿轮厂合并在了一起。不过很多有条件的人都找关系调回了杭州，而我则一直留到了企业破产。我们留下来的这些人都觉得这个地方比山里面强很多，做饭烧水也不是用蜂窝煤，而是烧煤气，需要的东西采购起来也方便，只需要走个十几分钟就到了。大家表面上的关系都还是不错，但是内心里却一直有山里人和山外人的隔阂。四川齿轮厂主要还是天津人，而我们岷江齿轮厂大部分人都是来

自杭州，再加上之间工作的地方不同，所以这种山里人和山外人的思想一直到企业破产之后都还存在。[①]

1983年——四川齿轮厂的重要时间节点。历时近二十年，成都拖拉机厂、天津第九内燃机齿轮厂、岷江齿轮厂集结完毕，形成了四川齿轮厂的“三套马车”，“三伙人一起工作一起学习。虽然因为来自不同的地方，在生产生活中还是有不少的摩擦，但是后来我们相处得还是比较和谐”。这“三套马车”共同迎接着改革浪潮的洗礼。

开局

“七五”——既是四川齿轮厂技术整体提升的时代，也是我国工程机械产业和技术突破与革新的时代！1984年7–8月，四川齿轮厂赴美国卡特皮勒公司考察，9月1日在美国正式签订《美国卡特皮勒公司工程机械动力换挡变速箱专有技术转让合同》，引进动力换挡变速箱920、930、941B、951C、966D、980C、D4E、D6D、D7G、613B和140G等四个系列的11种产品，6-1300、6-1500，以及E360毫米和E400毫米的变矩器系列产品。[②] 1985年3月6日国家对外经济贸易部正式批准《卡特皮勒动力换挡变速箱技术转让合同》生效。四川齿轮厂对美国卡特皮勒公司的全部技术资料进行验收、分交登记和分目建账，转化、消化930（3吨装载机）、D6D（推土机）、966D（5吨装载机）三种主机变速箱图纸和技术标准，编制930、D6D变速箱冷热加工工艺，并为1987年试制三种机型变速箱作好技术准备。

行星式液力换挡变速箱系列、工程机械定轴式液力换挡变速箱系列、螺旋伞齿轮传动、载重齿轮等重点科技攻关产品，由天津工程机械研究

① 2019年9月1日访谈原四川齿轮厂职工薛祖斌。

② 四川齿轮厂：《关于引进工程机械动力换挡变速箱（包括变矩器）专有技术的可行性报告》，1983年11月至1984年11月，卷号四，10页，成都市工业行业档案资料中心藏。

所、北京工程机械研究所、北京起重机械研究所、成都工程机械厂、厦门工程机械厂、山东推土机总厂、宣化工程机械厂、北京叉车总厂、烟台工程机械厂、北京粉末冶金研究所、黄河工程机械厂、杭州叉车厂、宝鸡叉车总厂、长江起重机厂、黄石摩擦材料厂、成都工具所、成都科技大学 17 家单位参与完成。① 不仅如此，与四川省计算站合作建立的终端计算站和多品种小批量生产管理系统的计算机应用②，也使工程机械设计、生产、管理迈入了数字化时代。同时，产品设计、加工与检验标准也与国际接轨。在这一时期执行国家标准、部颁标准约 500 个，工厂主导藏品采用国际标准约 50 个。③ 以四川齿轮厂为代表的中国工程机械正走向全国标准化、系列化设计的轨道。

由机械部设计研究总院设计的《川齿“七五”基建、技改初步设计方案》于 1986 年 9 月经国家计委、机械工业部委托省机械工业厅在成都审查通过，并且被列为国家限额以上重点项目之一，从 1987 年开始进入大规模实施阶段。根据“七五”计划的目标，经过“改技”的四川齿轮厂将实现产品结构调整和技术更新，成为全国第一个工程机械动力换挡变速箱专业化生产厂。从过去单一的产品结构，转型为可以为工程机械、汽车、农机等行业提供变速箱和齿轮配件的企业，年产值和利润也将翻两番。四川齿轮厂编制的《“七五”技术改造设计任务书》中预测，随着交通、运输、能源等基本设施和工程建设的大规模开展，国内各主机厂将采用的卡特型号，“七五”期间规划产量将达到 10700 台。④ 从 1986 年开始的十年里，是最为意气风发的川齿时代，说它是西南地区工程机械行业的“排头兵”也并不为过。川齿，也成为历经近四十年发展历程，

---

① 四川齿轮厂：《四川齿轮厂“七五”规划项目和费用总表》，1983 年 1 月至 1983 年 10 月，卷号二，99–101 页，成都市工业行业档案资料中心藏。

② 四川齿轮厂：《四川齿轮厂“七五”规划项目和费用总表》，1983 年 1 月至 1983 年 10 月，卷号二，102 页，成都市工业行业档案资料中心藏。

③ 四川齿轮厂：《关于“七五”规划方案的报告〔川齿技字（83）15 号〕》，1983 年 3 月至 1983 年 11 月，卷号一，11 页，成都市工业行业档案资料中心藏。

④ 四川齿轮厂：《“七五”技术改造设计任务书》，1984 年 10 月，卷号五，2 页，成都市工业行业档案资料中心藏。

我国工程机械行业进入全面发展阶段的一个缩影，也是一代一代中国工业人奋斗史的片段。

1952 年，我国始试制混凝土搅拌机。1954 年始试制单斗挖掘机，然后是 54 马力推土机、5 吨机械传动汽车式起重机、斗容量 3 立方米的采矿型挖掘机、75 马力链斗式挖沟机、蒸汽压路机、蒸汽打桩机、小型杆式柴油打桩机。① 这些如今看来技术相对简单的工程机械，却支撑着我国建工、水电、交通、冶金和铁道领域的建设。这一时期，我国自行式工程机械的总产量还不到 300 台，重点工程建设所使用的工程机械更是完全依赖进口。②

20 世纪 60 年代伊始，国务院和中央军委联合决定，第一机械部负责组织和发展军工和民用机械设备，并经讨论决定将这类设备统一命名为“工程机械”，这标志着我国工程机械行业的正式诞生。1961 年第一机械工业部设立工程机械局，还成立了工程机械研究所。我国的工程机械行业也真正进入了统一规划的阶段，虽受到十年阻滞，却难掩成就。我们有了 175 个生产企业，产能达到 20 万吨，成批生产的产品约 260 种。拥有了液压、液力传动等新技术，伸缩式起重臂、动力变速箱、轴承式回转装置、浮动密封等设备和工艺也随之问世。

改革开放以来，我国的工程机械行业以不可思议的速度迅速发展，国外设备和技术引进不仅助推产品结构的技术迭代，也激发出工业人的创新意识。“改革”“向上”“奋发”“创新”，无疑成为时代的代名词。1984 年和 1986 年，在经过技术水平、经济效益等各方面分析论证，并结合国内同行业调查、市场预测，与国外有关公司进行技术交流和商务谈判及综合比较，确定引进美国卡特皮勒公司的先进技术。最终，四川齿轮厂与柳州工程机械厂、厦门工程机械厂、宜春工程机械厂、哈尔滨拖拉机厂、鞍山红旗拖拉机厂、上海彭浦机器厂、宣化工程机械厂、青海工程机械厂、上

---

① 杨红旗：《三十年来的我国工程机械行业》，载《工程机械》，1979（9）：1–8。

② 杨红旗：《中国工程机械行业的回顾与瞻望（一）》，载《工程机械》，2002（5）：1–4。

海柴油机厂、山东推土机总厂、成都工程机械总厂，号称“十二条龙”的企业，联合与卡特皮勒公司签订合同引进履带式推土机、轮式装载机、轮式集材机等三类主机制造技术，以及工程机械用柴油机、液力变矩器、动力变速箱、驱动桥、“四轮一带”等基础部件技术。[①] 这 12 家企业也成为国家重点支持对象，率先开始技术改造和技术消化，“以点带面”推动我国整个工程机械行业的发展。然而，对于四川齿轮厂而言，“七五”开局之年引入美国卡特皮勒公司动力换挡变速箱技术恰逢其时，也揭开了最为振奋、昂扬的川齿篇章。

D85

1986 年，四川齿轮厂如愿获得美国卡特皮勒公司动力换挡变速箱专有技术资料，同时还在同年 8 月份举办的峨眉订货会上，签订了 D85 推土机变速箱供货合同。D85 推土机是我国在 20 世纪 80 年代，从日本最大的工程机械制造厂家小松制作所引进的推土机技术。这份供货合同签订后的四川齿轮厂，需要面对要在短期内形成批量生产能力，同时还要实现逐步过渡到产品国产化的双重挑战。在经过近百天的研究、试制，各工序人员以接力的形式攻克了难关。原四川齿轮厂职工陈登华，记录下了试产 D85 的日日夜夜，如今看来仍觉惊心动魄。试制人员则用他们的激情和韧劲儿，在川齿厂的发展史写下了浓墨重彩的一笔。

> D85 上不上，当时在工厂领导的思想上是有些顾虑的。厂长办公会议上，围绕工厂能否适应市场需要和试制 D85 变速箱的问题，进行了认真讨论。用户就是工厂的上帝！工厂必须适应市场需要。厂长何志友以开拓者的精神，大胆改革工厂陈规，为使我厂引进产品尽快投放市场，首次同副厂长唐云金签订生产责任

① 杨红旗：《中国工程机械行业的回顾与瞻望（一）》，载《工程机械》，2002（5）：1–4。

书，建立和落实了责、权、利的关系。从组织上保证了新产品的批量生产。

唐副厂长接受任务后，灵活运用了现代科学管理之一的矩阵式方法，建立了新产品试制领导小组和生产联络网，做到了纵向有人抓，横向有人管。领导小组的同志经常坚持走出办公室，深入到基层。8月21日20时，饭后在家的唐副厂长，得到罗伞齿轮因加工出现刀具严重干涉的质量问题而停机的消息，马上赶到现场，会同五车间的领导和施工人员一起寻找原因，探讨解决方案。对工件和刀具重新进行计算，并绘制刀具干涉图，用新的刀具和切齿机床调整参数加工出了大尺寸的螺伞齿轮，使停了的机床又飞旋起来。

8月10日厂里开了新产品动员会后，八车间在暂无工艺的情况下，一不等二不拖，边安排施工员抄图赶制临时工艺，边组织人员投入生产。

中间轴是D85变速箱中精度高、工序长、加工难度大的关键产品。没有协同作战的精神要想按期完工是不可能的。一车间在接受锻造任务时，总结了样机生产中的经验，决定改造锻模。常规加工锻模周期需要一个多月，如果按常规变速箱就不能如期完成。怎么办？“一定按时完成。”响亮的回答使厂领导的心放下了。在车间领导的精心安排下，采用接力赛的方法，各工序人员像运动员一样等候在自己岗位上，工件一转到立即投入生产。模子转入车工后，朱永长、刘绍云各干半副，他们连夜突击，工作了15小时，保证了进度。车加工还没完，刘家志也在车间等待着了。钳工序刚完成，调度员陈方寿已把模子送往热处理。在兄弟车间的支持和配合下，从设计模具到锻件出品，仅用了12天，创造锻模加工最快纪录，在工厂的史册上留下了光辉的一页。

毛坯赶出来了，五车间组织了一批年轻力壮、技术高、责任心强的师傅负责加工。特别是难度最大的镗孔工序，车间把任务落实在支部委员、制齿组长徐德荣身上。他加班加点，精心操作，为新产品的开发赢得宝贵时间。省市劳模赵齐顺一心扑在生产上，经常早来晚走。一次，6点多钟他就开始起床，镗起中间轴的孔来了，为了D85产品，供应部门保证了材料、配件及时供给。工艺科8天完成了66个件号的工艺、工装分解图，形成了全厂上下、干部群众人人都关心、支持变速箱生产的局面。

缩松、疏松、砂眼、气孔等。这些目前国内外部尚未很好解决的铸造缺陷，成了箱体、油缸等生产中的拦路虎。在拦路虎面前是进还是退，将决定着新产品的命运。为求得工厂的发展，就需发扬武松打虎精神，由主任工程师杨宗科，车间领导仲纪林和曾启焯、张文森、余明等同志组成了攻关小组。他们认真研究分析了问题原因，探索解决问题的方法。对炉子进行了改造，铁水温度提高了，存在的问题有所好转，但根本问题还在，他们又采取提高铸件冷却速度和加快铁水流动性的方法进行试验。一次，两次，失败了，总结经验再干。为了掌握一手资料和获得可靠数据，他们吃饭在车间，一直守在熔炉旁，并同工人一起浇模、清砂。老仲的手烫起泡也不下火线。经过反复试验终于在缩松、疏松问题上取得了成果，并摸索了一套较科学完整的新工艺。

虽然铸模攻关取得了很大成效，防渗漏问题仍没彻底解决，只有一个办法——粘接。从市里请来一位粘接专家，客人提出每件收费30元，并要技术保密，需将产品送到他家去处理，结果合格率仅为70%，厂里本想花上几千元求其转让技术，对方却以两万元为条件。两万元！凝结着多少职工的辛勤汗水啊，岂能让工厂的钱白白花掉！姚荣同志的激情触发了，结合对130变速箱边漏处理的经验，老姚和其他几位同志决心攻下这一关。这个想法得到领导的支持，并从科技大学借回有关资料，积极组织配方试验。经过多次各种配方的比较、筛选、验证，这一关也突破了。经防渗粘接的箱体、油缸等零件，用150度油温抗老化和加压试验，防渗漏效果超过了日本原装机体的水平。实践证明，“世上无难事，只要肯攀登”，外国人能做到的，我们炎黄子孙有勇气有能力也一定能做到！

9 月 30 日工厂放假了，职工们都在迎接佳节的到来。夜晚，试验车间的灯火却格外明亮，为了向国庆献礼，大伙儿正在攻克新产品最后堡垒——总装。有很多同志连晚饭也顾不得吃，一直坚持工作。在这关键时刻，车间领导来到了现场；生产科领导来到了现场；唐副厂长来到了现场；年逾六十两鬓斑白的梁大仲、杨宗科两位主任工程师也来到现场同工人一起干了起来。厂领导悉知试验车间职工挑灯夜战赶装新产品时，何志友、陈武坤、王兴培等领导带着党委、厂部的关怀和全厂职工的敬意来看望了大家。

夜静了，人们在节日里的电视机前发出阵阵欢乐的笑声，而在试制车间里，任凭肖副主任怎样动员大伙儿回家休息，就是没有人愿意离去。肖汉超望着辛勤奋战了两个多月几乎没有休过假日的职工们，无法控制的一股暖流充满了他的双眼。五台变速箱的诞生，给大伙儿带来了欢乐，送走了疲劳。

当人们怀着胜利者的喜悦凯旋时，已近子夜的尾声了。

经过全厂职工的共同努力，年底前胜利完成了首批 D85 变速箱生产任务。从 7 月初投产准备到 10 月初产品出厂，只用了近百天。通过这些批量试产，为以后大量生产总结了一套成功经验，也为今年引进 D6D、930 变速箱试制打下了基础。[①]

技改

D85 变速箱试制的成功令所有“川齿人”为之振奋，因为这是他们首次凭借一己之力，针对国外引进设备实现技术国产化的成功尝试，也标志着技改的全面铺开。D85 变速箱试制后，陆续开展 TY220、D6D、930 等产品的试制。车间里洋溢着的热情、专注、钻研、忘我，让前来成都接运

① 原四川齿轮厂职工陈登华回忆稿，莲花社区提供。

T220 和 TY220 两种变速箱的陕西黄河工程机械厂职工王锐义也为之动容。

在短短的二十天里，我看到了许多在我厂没有看到过的场面，学到了不少东西。试制车间是 T220 和 TY220 产品的组装车间，因此我常到那里去。工人师傅们忘我地工作，干部们深入生产第一线解决问题，他们在人员少、时间紧、任务重的情况下，加班加点，甚至通宵达旦地为完成任务拼命工作。这是一种难能可贵的精神！刘恩林师傅对装配工作精益求精，我常看到他从早上一上班就埋头装配，连茶水都顾不上喝，下班广播响前，很难见他放下手里的工具。库房的黄光美和彭学琴两位师傅，担负产品所需要的各种配件保障工作，装配中破损或缺损的事是常有的，他俩就推车去总库领，有时一天来回跑十多遍，汗流浃背，从无怨言。试车组的代庆祥和曾嘉玲本来是电工，但却听从车间安排参加试车工作。一台变速箱重 700 多斤，搬上搬下，很不容易，但她们从没叫过一声苦和累，总是很好地完成每一台产品的试车程序。还有许多同志，他们的工作精神，我没法用短短的几句话就把它表达出来。①

1987 年 7 月，召开的机械电子工业部农机局卡特产品成都会议，提出“加快进度以满足主机厂的需要”。7 月 19 日，引进于美国卡特皮勒公司的 D6D 动力换挡变速箱一次试装成功。在此后的一年时间里共完成了 D6D 十台自制件，自制率达 68%。同年 7 月，四川齿轮厂完成了 T200 变速箱总成 8 台，TY220 变速箱总成 24 台，其中 8 台将与“山推”产品配套出口。8 月，设计科和试制车间，配合天津工程机械研究所对 TY220 变速箱进行了性能实验，数据表明 TY220 动力换挡变速箱性能指标均达到日本小松实验规范的要求，甚至个别性能还超过了日本同类产品。其中，TY220 变速箱总成从试制到小批量生产，经历了从进口件向国产件的转

① 原陕西黄河工程机械厂职工王锐义回忆稿，莲花社区提供。

四川齿轮厂“七五”技改项目初步设计审查会代表合照（莲花社区提供）

化，甚至还实现了随主机出口创汇。

四川齿轮厂甚至成为四川唯一一家获得3000万元引进技改投资的厂家，在西南地区专攻工程机械的企业中可谓风头无两。依托“七五”技改项目，陆续完成了箱体车间、热处理车间的建设，还引进了当时世界第一流设备——美国制造的多用周期炉等。

其中，箱体车间是四川齿轮厂“七五”重点工程之一。为了适应市场经济和拓展产品销路，引进和研制了一批工程机械和系列叉车变速箱，四川齿轮厂也成为当时西南地区重要的工程机械制造基地，甚至出现了供不应求的情况。工厂决定加快箱体车间的基建步伐，并于1987年1月15日成立了安装突击队，总指挥正是时任四川齿轮厂副厂长的毛长起。“突击队成立后立即投入了施工。打破工种界限，不分钳工、电工、水暖工，只要有工作，大家就一齐干。”这支只有11人的突击队只用了半个多月就完成了水、电、气的设施安装和机床基础埋设，并浇筑了1110平方米的车间地坪。1987 年 6 月交付使用，使当时的四川齿轮厂具备了生产变速箱上万台的能力，并且迅速占领了当地市场。

而热处理车间则有着更为悠久的历史，它与四川齿轮厂的前身——成都拖拉机厂同时诞生。当时，热工人数只有 10 余人，设备也都十分简陋。1964 年天津第九内燃机齿轮厂技术人员的内迁，使热处理车间的力量得以壮大，人员扩增至 30 多名。在 20 世纪 50 年代至 60 年代，我国机械制造企业的热处理加工从固体渗碳和全部淬火的传统工艺，转变为气体渗碳和高频率电加热淬火技术。在此后的时间里，缩短热处理周期，提高生产率；提高切削工具的寿命，减少贵重金属的消耗；改善预先热处理的方法，提高零件的加工型；控制零件的形状和组织变化，减少零件的变形和出现废品，成为等待攻克的难题。[①]

从 20 世纪 50 年代至 80 年代，四川齿轮厂热处理车间的技术改进，让我们得以一窥我国热加工处理技术的发展。从 1965 年到 1985 年，经过二十年的发展，这家西南工程机械制造企业由单件齿轮生产发展到变速箱总成生产；由生产拖拉机、内燃机齿轮为主发展到拖拉机、汽车、工程机械并重的配套性多品种生产。加工工艺则从 1965 年时采用原始的液体渗碳、固体渗碳，对模具、刀具均无处理手段，发展为气体渗碳、碳氮共渗、氮化、压模淬火、高中频表面淬火、高速钢刀具处理和锻模处理。技术的提升直接带来产能的提高。至 1985 年，四川齿轮厂热处理车间年热处理能力达到了 1594 吨，最大零件重量有 50 公斤以上！不仅引进了当时世界第一流设备——美国制造的多用周期炉用于渗碳，还陆续建成了 3222.4 平方米和 1400 平方米的两座厂房，它们便是日后的热处理车间一工部生产区和热处理二工部生产区。

① 陈洵、崔益整理：《我们在热处理车间设计中所采用的主要工艺及工作中的缺点——苏联专家 A. T. 涅斯捷连科同志在回国前对第一机械部第一设计分局热处理专业设计人员所作的临别报告》，载《机械工厂设计》，1957（7）：22–23。

责、权、利

1978年的冬天，18户农民在契约上按下鲜红手印。“大包干”——一次前所未有的试验，揭开了我国农村改革序幕，联产承包责任制也在20世纪80年代初迅速扩及我国广大的农村地区。1984年10月，党的十二届三中全会通过《关于经济体制改革的决定》，其中指出：“我国现行的价格体系，由于过去长期忽视价值规律的作用和其他历史原因，存在着相当紊乱的现象，不少商品的价格既不反映价值，也不反映供求关系。”运用价值建立合理的价格体系，刺激城市企业技术进步，根据市场需求优化生产结构和消费结构。也正是从此时起，城市工业企业也掀起了大刀阔斧的改革。

这一时期的集体工业企业拥有了根据市场情况决定生产方向和产品结构的权利，还可具有一定的产品自销权、资金使用权、物资调配权、留成资金的支配权。更重要的是企业职工代表大会对企业领导人拥有选举权、罢免权，以及企业内部机构设置和人事安排权，也可以解决职工的招收录用、辞退、晋级、奖励等奖惩权。而在分配方式上，便是实行“多劳多得，少劳少得”的社会主义分配原则，破除了平均主义对生产积极性和经济发展的束缚，吃“大锅饭”的日子伴随签下一纸契约而一去不返。四川齿轮厂按照集体工业企业的特点，也逐步推行起了经营承包责任制，明确“责、权、利”，陆续推行干部制度改革、经济承包制以及分配制度改革。这场牵动全厂职工命运的改革率先从领导干部开始了。

事实上，我国早在20世纪50年代就在华北地区的工矿企业以及东北地区实行了厂长负责制。1951年6月，华北局召开城市工作会议，形成实行党委领导下的厂长负责制的决议。核心内容就是“以党委为核心，党、政、工、团各上级所指示的方针任务，及其在工矿企业的具体实施方案和计划，一律经过工矿企业的党委讨论通过，做出决定，分工进行”，厂长在执行中负完全责任，一切重要事项都需要由党委决定。同年5月，经中共中央批准颁发了《中共中央东北局关于党对国营企业领导的决议》，其中指出“厂矿中的生产行政工作实行厂长负责制”[①]。厂长由国家经济机关委派，负责管理生产行政工作。企业党组织则是独立的政治组织，负责厂、矿中的政治思想，并负有生产行政工作监督的责任。

1951年9月，中央起草《关于国营工厂管理的决定》的初步草案，其中明确提出，要加强党的政治领导，建立厂长负责制。1954—1956年，华北等地区也由党委领导下的厂长负责制过渡为厂长负责制，使我国全民所有制工业企业的领导制度实现了统一。1956年4月，第八次全国代表大会经过讨论，做出决定在国营企业实行党委领导下的厂长负责制。同时，党中央在1961年制定了《国营工业企业工作条例（草案）》，其中肯定了在企业中实行党委领导下的厂长负责制作为企业管理的根本制度。[②]

自1976年我国在全民所有制工业企业恢复了党委领导下的厂长负责制的企业领导制度模式，还以少数企业为试点进行企业领导制度改革。尤其是在1980年8月，邓小平在中央政治局扩大会议上发表《党和国家领导制度的改革》的重要讲话，提出“有准备有步骤地改变党委领导下的厂长负责制、经理负责制”。此后在1981年6月至1983年4月，中共中央、国务院又先后颁布了《国营工业企业职工代表大会暂行条例》《国营工厂厂长工作暂行条例》《中国共产党工业企业基层组织工作暂行条例》和《国营工业企业暂行条例》，确立了“党委集体领导、职工民主管理、厂长行政指挥”的根本原则。

1984年，四川齿轮厂开始实行厂长负责制，正式启动企业领导体制改革。这项举措打破了“领导干部终身制”和“铁饭碗”，同时还将竞争机制引入人事制度。可以说，这项举措是对我国在全民所有制工业企业推行厂长负责制的充分响应。1984年5月，第六届全国人民代表大会第二次会议的《政府工作报告》正式提出在国营企业逐步实行厂长负责制。自1986年，随着中共中央、国务院颁发《全民所有制工业企业厂长工作条例》，

① 北京市委组织部研究室、北京市委党校党建研究所：《建国以来全民所有制工业企业领导制度的沿革》，载《党校教学》，1990（2）：40-46。

② 北京市委组织部研究室、北京市委党校党建研究所：《建国以来全民所有制工业企业领导制度的沿革》，载《党校教学》，1990（2）：40-46。

我国各地区的企业开始了广泛推行厂长负责制，深化领导制度改革。

契约

1985年，四川齿轮厂从厂部、车间和班组三级逐层推行经济责任制承包。这一年，各车间以包产值、吨位、三项费用和生产成本等方式承包任务，从此拉开了工厂实施经济责任制承包的序幕。各班组每年年初与车间签订承包合同，根据车间情况制定基本工时。班组承包起到了显著效果，职工们埋头苦干，冲击着一项又一项任务。

以四车间钳工一组为例，在1986年初同车间签订了承包合同。基本工时为200小时，每小时0.05元。200小时以上算超产工时，每小时0.22元，若完成车间下达任务80%以上便可获得奖金，低于60%扣发浮动工资，50%以下扣发基本工资20%。个人基本工时少1小时则扣奖金0.25元。在一年多里，他们月月都完成承包任务。从1986年3月到1987年3月，共完成工时34000小时以上，每月人均工时超过了300小时。[①] 虽然经济责任制承包极大调动了工厂的生产积极性，但是却因为没有采用统一的承包方案和计量标准，带来同一工件在不同车间加工所得报酬不一致的问题。

1987年5月底，工厂对原有承包方案进行了调整，各车间原则以入库工时进行承包，全厂统一按各机型的承包单价 / 工时进行结算，在一定程度上实现了同一方案、同一承包单价、同一提成比例的原则。新的承包方案从产量、生产成本、管理三个方面对车间进行考核，车间的收入按照（入库工时 × 承包单价 / 工时 – 实际成本）× 承包含金量 × 考核得分的公式计算。同时，为贯彻“双增双节”精神，共有23项生产成本划入承包内容，将成本与效益挂钩。品种完成率同车间浮动工资挂钩。经厂部、职代会主席团讨论，方案将从1987年6月起正式执行。[②] 6月19日的“主

① 宁世宏：《小组承包效果好》，载《川齿报》，1987年2月27日，第2版。
② 晓玲：《工厂将实行新的承包方案》，载《川齿报》，1987年5月25日，第2版。

任、科长经济责任承包签字仪式”上，厂长何志友、各承包单位负责人分别在“经济责任承包书”签上了自己的名字，也将“责”落在了肩上。

各承包单位按月、季、年完成厂部下达的各项生产计划，而且还拥有一定的机构设置权、人事权、自揽任务权、按劳分配权、工时定额修改建议权、奖惩权、请假权。承包方案中还涉及奖金、中夜班费、加班费、成本等，车间承包金用（入库工时 × 承包单价 / 工时 - 实际成本）×6%× 考核得分的公式来计算。此外，还专门制定了科室经济责任制考核办法，科室人员的奖金与全厂完成任务的好坏挂钩，数值定为 0.06 元 / 万元产值；各科室必须在月底前制定出下月的详细工作计划及完成数，经主管领导批准执行，在当月底写出工作小结及多项指标完成数报企管科，由有关部门进行百分制考核评议、打分，工作质量与奖金额挂钩。①

经过两年的实践，此次承包方案调整明确了企业内部的经济责任。厂长负责组织，围绕厂长任期目标的总规划，每年四季度初制定下一年的年度计划。分解各项经济指标，层层下达车间、科室责任者，订立责任状，落实到人头。同时，配套推行岗位浮动津贴，按劳动差别和责任轻重来划分标准，工人体现鼓励一线岗位，干部体现责任大小。一线定额工人的津贴为 9—12 元，车工 12 元（略高于正科级干部）；二三线人员中，津贴最低为 4 元。② 各车间、科室以目标承包任务为导向，根据具体情况制定承包计划，订立责任状。

主要负责车工的八车间，采取班组和个人单独承包的办法。其中，班组承包规定为“凡按进度完成小组生产任务的，车间适当放小组一定天数的假；凡未完成小组生产任务扣发班组长浮动靠标工资”。个人承包规定为“完成工时 180 小时以上，超一小时给超产奖二角，超 20 小时加发中班费一个；未完成 180 小时，少 1 小时扣发浮动靠标工资和中夜班费，并加扣工资三角”。1987 年 1 月份八车间超额完成工厂下达的 25 万元商品

①《深化企业内部改革，完善车间（科室）经济承包》，载《川齿报》，1987 年 7 月 18 日，第 2 版。

②《工厂实行岗位浮动津贴》，载《川齿报》，1987 年 9 月 15 日，第 1 版。

产值的生产计划，超额 2%，同上年的 12 月份相比超额 15.2%。①

四车间在 1986 年超额完成生产计划 121%，1987 年第一季度的生产计划共安排了 114 个品种，其中还未包括 10 种杂件和 D85 变速箱 6 个件号。炉排变速器和系列叉车变速器产品又新增 62 个。四车间所制定的各班组承包合同和考核方式为"对班组综合考核生产计划任务工时，产品质量，机床设备管理，安全文明生产和劳动纪律等，未达到指标则分别扣发小组奖金"。"对个人考核工时，工时低于车间现定 60% 者扣浮动工资，低于 50% 以下者扣浮动工资外，加扣基本工资 20%；完成工时 180 小时以上，超产 1 小时发超产奖 0.20—0.25 元，少完成 1 小时扣发工资 0.25 元。"在激励制度下，1 月份四车间共完成商品产值 37.42 万元，为厂下达计划的 106%。②

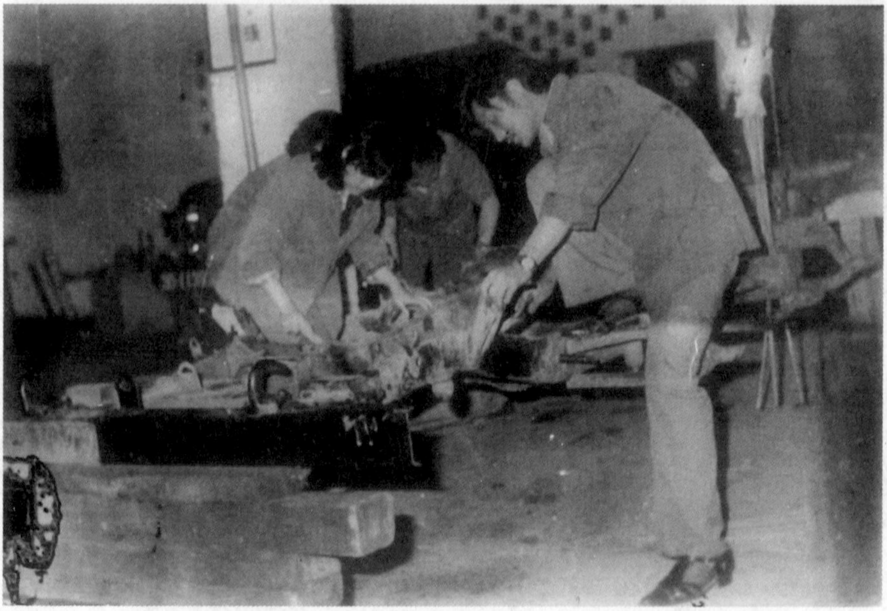

20 世纪 80—90 年代的车间生产和产品检验（莲花社区提供）

① 罗盛荣：《八车间生产实现开门红》，载《川齿报》，1987 年 2 月 27 日，第 2 版。
② 罗盛荣：《四车间再接再厉，一月份生产计划超额完成》，载《川齿报》，1987 年 2 月 27 日，第 2 版。

20 世纪 80—90 年代的车间生产和产品检验（莲花社区提供）

经济责任制承包制度将任务落实到班组，责任落实到个人，职工的生产积极性和主人翁责任感被激发了出来，还涌现出一批生产积极分子。尤其是在 D6D 和 930 等新产品试制期间，不仅车间内一派繁忙景象，工艺科、设计科也人人争先，不甘落后，抓时间赶进度。当时是工艺科一员的陈秀峰记录了工艺承包工作的点滴：

根据 1987 年上半年的生产计划，工艺科完成了 930 和 D6D 两种引进产品的工艺准备，D80、D85 小批生产的工艺整顿，2T 叉车、系列叉车总成的工艺整顿和小批生产的工艺设计，两种化工减速器的工艺准备，并厂后的工艺统一，工艺标准化工作，并厂后新车间的平面布置施工配合，老产品工艺改进及现场服务等。按工时定额估计，现有人员需半年才能完成。为赶进度，工艺科也采用了承包方法，计划在三个月内完成任务，并同企管科签订了承包合同。

2 月份完成承包任务，完成 A4 图纸 3112 张，去年完成 6778 张，相当于 1986 年任务的一半。工作中强调全科一盘棋，各组相互支援，科长统一协调，保证承包的整体性。实行小组责任制和个人责任制相结合。科领导同各小组一起制订工艺方案，定出工装数，在此基础上估算工时定额，并将具体项目分摊到个人。确定工作的先后原则，需要铸、锻坯的工艺放在前面；需要热处理的或会签的工艺放在前面；难度大，需要讨论研究的放在首位；工装设计中，需要大型铸坯而准备周期长的也放在前面。充分发挥工艺标准化、通用化的作用，减少重复工作。五、充分发挥山里山外技术人员的特长。由于产品不一样，山里山外技术人员熟知程度不一样，因此在安排工作时应尽量按照熟识性来分工。①

同样，设计科也在 1987 年推行承包责任制，他们把任务落实到个人并与经济利益挂钩。在前所未有的忙碌下，设计科半数以上的人员坚持白天晚上连续工作，仅在当年 2 月份就完成承包合同中的 2030TD、2030TX、3545TD 以及 3545TX 四种产品图纸的修订与整顿，完成中吨位新系列叉车的液力变速箱和机械变速箱试验台、叉车变速箱操纵阀试验台、叉车带变矩器转合试验台的设计，还完成了六种系列叉车的说明书、试验规范及验收标准。

正如所有改革之举无法一蹴而就，经济责任制承包也在不断调整、完善的道途中。1988 年，工厂陆续推行了劳动组合制、双轨考核、工段管理等分配制度，以及总厂制分厂的经营机制，将改革推行到更高的层次。在分配制度改革中，各车间、各班组被赋予了更加充分的自主权。

① 原四川齿轮厂职工陈秀峰回忆稿，莲花社区提供。

例如，五车间率先在制齿一组试行由组长承包负责的劳动组合制，同时一则组长报名信息公布了出来。“凡坚持四项基本原则，具有一定制齿专业技术知识、管理才能，热爱本职工作，有开拓精神的车间职工，不论性别、年龄、学历都可以报名应聘组长。”[①] 经过竞聘，雍景德成为了制齿一组的组长，根据劳动组合制，他将有权力根据工作的需要和组员平时表现进行选择。在全小组25名自愿报名者中，21人入选，3人留岗试用一个月，1人落选下岗。这一措施对平时技术不过硬、工作懈怠的个别人员而言，无疑是巨大的压力。在实行劳动组合制的半个月里，制齿一组的班产量和产品质量均得到提高，人人自觉进行首检，齿轮侧隙变动量、印痕都得到改善，也没了过去的扯皮现象。

1988年2月，八车间针对过去奖惩不明的分配制度进行了一系列改革。对所有工种每月实行双轨考核，具体做法是设立340小时和400小时两个指标，单机操作人员必须完成340小时，否则给予一定的经济处罚。完成500小时以上，奖金按每小时一角五分钱计奖；完成340小时至500小时之间，按每小时九分钱计奖。完成和超额完成500小时以上者，视其岗位生产任务缓急，可以享受休假一至数天的待遇。

同年3月，九车间开始实施工段划分，将车间划分为车工、铣磨、箱体三个工段，工段的工作将由工段长全面负责。在此之前九车间将小组调配指挥生产改由调度人员分管，但是由于调度人员不具有经济分配权和人事调配权，工序之间的协调显得很吃力。因此，车间在划分工段后，在承包协议书中明确规定了工段长享有的权力，“工段长有权调度工段内的生产；有权决定内部分配；有权拒绝不符合工艺纪律和安全生产规定的指挥”。[②] 通过这种方式将大家都逼上了一线，在实施工段管理制度后，九车间平均每月约超额10%完成工厂下达的生产任务，产品质量与上年同期相比，废品率下降20%—50%。[③]

① 李瑜：《五车间进行“经济承包劳动组合制”试点》，载《川齿报》，1988年1月23日，第1版。

②《九车间实行工段管理后……》，载《川齿报），1988年7月9日，第2版。

③ 木子：《改革，需要新的思路》，载《川齿报），1988年7月23日，第2版。

邢长征当年便是担任着车间工段长，从技术能手转变为基层生产的管理者，负责建立完整的工段，调控整个工段的任务分解，保证生产的高效、高质。

一个车间由组长分工段，然后分小组，比如大件组、齿轮组等。工段长负责整个工段，管理整个工序流程。这些流程上的技术都要略懂一些，特别是产品的工艺流程。产品过来之后需要粗加工，再把产品转运到精加工，然后进行磨床加工，再转移到钻床加工。最后有些产品，比如箱体还要上柔性线，这是“85技改”时从瑞典引进的一套非常先进的自动加工系统。我们工段每年都要从技校招收新的工人过来，吸收新鲜血液，就需要建立一个完整的工段，工段需要工段长管理。当时我就被提升为工段长，工段长基本上属于脱产。组长就还需要自己亲手干活，有自己的队伍，还要完成自己的任务，属于不脱产。我当时负责大件车间，从车床、磨床、铇床、起床、钻床，还有柔顺加工线，都属于我负责。①

分厂

1988年的四川齿轮厂，又办了一件大事——在锻压分厂、四分厂试行总厂制分厂模式，这次试验的结果是好是坏没人知晓。总厂制分厂模拟了“两权分离”，也就是在保证总厂指令性计划完成的前提下，实行多种形式的承包经营责任制，成为一个具有相对法人资格、相对独立经营的实体。当然，分厂在拥有相对独立的经济权利和独立核算的同时，也必然要承担起自负盈亏的经济责任。邢长征见证了分厂制在四川齿轮厂的全面推行。

分厂里划分大件车间和小件车间，在分厂内部不存在干部，

① 2020年7月12日访谈原四川齿轮厂职工邢长征。

不像以前国有企业干部还要报备机械局，以后的工作都是以工代干[①]，实际上是没有级别这些的，都是根据工厂的生产需要。每一个大的工厂是一个整体，有生产汽配的，有生产装载机的，有生产推土机的，是有很多专门生产齿轮的车间。我当时在第八分厂，后边就是改革，最早是一车间、二车间、三车间、四车间、五车间，再加上我刚进厂时成立的试制车间，根据需要全部改成分厂制。[②]

工厂的分配制度自然也转变为总厂、车间（分厂）、班组三级模式下的“大承包下小承包”。20世纪80年代，经过持续性的体制改革，到了1988年工厂实行的分配形式达14种之多。[③]

（1）岗位工资制：把原登记工资作为档案工资，职工完成规定产量和质量，可拿本岗位工资；

（2）内部结构工资制：把工资和奖金捆在一起，分几部分按具体情况考核发放；

（3）计件工资制：按每人完成的产量和质量支付工资；

（4）浮动工资制：一种是全额浮动，即根据挂钩的各项经济指标完成情况，计发报酬，一种是浮动，即将套改后的工资划出一部分与奖金捆在一起；

（5）车间工资总额包干制：按车间（班组）定员标准的工资总额包干；

（6）目标成本降低成本法：按企业车间总投入与产出价值的差额即增长值，按一定比例给车间提取效益工资；

（7）部分管理费用包干制：实行费用包干、超支自付，节约

① 以工代干，指未办提干手续选调工人从事干部岗位的工作。

② 2020年7月12日访谈原四川齿轮厂职工邢长征。

③《企业内部现行的十四种分配形式》，载《川齿报》，1988年9月23日，第1版。

归己；

（8）联责联绩计分计奖制，按目标管理责任制完成情况评出每人得的分数，对科室人员和二、三线人员计分发奖金；

（9）百分考核加系数分配制：在百分考核基础上规定不同岗位计奖系数；

（10）单项承包提成法：承包一些项目或经济指标，按创造经济效益提成奖励；

（11）设计产品销售总额利润提成法：设计人员设计产品所投产后利润，按比例提取个人收入；

（12）灵活运用厂长3%普极权：将其同奖金捆在一起浮动，或作为浮动工资，或同工资总额合在一起统筹使用；

（13）按工作量分配办法：将每人每月工作量换算为分数，按单位月得工资额除工作量得分值，每人工作量分数乘分值为报酬总额；

（14）岗位津贴：对不同的工作岗位，给予不同的津贴。①

1989年伊始，工厂由生产型管理向生产经营型管理转变，在原来单一的内部经济承包责任制的基础上，逐步推行分厂制承包和车间承包两种基本模式。其中，分厂承包利润指标，实行两级管理，两级核算，确保上缴自计盈亏，超利分成。车间承包核定任务，实行产值、成本双挂钩，坚持双百分制考核。处室承包经济指标，分档计奖，定量考核。未承包的经济指标的处室，实行责任制考核同产值挂钩考核。

4月初，各分厂、车间和处室完成承包签字仪式。此次承包将全员人均工时145小时作为核定承包内部产值基数，改变了按计划产值承包存在的弊端，使各单位能够站在同一起跑线上平等地竞争。各处室则将经济指标作为承包挂钩指标，改变了以总产值挂钩“吃大锅饭”的做法。例如，销售处承包销售收入，生产处承包总产值，供应处承包物资供应，设备动

①《企业内部现行的十四种分配形式》，载《川齿报》，1988年9月23日，第1版。

力处承包水、电、气供应等。对于分厂而言，则进一步扩大了职权。下放生产计划权、自揽任务经营销售权、计划外物资采购权、限额流动资金使用权、劳务输出权、工资总额管理权、职工奖惩权、留职停薪审批等八项权力。

此次承包方案更加强调外协收入和成本降低。首先，调整了外协分成比例，外协收入必须在填补核定能力产值超过部分的基础上才能按原分成比例提成，填补部分减少 5% 的分成，以此解决车间之间生产任务不均衡和承接外协能力的关系，也调整了与奖金含量 / 万元产值之间的差距。此外，还将成本直接同承包金挂钩 10%，改变了百分制考核办法，促进成本不断降低。在制品丢失实行 50% 的赔偿办法，以此加强制品管理。不仅如此，方案还首次实行第一责任人的经济责任奖惩办法，同时将工厂管理考核分为通用部分和专业部分，共 37 个考核指标和内容。其中通用部分为 10 个大项，专业部分为 5 个大项，各车间（分厂）共考核 12 个大项。①

> 工厂改制肯定是往好的方向发展。打比方说在过去计划经济的时候，大家干多干少都一个样，今天想干的时候就干点，不想干就歇了，没有忧患意识和竞争意识。后来实行工时计件，干的多，拿的多，那时候全员积极性都调动了。大家都觉得多劳多得的政策不错，可以发奖金，每年分两次发，一次发工资，最后一次结算发奖金，很多时候奖金比工资还高！市场经济改革，用工制度变革，调动了职工们的积极性。②

就在经济承包责任制日趋完善之际，四川齿轮厂却遭遇了“八九”困境。1989 年国家紧缩银根，国内许多企业都面临着资金紧张、材料涨价、市场疲软、成品销售困难的局面。但是，最糟糕的还是企业间的相互拖欠货款，已然影响到了生产流通的正常运转。工厂里一度出现了

① 企管处：《今年承包的新特点》，载《川齿报》，1989 年 5 月 9 日，第 2 版。
② 2020 年 7 月 12 日访谈原四川齿轮厂职工邢长征。

“三三制”的现象，所谓“三三制”，就是在工厂生产任务不足的情况下，车间内部三分之一人员任务饱满，三分之一人员任务不饱满或无活，三分之一人员在二线。为刺激生产，调动职工积极性，工厂在上半年调整生产经营策略，制定“双过半”任务，即至7月初，实现“时间过半完成生产任务过半”。

“八九”困境对分厂的冲击不言而喻。总厂因无力拿出更多资金分给分厂购买原材料，加之受到市场波动影响，工厂调整产品结构，大量压缩农机产品，致使分厂任务出现严重不足，每月锻打量也从80—90吨下降到了60—70吨。锻压分厂和四分厂主动出击，“不再一切伸手向上”。锻压分厂召开全体职工大会，稳定职工思想情绪。为缓解任务不足的压力，先后派出了20余人次到成都、德阳等地联系业务，直接参与到商品经济的循环中，建立了和文星机械厂等厂的业务联系。为了保证产品质量，专门成立了一个技术组负责锻造、模具加工等设计和工艺编制。1989年1—6月，锻压分厂共完成计划507.99吨，产值115.89万元；外接锻件19.07吨，产值2.7万元。[①] 同样作为总厂制分厂试点的四分厂，也通过调动职工积极性，超额44%完成了计划任务。在“紧缩”中求生存，四川齿轮厂在1989年最终完成工业总产值2833.6万元，实现销售收入2642.5万元，实现利税120.9万元。[②]

经过了五年的改革实践，1990年，工厂根据“大稳定，小调整”的原则，再次调整了经济承包方案，实行向分厂、车间、销售和新产品开发试制倾斜的政策。此次方案将承包者由第一责任人承包改为领导成员集体承包。其次，以超额劳动报酬为奖金为原则，按全厂、分厂、车间、处室和个人三个层次确定起奖线。全厂、分厂、车间、处室的起奖线由厂部确定，个人起奖线由各单位根据本单位的具体情况确定。为了加强目标成本控制，工厂内部产值的计算口径由“内部产值计算价”改为“内部结算

① 陈欣：《锻压分厂在困难中前进》，载《川齿报》，1989年7月26日，第4版。

②《在“紧缩”中求得生存与发展——厂长何志友在行政工作会议上的报告（摘要）》，载《川齿报》，1990年3月11日，第1版。

价”。此外，还设置了奖惩比例和风险抵押金。车间实际成本的奖惩比例调为3%。分厂利润的奖惩比例调为5%。各承包单位每月按奖金总额的5%向总厂缴纳，作为承包单位的全员风险抵押金。年终完成承包指标后一次性返还。[①]

较量

改革春潮涌动，工厂各车间、班组也展开了一场场的“较量”——开展立功竞赛活动成为工会组织的一项重要日常工作。劳动竞赛，不仅是技术的较量，也是改革进程中所涉经销、经营管理各领域的较量，也反映出20世纪80年代，我国国企面对市场经济，在生产、经营做出的转向，“从偏重于习惯组织生产环节和生产过程范围内的竞赛，转变为组织产前设计开发，产中经营管理，产后销售流通等多层次、多类型的生产经营全过程的竞赛”。[②]

对于个人而言，劳动竞赛是提升技术创新的有效形式，也是对自我的充分肯定，令职工们自豪之事便莫过于登上“红榜”了。技术能手赵齐顺在厂里算是一位风云人物，如他所言：“我这个人有个特点——干什么事情都不怕苦的，要干我就尽量地多干，把它干好。”对他来说，劳动竞赛是技术创新的不竭动力。

> 所谓工厂里的劳动竞赛——就是不管什么产品，都要通过劳动竞赛，提高产品的质量和产量，主要是在保证质量的情况下，提高产量。我们每道工序都有专门的检验，要是不合格马上就让停止。劳动竞赛除了时间抓得紧，还要想怎样提高效率，比如通过技术革新来提高效率。但是也有相当一部分是提高自己的技术水平，像我们车工，刀子要磨得好，车出来，等于说它的精度就

① 唐开福：《一九九〇年经济承包方案简介》，载《川齿报》，1990年4月10日，第3版。

② 杨德全：《改革春潮涌，竞赛立新功》，载《川齿报》，1987年1月20日，第4版。

20世纪80—90年代四川齿轮厂职工调试设备（莲花社区提供）

高，而且也不容易打刀。那么同样的，比如说我们两个都在车这个产品，你磨得好，你车一个就过去一个，就弄好了。我在这里刀子打了，我要磨刀，就耽搁了，而且产品也报废了。所以说基本功很重要。作为车工，不管是磨刀也好，还是加工方法也好，必须要很熟练。不可能说我还要想半天，拿车子来比量刀子的位置，会好麻烦。要眼睛一看，这样可以，就开始做。久而久之，车工技术好了，磨刀的水平也就高了，那么你车零件就会很快。那么这些东西靠什么？就靠你的基本功，这不是吹的，要靠硬本事，这要在实践中才体会得到。

劳动竞赛的评比是这样的——举个例子，我们车间里有小组，车工组或者花键组，整个车间由很多个小组组成，车工、磨工，什么工都有。我们车间要评先进生产者，那么很简单，每一种产品人家都是有定额要求的。质量是按图纸来要求的，画出的图规定是多少，达到没有？同样一个产品，哪一个师傅弄得好？大家来评比。有什么问题，大家都晓得。小组里面我们都能够车，大家一起来评比，那凭的是眼睛。但比如说两个都相当的时候，就要全面分析了。他的质量要比你好一些，那就要比你高一些，你不服都不行。

最后出来的结果，拿不拿第一不重要。我对这个问题，是这样子感觉的——你努力做了一些工作，拿到了第一。作为上级部门领导来说，这是对你工作的一个肯定。那么是不是说你就做得很十全十美呢？也不是那样，还有更厉害的人，还有全国劳模。对于我来说，在我的这一生的工作当中，拿到劳模称号是组织上对我过去做过的工作给予的肯定，而且这些工作，都是我应该做的。没有党的领导，没有这个工厂，没有这些部门，我什么都做不了。只能说在这种条件下，我做了应该做的工作，组织上、同志们对我的工作给予了一种肯定而已，并不是说我就十全十美了，我就厉害得不得了。你再厉害，只能说在整个社会主义建设当中你做了一定的工作，但是跟别人比起来，你还是有差距的。[①]

在四川齿轮厂乘改革东风迅速崛起的日子里，各车间、各班组之间和内部的对抗赛花样百出，职工们个个铆足了劲，除了与个人利益挂钩之外，最重要的原因还是那股不服输的劲头。例如，八车间车工一、二组开展小组对抗赛，口号是“赛干劲、赛质量、赛风格”。车间考核生产进度，提前加分，推后扣分；考核产品质量，降低废品率加分，超过扣分；考核团结协作，发生扯皮现象扣分；考核劳动纪律、出勤率，提高加分，降低扣分。获得优胜的班组，车间将给予一定的奖励。九车间开展“精神文明树新风，生产质量立新功”的双新竞赛活动，在 1987 年 6—8 月，工时从 8900 工时攀升到 20000 工时。用他们自己的话说，“生产只能上，不能退；

① 2020 年 6 月 28 日访谈原四川齿轮厂职工赵齐顺。

后退没有出路！”[①]

通过劳动竞赛涌现出了不少“状元”。车工状元白兰贵、榜眼刘玉成、探花刘玉成在七车间车工竞赛中，仅 8 月份所完成的工时达 3000 多小时，相当于七车间车工组 17 人所干工时的一半。尤其是白兰贵，加班加点，放弃厂休日，个人完成工时 935 小时，超定额 167%。[②]

当然，姑娘们也不甘落后。在工会组织的女工劳动竞赛中，九车间车工费莉萍曾荣立二等功，还在车间劳动竞赛被评为优胜个人。可是那时她已怀有身孕 6 个月，却仍然坚持在生产第一线。在 7、8 月份分别完成工时 425 小时和 772 小时，超额 301% 完成生产任务。[③]

九车间的唐凤英个头不高，工作却有股子冲劲。当时因为建设新车间，所有需要平面磨床加工的产品都积压了下来，直到离工厂结算日只有一周的时候，床子才交付车间使用，可是却有六个件号的两千多件产品需要加工。负责这道工序的唐凤英看在眼里，急在心上，为了保证生产，她立即来到新箱体车间调试床子，投入紧张的生产工作。这时候，她的孩子不过刚刚满周岁，她却一心扑在工作上。母亲生病在厂住院，也顾不上精心照顾。她一人开起两台磨床，跑上跑下，忙得满头大汗。为了不影响炉排变速器的总装，白班下班回家吃晚饭，把孩子交给兄嫂照管，然后立即赶回厂里连夜加班。就这样，在六天里竟完成 172 工时！[④]

七车间也有一个“犟”姑娘——插齿工曾嘉谊。因机床调整，只得在一周之后才能重新开工，这让她焦急万分。就在调整机床之前，她就以八百多工时的优异成绩夺得全厂的工时亚军。还计划着要突破一千小时大关，再与同行们比一比，可偏在这节骨眼上要调整机床。为了顾全大局，她还是接受了车间的安排。暗中却下定决心：“无论如何，也要上八百，不能落后于上个月。”机床重新安装好了，可时间只剩最后五天。要在短

① 胡德明：《九车间三个月迈三大步》，载《川齿报》，1987 年 9 月 15 日，第 2 版。
② 曾健：《他对质量一丝不苟——记七车间车工白兰贵同志》，载《川齿报》，1988 年 3 月 23 日，第 3 版。
③ 古月：《小草精神》，载《川齿报》，1987 年 9 月 15 日，第 2 版。
④ 陈登华：《她是军人的妻子》，载《川齿报》，1986 年 6 月 16 日，第 3 版。

20 世纪 80—90 年代的四川齿轮厂女职工（莲花社区提供）

短的几日内赶上去，非抓紧分秒不可。早晨，别人八点上班，她就七点去；别人提前 20 分钟关机，她硬是要“顶满”才走；中午，简单地吃点东西又匆忙赶到车间；晚上还义务加班加点赶超任务。哪怕是手被工件碰了一个大口子，也只是忍痛跑到医院，简单地包扎了一下又回到机床旁干了起来。[①]

这是一个改革奋进的时代，一个个生产能手脱颖而出。“干将”邢长征也是生产的一把好手，在他看来，当时大家那股拼着干的劲儿，尤其是在“大战红五月”期间，工友们各个跃跃欲试，想较个高下。

我们每年都要拉一个横幅，就是“大战红五月”。这是相互之间竞争的，我那时候也是和人家经常争。自己看谁的工时比我

① 曾健：《好一个“犟”姑娘》，载《川齿报》，1987 年 9 月 15 日，第 2 版。

高了，不行，不服他，我要超过他。大家都是这样，真的经常是这样，我必须超过他。我们单位有一个人是小件车间的，他的工时也很高。每回我开玩笑说，我是劳模，我不可能让你压着！感觉大家都拼着干，不是像现在，现在人家干一个小时至少200块钱。我们当时一个小时1块钱，或者5毛钱，概念都不一样。那时候想得很单纯，都处在一个环境里边，没有跟外界去比较，就觉得在那个圈子里自己很不错，都很拔尖了。但出来之后再看，说实话真的是没法比。

劳动竞赛实际上大家就是一个比工作量，会把奖金值稍微提高一点，让大家去拼比，给一种物质刺激。因此拿那个时候的干劲要搁到现在，私人老板省钱省大了，用工成本费真是最廉价的，那个时候真的就有这种拼劲。现在要干一天说实话没几百块钱谁干，那个时候真的是不提钱，到后边说有压力也只是大家比你干得越多，你钱就越多，也就转换成钱。这个月你挣了多少奖金，我挣多少，我比你高一点，大家都比这些。完成了就可以拿到工资，超过部分作为奖金。但那个时候我说实话，没有谁看见过大钱，都觉得有奖金挣了，还是不错的。我父辈他们老一辈的都没有奖金挣，工厂需要照样无偿加班。他们那时候主要在70年代，改革开放以前很多都作为政治任务，不喊你加班会有“是不是我表现不好”这样的认识。

到我那时候就知道还有加班工资，还给一定的奖励，这是改革开放的成果，所以那时候不知道奖金的事。我们当时一个月要拿上100多块钱，我觉得不错，到90年代的时候能拿1000多块钱相当不错。后边进来的年轻人想法就不一样，年轻人觉得干得没意思，挣那么点钱。他们年轻，出来看到的东西也不一样了，往往就是选择去外边自己去干。所以我现在很多师弟、小徒弟现在还在外边干。①

① 2020年7月12日访谈原四川齿轮厂职工邢长征。

除了厂工会组织的各类劳动竞赛，各车间团小组也纷纷发起“短程赛”，团员青年职工俨然成为生产线上的“突击队”，为工厂生产注入了活力。四车间车工一组的团小组率先向车工二组发出挑战书，“比工时，赛质量，比优质服务”，看谁走在前面。四车间的其他五个团小组也不甘示弱，积极投入到竞赛活动中。在1988年的第二季度中，全支部96名团员青年职工人均工时达到了249小时，其中，以吴忠和朱朝刚尤为突出，工时高达369.15小时和346.17小时。[①] 五车间团员青年职工继“双过半”劳动竞赛之后，为了促进车间生产任务的完成，第三季度又在团员、青年中发起了“为生产做贡献，超工时短程赛”。共青团员严以新、周正伦、徐景茨被评为“双过半”竞赛优胜个人；张伟、王守海、陈戈、杨居秦被团支部评为季度劳动竞赛优胜个人。[②] 负责工装生产的六车间也发起了短程赛，名列前茅的杨瑞完成1157.27小时，刘芳艳完成829.02小时，付忠璇完成1142.7小时，任仁民完成1027.4小时，而且四人所生产的产品合格率达到了100%。[③]

师徒

出色青年的背后，总有出色的指导者，他们既是师徒，亦为良友。即便是到了20世纪90年代，我国的许多工业企业仍然沿用师徒的“传帮带”模式，培养出一代又一代优秀的工业人。八车间的宁望勤对自己的师傅邬光华感情至深。1989年宁望勤跟随邬师傅学习，常在平时的点滴中被他那种使人向上的精神所激励。

> 八车间加工的工件又大又重又笨，这对于40多岁的人来说是够呛的。像他开的车床CW6110A，他每天要把重达120多斤的毛坯抱上抱下，就是小伙子干一天也吃不消，邬师傅从未说过

①《青年——生产线上的突击队》，载《川齿报》，1988年8月16日，第2版。
②《五车间团支部的“短程赛”》，载《川齿报》，1988年11月8日，第3版。
③《青年——生产线上的突击队》，载《川齿报》，1988年8月16日，第2版。

一句辛苦的话。加工时，为保证产品质量，他要对毛坯反复进行检测，并考虑到以后的工序，尽最大努力减少车间与工厂的损失。他家住农村，离厂有五六里路远，但他长期坚持出满勤，干满点。为了保证完成生产任务，他中午也很少休息，丢下饭碗就到车间。一年完成的生产任务相当于两年的工作量。当时为了克服有效工作时间短、生产任务重的困难，按时交活，他除了加班加点干以外，还避开用电高峰，连节日也没有休息。

我的师傅对我这个徒弟也是精心地传教，细心地给我讲解各种机床的性能、特点、操作规程，短短的几个月时间就让我受益匪浅。他常说，生产上第一重要的事，是安全，机床是你的好伙伴，你爱护它，它就好好为你干。因此他每天下班前总要把机床擦得干干净净后才放心地离开。我的师傅就是这样，默默无闻地在机床边送走了 20 多个春秋。他在平凡的工作岗位上做出了不平凡的事，铭记在我心里，鞭策我前进。①

试制车间的邢长征、邓茂林，因干起工作来那种勇猛劲，被称为“两条虎”。他们不仅工作中干劲十足，技术也十分过硬，尤其是获得过劳模称号的邢长征，1984 年进入四川齿轮厂参加工作的时候刚满 19 岁。高中毕业的他考上了四川齿轮厂技校，在这里结识了自己的师傅，于是便有了师徒共学技艺、劳模传承劳模的佳话。

报到那天是我的生日，我们都住在厂宿舍，山上是宿舍，山下是工厂。当时一去就被分配到刚成立的新产品试制组。我们厂最早是生产汽车和拖拉机配件，后来才开始生产 130 变速箱。我去时工厂正在试制 D85，就是工程机械的装载机变速箱。当时正处在从 D80 向 D85 转变的时期，我正好赶上 D85 产品投入试制。从那时就开始生产 D85 电箱的箱体——油缸体。

① 原四川齿轮厂职工宁望勤回忆稿，莲花社区提供。

刚入厂时跟着师傅当学徒，我干的活是立车，基本上都是附件。作为箱体，油缸必须采用封口塑体。这活是体力活，但当时还是比较适应的。那时候年轻，脑子也好使。看师傅做一遍，我跟着做。师傅是从宁江机床厂[①]刚刚调过来的，他跟我同一天报到，实际上他也是刚刚接触这个新产品，我跟师傅可以说是同时在学习。但是当时不知道，我们俩就分配在一个机床上。在厂里边长大的我，都没见过当时那种机床。一般的卧式车床是把工件放在台面上夹紧、固定，车刀从上面夹下去。但是，这是加工大件的立车，一米、一米五左右的大件，就架在车床上面进行操作。

我师傅之前是干坐标镗床的，当时让他过来操作立车，也是在学习阶段，那么我也在学习，我们俩就一直在摸索。刚进厂时我跟师傅住在一块，有一天早晨上班的时候，我帮师傅打水，他正在调适零件。我打完水回来之后，就看见齿轮、油缸全部都甩在机床外边来了，上面的螺丝、螺杆全部打断。这就是发生了一个事故。师傅来的时候我就去跟他说了，工件没夹紧，还没有找正。

我们的工件是一个大件圆形的工件，上面要压紧螺丝，但是在调整之前不能压太紧，轻轻带着点。然后拿车刀轻轻地点转、对刀、调整，然后上紧、找正之后才能够加工。结果他一来就把供电开了，工件还搁在上边。机器一开动工件整个就甩了出来，那是非常危险的。我回来一看，师傅瘫坐在那儿，傻眼了。地上又是打断的螺丝，又是甩下来的工件，机床的挡板还被打了一个洞。当时边上围了很多人，这事当时也是给他们吓一跳，因为在

① 即现今的“四川普什宁江机床有限公司”。1965 年三线建设时内迁组建国营宁江机床厂，位于四川都江堰，距离成都市区 40 多千米，至今已有 50 年的精密机床研发、制造历史。2006 年 10 月，由五粮液集团下属宜宾普什集团有限公司与成都宁江机床（集团）股份有限公司共同投资设立了普什宁江公司，现为国有控股混合所有制企业。

加工过程安全问题是非常重要的。零件没夹紧，如果你按错了按钮旋转起来之后，离心力就会把工件甩出来，容易造成人身伤亡事故。所以当时“啪”一下巨响，我师傅就傻眼了。当时虽然立刻按停了，但是机器还有惯性，要慢慢制动下来。当时给他吓懵了，我还安慰他。我跟师傅同时在学那种设备的加工，他在教我的同时也在学，实际上我们俩是在共同摸索。他虽然是我师傅，但在这种新设备的加工当中，我们俩都是没有师傅教的，几乎是我们在自学。

我师傅是个非常开朗的人，我们爷俩在一块儿特别不错，大家能聊到一起，就像朋友一样。他也经常出废品，而且也玩牌，工作间隙大家几个人坐在一块儿玩牌。他当时说，我帮他做的活特别多。我那时候经常帮师傅做活，早上一来，给师傅把水给打好，需要调的机器全部弄好，只要我能做的就全部去做了，根本不用等师傅说话。那时候做学徒都是这样，人家说学徒要有眼力见儿。跟师傅搞好关系的方式之一，就是来了之后把该准备什么东西给准备好了。我刚去还不能做精加工，就叫师傅来，我师傅是跟我一起学的，我们是共同进步的。一出废品，大家一起就出废品，很难免的，出废品很正常，当时是人手来控制操作的。后来技术慢慢变好，就是熟能生巧这个道理。

我们在工厂里待的时间比在家里待的时间还长，学技术大家都是相互看的。我向师傅学，他也有不懂得、不明白的地方。比如说，某个零件的加工方法，都是大家试着来。试你的方法不行，那再试试我的方法，就这样来解决问题。做一件产品的加工，经常是大家商量之后再加工，才能更加有把握保证质量。总的来说，我跟师傅的关系是亦师亦友。师傅比我大 15 岁，从（19）86 年正式进厂一直到破产，我们相处了几十年。

此外，还有一件事是在川齿厂历史上绝无仅有的，我跟我师傅前后脚当选的市劳模。他是 1988—1990 年度当选，我是 1991—1993 年度。当时工作的时候根本不知道什么时候评劳动模范，也从没有听说过劳动模范的宣传。我是在得了劳模之后才知道三年评一次，我师傅先得的劳模，三年后我又被评上劳模。从没想到会被评上，当时我完成的工时的确在全厂比较多，工时统计出来之后是全厂第一。那时候经常不是师傅全厂第一，就是我全厂第一，我们师徒两个人轮着来，说实话这在川齿历史上真是没有。

获得劳模时我才 20 多岁，和成都市机械局的一个人是最年轻的。我和我们总厂厂长房照杰一起，当时的指标是一个干部、一个工人，工人必须是在工厂里一年生产量超额完成的人。那时候还是按定额，每个月必须完成多少。比如说，240 个小时能保基本工资，那么超额部分就作为奖金，超一个小时，基本上就是几毛钱、一块钱。那时基本上我每个月的工时都在八百、九百，甚至一千多。当时评劳模的时候必须全厂第一名，我就是全厂几千人的第一名，差不多相当于一年完成了近十年的工作量。[①]

受奖之后的邢长征当上了组长，并且在 1995 年入了党。当了劳模并没有让他有一丝懈怠，甚至因为肩负其职责反而比当工人时更累。几十年来“不迟到，不早退”成为了一种习惯，无论是上班，还是下班都不忘记检查每台车床。

早上上班查看今天要加工的产品原材料到位没有，加工零件到位没有，没到位就记录下来。上班之后安排叉车，把工件叉到车床边上，这是今天要干的工作。每台车床都要做检查，工作量变得更多。我们那时候每一个工段就是一台车床，每一个产品都有任务要求。虽然说市场经济了，但是作为干部心里得有计划。比如这个月我们要出多少台 D85 变速箱，需要多少配件，配件还要考虑报废率；每个月每一个型号要入库多少才能保证总装。脑

① 2020 年 7 月 12 日访谈原四川齿轮厂职工邢长征。

子里还得算，还要记，毕竟是几百个零件，还有那么多的工序。首先是车前铣，铣刨磨，车床加工的下一步就要转到模具加工，需要转到磨床工位，磨床下来之后还要转、铣，一套工序延续下去。齿轮还需要磨齿，最后送到热处理。[①]

后来，他也像自己的师傅那样成为了师傅，再把自己的技术传给徒弟们。就像他与自己的师傅那样，邢长征也被徒弟们视为朋友。

我的一群徒弟，有技校毕业分配下来的，也有每一个工段需要什么人就去招的，还有一些从车间分配来的人，大家关系都很好。虽然说我是他们的师傅，但见了面都喊邢哥，岁数比我小得多了也这么叫，大家处得都非常好，我们不像社会上的关系那么复杂。那个时候我还有很多师兄弟，如果我在受伤生病期间，人家可以直接顶上来，所有人都可以顶上来。当时我的手受伤之后，就自己捂着跑去工厂的医院。当时我的筋腱断了要做手术，加上贫血，在去医院的小路上晕倒了，醒了起来之后又忍着痛去的。我们那时候受伤太常见了，有的手指头被砸伤，手指甲什么都掉了，很多人手指甲都是新长出来的。我这腿上到处都是伤，都是加工过程中机床甩下铁屑烫的。烫伤之后又贫血，血小板很低自己根本就恢复不了，所以疤痕就一直留着。当时机器加工起来的铁屑全是热的，一旋转全都甩在腿上，裤子经常都是烂的。[②]

市场

市场，这只无形的手改变了企业的经营模式，从过去国家需要工厂生产什么到“顾客需要什么，就卖什么”，从计划指标到制定销售目标，职

① 2020 年 7 月 12 日访谈原四川齿轮厂职工邢长征。
② 2020 年 7 月 12 日访谈原四川齿轮厂职工邢长征。

工们也需要适应新的工作方式，过去“闭着眼睛都能干”的活儿，如今却需要花上更多的心思，动更多的脑筋。

> 从计划经济到市场经济改变了生产工序，市场马上等着要，就必须立刻生产。不像过去按部就班的，产品都是一样的，闭着眼睛都能干。现在就不行了，随时会有变化。我记得当时生产自行车上的飞轮，上面就给我们车间下了任务。当时成都要自己生产自行车，突然间生产计划就改了。三车间有飞轮任务。哪干过呀？就拿两个飞轮做样品，技术科负责画图，下到车间马上投产。这和过去的计划经济完全不一样。根据市场需要不断地改进，完善自己的思路。①

市场经济让许多国营企业的“铁饭碗”有些拿不稳的感觉，为了给产品找销路，顺应商品经济发展，四川齿轮厂成立了销售服务科。这个新成立的部门虽然只有十几个销售人员，但是却是经过精挑细选的，不仅要善于沟通，还得了解产品。第一批搞销售的人员无不是“摸着石头过河”，对于怎么把产品推销出去并没有什么经验可谈。当时的朱广清成了厂里的“销售经理”。

> (19) 80年开始姚厂长找我们开会，我是第一批搞销售的。当时还没有并厂。岷江齿轮厂在山里面，我们在山外面。我们的上级单位，四川省机械厅就提出两家合起来去销售。现在推算起来，当时大概就已经有将两家合并的意向了。打广告都是两家一起的，应该是在为并厂做铺垫了。
>
> 刚一进厂的时候我就是干部。后来厂长就找到我，说要有点文化的，还要对产品熟悉的人来做销售。就这样，我就成了第一批销售人员。我们一共有十几个人，他们喊我经理。现在想起

① 2019年7月27日访谈原四川齿轮厂职工张玉臻。

来都流眼泪。我们十几个人一起出差，当时全国的厂家都集中在一个地方销售产品，没有十几个人根本跑不过来。我们就摆地摊子，把产品摆出来。吃饭怎么办？也没有地方吃饭，我们就买红苕吃。那会儿的出差补助就两角钱。

当时全国生产同类产品的企业就已经很多了。除了我们之外，还有柴油机配件厂，就在420厂旁边。大家都是刚刚走进市场，抢销路。一般我来带队，就给大家说，推销的时候你可以说自己的产品好，但不能说别人的产品不好。当时旁边綦江齿轮厂的一个销售人员就说：朱经理你说得对。这就是一个工作经验。[①]

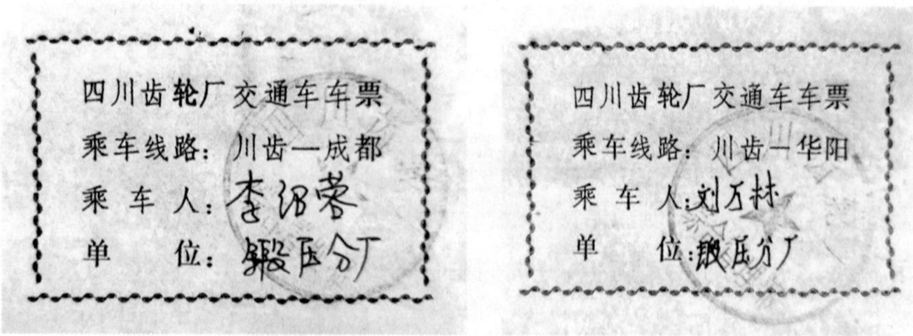

四川齿轮厂成都市市内交通车车票（莲花社区提供）

慢慢地，销售员的出差补助从80年代的两角钱一天，涨到了90年代本市三四角钱，省外三元钱。但是却仅限于硬座，要是坐卧铺便没补助领了。所以当时不少销售人员，哪怕有机会获得一张紧俏的卧铺票也会放弃，而是坐硬座天南海北地去跑推销和收货款。

我有个朋友是列车长，帮我们找了几张卧铺，我们就没去。他很奇怪，就问我怎么连卧铺都不要呢。我说：跟你说实在话，我们的工资都比较低，不坐卧铺还有补助，坐了卧铺就没有补助

① 2019年8月30日访谈原四川齿轮厂职工朱广清。

了。那时候卧铺特别紧俏，根本买不到。当时我们都是小伙子，情愿受点罪。

八九十年代，人们都还比较单纯。我们业务谈得多了，姚厂长就派他的小轿车去火车站接我们，这是最高待遇了。当时在郑州的时候，我做了一个大买卖，给一个厂家配套3000多套螺伞，这就是大买卖了，立了大功，厂里就在中层干部的大会上表扬了我。一年生产才几千套，这几乎就是全年产值。我们销售人员跟厂家下包票一定保证产品的质量，也把这个转达给了厂里。但对方却提出必须是科长出面，销售的领导都不行。厂长就说现在你就是科长，全权授权。因为对方厂家觉得必须科长拍板，才能够回到厂里安排生产，保证进度和质量。①

随着市场经济的不断深化，销售工作的重要性也日益凸显。如何调动销售人员的积极性，加强经营战略战术的分析，转变经营作风是许多国营企业思考的问题。四川齿轮厂的经营理念也发生了很大的变化，对于企业而言用户就是“衣食父母”。不仅开始了产品宣传、开辟市场和巩固老用户，也端正服务思想，设立服务网点，搞起了联销代销业务和售前售后服务。② 为了提升销售人员的地位和作用，厂部决定实行销售任务划区包干，变坐商后行商。“上下左右联络感情，东南西北寻找销路”成了当时倡导的销售理念和策略。为了在日趋激烈的市场竞争突围，使产品在市场保持应有的份额，当时的党委书记陈武坤、副厂长孙野岳专门率队，前往黄河机械厂、山东推土机厂、临沂装载机厂等主机配套厂走访，交流信息，获得信任和延续合作。③

划区包干责任制的推行使销售人员的积极性被调动了起来。1987年的第一季度工厂销售收入平稳，而且连续六个月稳定增长，较之上一年度同

① 2019年8月30日访谈原四川齿轮厂职工朱广清。
② 何志友：《实事求是 稳步前进，振奋精神 深化改革》，载《川齿报》，1987年1月20日，第1版。
③《厂领导带队走访用户》，载《川齿报》，1988年6月23日，第2版。

期增长81.6%。[①] 1988年，销售科的月平销售收入达到300万元。为了完成全年销售收入计划，不少外勤人员长期在外奔波，有的刚回家与家人团聚几天，就又踏上了推售产品、催收货款的征途。老师傅李天华，在与分别四十多年的亲哥哥相见的日子里还惦记着工作，与亲人匆匆相见之后，即刻从天津赶回厂，一到家便投入了紧张的工作。[②] 由于调拨了更多的人手加入外勤队伍，在厂的非外勤人员也因此承担起更多的工作。

然而，就在产品销售策略成果显著的当口儿，却出现了因质量而被退货的事件。1989年初，30余台五吨叉车变速箱因质量问题被主机厂退货，这在厂里引起了不小的震动。为了维护工厂的市场质量形象，当时已退居二线的高级工程师周化龙主动请缨，还立下了“军令状”，牵头组织了一个修复组，负责修复这批数十台有质量问题的变速箱。他在深入一线了解情况之后，开始了探索修复工作的主攻方向。

> 被主机厂退回的这批变速箱，主要故障表现为泄漏较严重，箱内油压上不去。根据这些现象，周工把修复重点放在了压力阀系统和密封系统上。他带领同志们把变速箱上的压阀全都拆下来，逐一进行压力试验，将不合格的阀全都挑出来进行分解，并视具体情况的不同，分别调换了阀体或阀芯，重新装配后再进行压力试验，直到这批阀全都达到原设计要求。同时，他还将一个关键部位的弹簧全部拆下，逐一测试，淘汰了不合格品。这两项措施保证了压力阀系统的故障得以排除。[③]

这位老工程师不顾年老体弱，整天“泡”在实装现场，从领料、领器材到具体安装、调试，无不亲力亲为。当时不少同志劝他：“周工，您年

① 《从销售收入看并厂工作的成绩》，载《川齿报》，1987年11月8日，第4版。

② 吕开远：《抓住最后时期，力争完成销售收入计划》，载《川齿报》，1988年10月24日，第2版。

③ 山羊：《一颗赤诚之心——记高级工程师周化龙》，载《川齿报》，1989年9月10日，第2版。

纪大了，比不得年轻小伙子，有些活太重，您在旁边指点指点也就是了，不一定非要亲自干。”他却说：“我是向厂里立了军令状的，这事儿，如果我老是站在旁边只动嘴，不动手，不但找不准问题，恐怕时间长了，修复也就没有人愿干了。”就这样，经过反复查找、拆装，终于找到了问题所在。

虽然在1986年底四川齿轮厂就成立了质量监督检查组，但是却并未形成完善的质检机制，职工们对于产品质量和企业形象也未有足够的认识，野蛮生产和不遵守工艺纪律屡有发生。退货事件令工厂感受到了危机，良好的质量形象才是赢得市场的砝码。于是，1989年8月，工厂正式颁发《四川齿轮厂质量监督检查违章处理办法（试行）》，并扩大质量监督及工艺纪律检查组的规模。除专职人员外，又充实了12名业务素质较高和责任感强的兼职督察员，其中有6名干部、6名工人。他们佩戴着专用臂章或胸章，实行每日值班制，对厂内生产活动中的文明生产、文明装运、定置管理、工艺纪律等质量工作进行督查。采取说服教育为主、经济惩罚为辅的原则，对情节严重者按规定处以0.5—30元的罚款。①

为了提高职工们的质量意识，增强市场竞争能力和提高经济效益，1989年9月至10月，一场全厂范围的“质量月”活动开始了。虽然经过国外技术引进和技术改革，如D85、TY220等几款主导产品在市场上颇为紧俏，但是零部件的质量仍然存在问题。为了提升质量意识，在“质量月”里举办了厂级和中层干部质量教育录像学习班与厂内小型废品展览，以实际质量分析为主的厂第二届“TQC”知识竞赛。同时，除了常规工序工艺质量检查外，还开展全厂性工艺纪律和工序质量大检查，对几个主导产品零部件的质量攻关和产品质量指标进行考核。②

持续一个月的“质量”战取得了显著成效，11个分厂车间、6个处室纷纷采取措施，主动作为，把降低废品率和建立控制指标作为重点。例

---

① 叶鸟：《采取措施加强质量监督检查及违章处理，面向市场努力塑造新川齿厂的质量形象》，载《川齿报》，1989年8月23日，第1版。

② 响矢：《工厂开展“质量月”活动整顿提高产品质量》，载《川齿报》，1989年9月23日，第1版。

四川齿轮厂工作票

劳定—01D

分厂　　工段　　班组　姓名：　　　　年　　月　　日　　98.4印

件号	投料数	工序	单件时间 准结时间	开工			完工			完成件数	完成工时	实动工时
				日	时	分	日	时	分			
首检时间	日　时　分	首检结果		首检检验员签章：								

完工检验结果				检验日期			检验签章	缺勤工时			非生产时间	停工时间	备注：
合格	工废	料废	废品工时	月	日	时		病假	事假			待料	

开票员：　　　　统计员：

四川齿轮厂工作票（莲花社区提供）

如，八车间检验组对 ZL50 的 10 种产品实行跟单制，他们采用“零件加工过程卡”对工序实行监控。生产调度员、再制品管理员负责对每一道工序进行检验，首件必验，盖上首件合格章。[①] 七车间制定出“中途送检制”，还将产品质量与奖金挂钩。[②] 还有的车间制定出主要产品零部件的废品率和控制指标。例如，五车间制定出 D85 螺伞质量专题攻关计划，将大轮摆差控制在 0.12 毫米以内，小轮节缘跳动控制在 0.10 毫米以内。二车间也确定了质量月重点攻关项目，除了解决产品零件的高频淬火、渗碳淬火和调质硬度问题之外，还把 ZL30.3-35 被动打出来高频淬火裂纹问题列入攻关内容。铸工车间为了降低废品率，提高 D85 几个主要件的内在质量，确定废品指标小于 15%。试制车间则实行质量分段负责制，还建立了质量奖

① 林裔骧：《把好质量关，做好跟单记录》，载《川齿报》，1989 年 9 月 23 日，第 2 版。

② 七车间：《质量简讯》，载《川齿报》，1989 年 9 月 23 日，第 2 版。

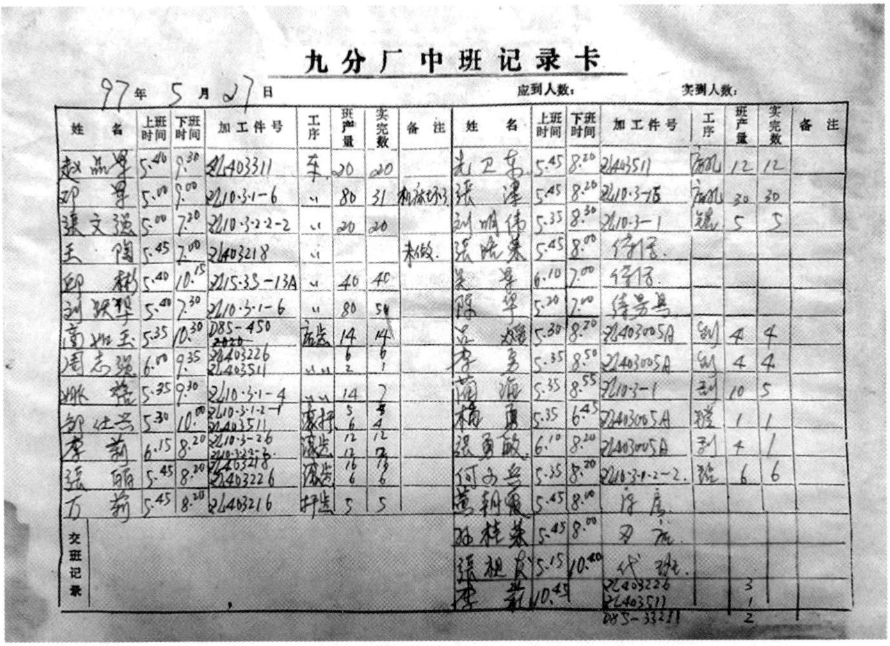

四川齿轮厂九分厂中班记录卡（莲花社区提供）

励基金 500 元，开展月评、季评、年终总评，评选车间质量标兵和车间质量免检人员 1—2 名。① 就这样，通过一系列的举措遏制住了质量滑坡的出现，也提高了职工们的质量和形象意识。在“质量月”期间，全厂的工时废品率都有所下降。八车间由 8.7% 下降为 3.6%，铸工车间由 15% 下降为 11.9%，九车间由 3% 下降为 1.9%，五车间由 4.9% 下降到 3.1%②，锻压分厂从 1.88% 下降到 1% 的控制指标③，热处理车间的废品率从 0.9% 降到 0.08%，关键项次合格率也达到了相关要求。④ 也许，正是凭借着这种忧患意识，使企业在改革开放后的市场经济大潮中破浪前行，然而在近 20 年后，却又从潮端跌入谷底。

---

①《质量月花絮》，载《川齿报》，1989 年 10 月 12 日，第 1 版。

② 江宁：《质量月全厂工时废品率下降》，载《川齿报》，1989 年 10 月 24 日，第 2 版。

③ 杜太祥：《锻压分厂抓质量初见成效》，载《川齿报》，1989 年 11 月 8 日，第 1 版。

④《热处理车间产品合格率提高》，载《川齿报》，1989 年 11 月 23 日，第 1 版。

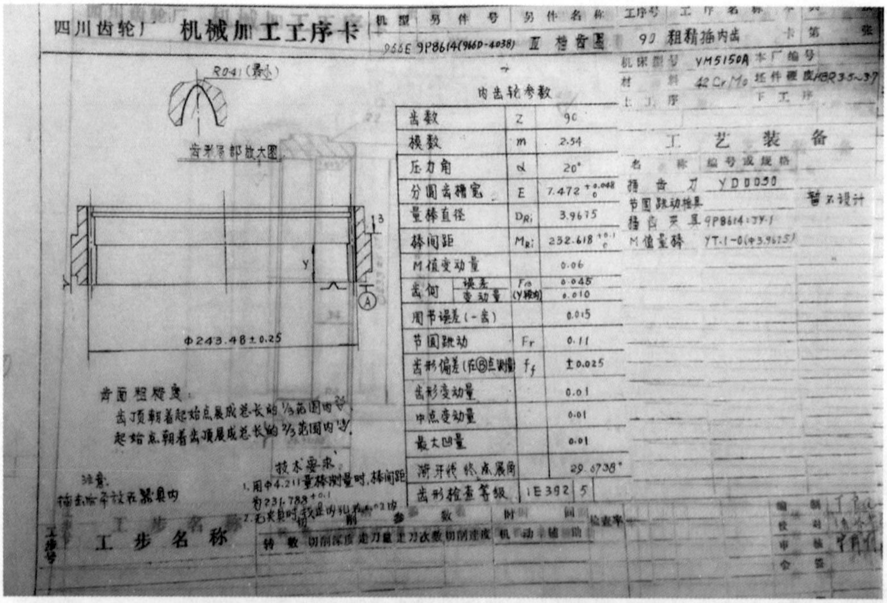

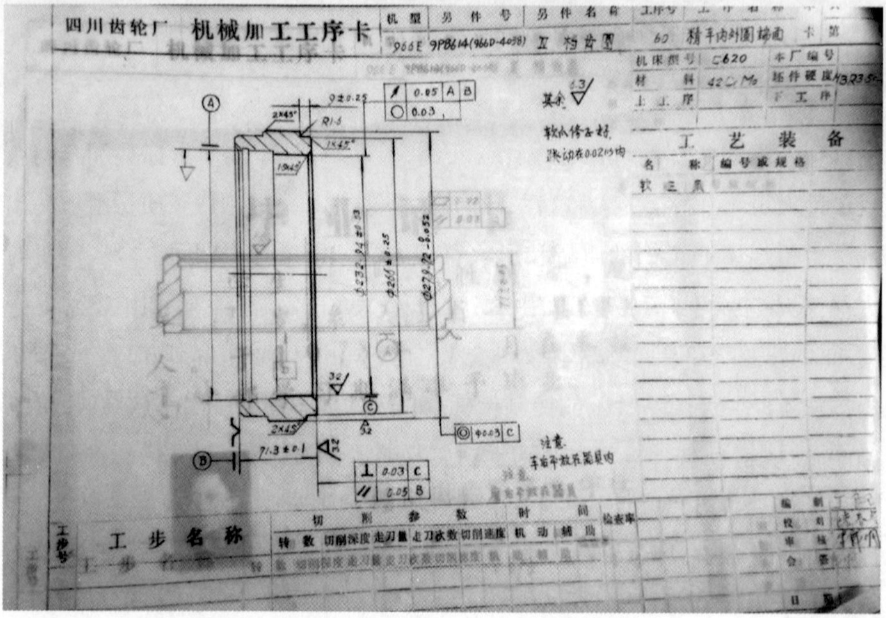

四川齿轮厂机械加工工序卡（莲花社区提供）

二、疾风骤雨

“当时川齿厂破产的一个原因就是三角债。”

“工厂破产就好像儿子没有了母亲，谁都不管了。”

流变

1986年，我国颁布了《中华人民共和国企业破产法（试行）》，这部法案的出台不仅加速我国向现代企业制度转变，也结束了国有企业“有生无死”的历史。1986年，是四川齿轮厂“七五”开局之年，是负重前行却也满是成就的一年。或许所有的川齿职工从未想过，正处在上升期的工厂在近20年后也走到了破产这一步。20世纪90年代末期至21世纪初，我国许多国有企业宣布破产。数据显示，1995年年末我国国有企业资产负债率为65.9%，半数企业的负债率超过80%，近半数企业资不抵债。[①]令人羡慕不已的“铁饭碗”福利和优越的社会地位，随着破产而风光不再。对于四川齿轮厂的职工来说，这是一段痛苦、难堪的记忆。

同样是在1986年，国务院颁布了《关于深化企业改革增强企业活力的若干规定》，其中指出将“选择少数有条件的全民所有制大中型企业，进行股份制试点”。它们在“八五”期间踏入经济体制改革的进程，“按照在今后十年初期建立社会主义计划商品经济新体制和计划经济与市场调节相结合的运行机制”。这批企业在没有任何现实经验的情况下，成为新形势下第一批“吃螃蟹的人”在摸索中前行。

上海、深圳等城市率先实践企业股份制改革，至1990年我国进入了股份制全面发展阶段，从股份制企业的审批、股权的设置、资产评估等方面，形成了一套较为完整、规范的管理办法。关于企业股份制改革也渗入西南地区的成都。1992年成都深化经济体制改革，开始了实行股份制的设想和

① 张林：《企业国企破产机制的理性思考》，载《改革与理论》，1999（Z4）：34–36。

探索。[①]“为了转换企业经营机制，搞好国营大中型企业，把企业办成自主经营、自负盈亏，面向市场的经济实体”，成都市委、市政府确定在部分企业中进行转换企业经营机制、劳动制度综合配套改革和岗位技能工资制的试点。根据成机发〔1992〕第6号文，成都市机械工业局成立局转换企业经营机制指导小组，负责加强组织领导、协调、研讨和指导工作。[②]

成都市的35家企业成为成都市转换经营机制的改革试点，驶向市场之海。经济体制的改革之路指向了股份制，即明确产权关系，由企业股东成立的董事会对企业进行管理制度。股份制既具有调动政府、企业和市场三方的功能，也通过股份制经济调节政府、企业和市场的运行。1992年，成都进入为股份制创造实施条件的准备阶段，制定了国营企业股份化条例、证券交易法等地方性法规和管理条例。同时，由成都市体改委、人民银行牵头组建证券交易筹备组。由国有资产管理局牵头对现有企业进行全面清产核资，并选择几个企业股票到深圳、上海异地上市。[③]

在此基础上，成都市政府牵头，以市体改委、财政局、国有资产管理局、税务局和人民银行组成领导小组，负责股份制改革的领导工作。体改委和人民银行负责证券交易所和室性股份制改革的企业审批。同时成立证券交易所，逐步由股份制转为会员制，并成为西南最大证券交易中心。在企业、市场规范化经营的同时，政府向管理社会化职能转变。成都市政府除保留财政、税务、银行、工商、城建等部门外，撤销企业主管局和计经委，组建证券管理委员会和经济发展局。[④]

---

① 张兵、邹川、屈松、宋佳明、王小龙：《西南中心城市深化改革的探索——对成都市实行股份制的设想》，1992年1月至1992年10月，26页，成都市工业行业档案资料中心藏。

② 成都市机械工业局：《关于成立局转换企业经营机制指导小组的通知（成机发〔1992〕第6号）》，1992年1月至1992年10月，104–105页，成都市工业行业档案资料中心藏。

③ 成都市机械工业局：《关于成立局转换企业经营机制指导小组的通知（成机发〔1992〕第6号）》，1992年1月至1992年10月，33–35页，成都市工业行业档案资料中心藏。

④ 成都市机械工业局：《关于成立局转换企业经营机制指导小组的通知（成机发〔1992〕第6号）》，1992年1月至1992年10月，35–37页，成都市工业行业档案资料中心藏。

根据成都市委、市政府和机械局关于国企改革的总体部署，以建立现代企业制度为方向，把产权制度改革作为重点，充分利用股份制的资产组织方式，改制成符合我国《公司法》规定的公司制企业。四川齿轮厂在此形势下也做出了响应，2001 年 3 月 6 日成立了改制筹备委员会[①]，以及下属的改制办公室，同年全面启动企业改制。[②]然而，遗憾的是，此次企业改制并未将四川齿轮厂从颓势中挽救回来。由于债务沉重，生产经营难以为继，无法偿还到期的债务。经 2004 年 12 月成都市人民政府成办函〔2004〕270 号文件批准，工厂停产整顿。

作为西南工程机械制造大厂，四川齿轮厂属于典型的劳动密集型企业，至 20 世纪 90 年代，职工人数已达 4000 余人。在企业办社会的“单位制”下，四川齿轮厂自办的医院、学校，以及供水、供电、供暖等社会公益基础设施，也让这个大企业步履日趋沉重。进入 21 世纪，工厂已然发不出工资来，“职工 2004 年的时候就有情绪了”。在不少职工看来，企业破产的关键原因在于利润小，而负担重。

> 一线工作的 1000 多个工人需要承担起包括退休工人和管理层在内的 4000 职工的工资。但是川齿厂这种企业的利润太小，在岗工人创造的价值不足以在养活这些人，所以到最后工厂没那么多钱来发工资，就不得不破产了。[③]

然而在种种困境之中，却暗藏着不可违背的市场规律。不断扩张的生产早已超出市场需求，积压的库存越来越多，企业产销率逐年下降。1994 年，国家实施宏观调控收紧银根，使得资金供给量与市场潜在需求量之间

① 四川齿轮厂：《关于成立四川齿轮厂改制筹备委员会的通知〔川齿厂（2001）7 号〕》，2001 年 2 月至 2001 年 10 月，11 页，成都市工业行业档案资料中心藏。
② 四川齿轮厂：《关于成立四川齿轮厂改制办公室的通知〔川齿厂（2001）8 号〕》，2001 年 2 月至 2001 年 10 月，12 页，成都市工业行业档案资料中心藏。
③ 2019 年 7 月 18 日访谈原四川齿轮厂职工熊佑铭。

存在着严重脱节[①]，对于实业生产企业而言冲击更甚。

企业之间的“三角债”成为压倒骆驼的最后一根稻草。1996年，“三角债”危机在四川齿轮厂显现暴露。“工厂易货易来了装载机、推土机、小汽车、大客车、大卡车、吊车、叉车、小四轮拖拉机、手扶拖拉机、文化文具用品、过期啤酒等五花八门。由于生产资金的严重短缺，工厂内部先后开始动员职工认购了集资款、资本金、生产自救金……集资款的利息，开始是20%，后来逐年下降，降至5%，再后来就开始拖欠利息了。职工每个月的工资发放，也渐渐得不到保证，后来就改为三次发放，先发退休退养职工，再发车间分厂职工，最后发处室职工。由于拖欠应上缴的企业职工社保基金，导致退休职工进不了社保”[②]。2001年，四川齿轮厂被成都市社保局列为市里欠费大户之一，2005年，企业终究没能迈过这个坎儿，湮灭在了市场经济的洪流中。

2005年，企业进入了停产整顿的至暗时期，此时有1726名职工面临着待岗就业[③]，无力支付留用人员的工资、退休人员工资、职工基本医疗保险、电费和燃气费，甚至由于长期拖欠养老保险金，而被停止办理退休职工的审批手续。1月21日，经党政办扩大会议研究决定，成立工厂生产自救、破产准备、招商引资工作领导小组。生产自救领导小组下设装载机变速箱小组、推土机变速箱小组、齿轮小组、汽配小组；破产准备小组下设综合小组、资产小组、安置小组、稳定宣传小组、保卫小组和后勤小组；招商引资工作小组下设办公室。[④] 1月25日起，开始了对进出工厂的各类物资重新审批管理，由领导小组研究决定工厂各类物资的进出。此时已

---

① 何新：《中华复兴与世界未来》，617–619页，成都，四川人民出版社，1996。

② 潘祥鶤：《大三线有个“三江厂”的故事》，见倪同正主编：《三线风云：中国三线建设文选》，166–167页，成都，四川人民出版社，2013。

③ 四川齿轮厂：《关于请求协调解决工厂停产整顿期间待岗待业人员费用的请示（川齿厂[2005]3号）》，2005年1月至2005年6月，7页，成都市工业行业档案资料中心藏。

④ 四川齿轮厂：《关于成立工厂生产自救、破产准备、招商引资工作领导小组的通知（川齿厂[2005]6号）》，2005年1月至2005年6月，16–17页，成都市工业行业档案资料中心藏。

临近春节，工厂却加速进入了计划破产的进程，工厂各分支机构与总厂合账，成立了四川齿轮厂工会破产准备宣传小组；另一方面，对宣化工程机械厂所欠款项采取易货变现的方式收回资金，解决困难职工的燃眉之急。[①]在成都市行业协会的指示下，确定四川齿轮厂破产审计的基准日为2005年1月31日。[②]

困惑、不安、迷茫的情绪迅速蔓延，厂内还流传起了关于渎职、腐败，乃至对改革的质疑之声。如今回看，不少原四川齿轮厂职工已能理性地看待这段难以启齿的往事。

当时川齿厂破产的一个原因就是三角债。具体是这样的一个情况，比如我给齿轮厂提供钢具、量具、钢材等材料，你不给我钱，但你生产的东西出去，人家又不给你钱，这就是三角债。我拿不到钱，齿轮厂也拿不到钱，就是一个循环的三角债。三角债真是弄得我们厂喘不上气，这么大的厂连2000块的现金都拿不出来，你相信吗？我去出差，厂长签好字，财务科签好字，结果到财务科去领现金，却没钱买车票。四五千人的大厂，居然因为三角债到这样一个程度。当时不论是上家，还是下家，大家都拿不到钱。不管收钱，还是收债，都收不上。后来国家就借钱给工厂生产，还是入不敷出。最后导致工厂在月底到处筹钱发工资。厂里的腐败也加剧了这种局面，比如明明收到了钱，却不交给厂里。销售科拿不到钱就没法运转，最后只有散货和破产两种局面。[③]

当时正在销售科的邢长征，恐怕比其他科室的同事更能感受到“三角

① 四川齿轮厂：《办公会纪要[2005–3]》，2005年1月至2005年5月，25页，成都市工业行业档案资料中心藏。

② 四川齿轮厂：《办公会纪要[2005–4]》，2005年1月至2005年5月，27页，成都市工业行业档案资料中心藏。

③ 2019年7月27日访谈原四川齿轮厂职工张玉臻。

债”带来的无力和艰难，而且目睹了不少国营企业经营、管理之怪现状。

我是2000年到了销售科，那时候国营企业的市场已经非常疲软，各种弊端造成了企业之间严重的“三角债”问题，给销售带来很大的难处，很多人不愿意去跑销售，更愿意去供应。供应最早叫采购，实际上是负责给厂里各部门供应零配件，需要生产某个产品他就去引进来。比如我是我们单位的销售，就要与别的厂的采购对接，拿着我们的产品到处求。跟现在买东西一样，有几个卖家，却只要一家的产品。就得大家拼条件，跟现在的竞标一样。所以当时供应是爷，销售是孙子，做销售是非常难的。

我做销售的时候，经常在外边看到铺张浪费的现象太严重了。那个钱要是我私人的钱，得心疼极了。有时候我到别的企业收账，天天软磨硬泡，请人家喝酒。我的身体搞垮跟那时候有很大关系，每天离不开酒，必须得喝，每天喝酒很累。当时有人家说我全国各地到处跑多荣光，说实话真的没心思玩。到泰山脚底来回过了五次，我都没上去。当时就住在曲阜旁边，经常从那门口过，也没进去。那时候根本就不知道为自己享受去玩，天天想的是怎么把这厂里边的产品销售出去，怎么去应对市场，怎么去跟业务单位谈判，怎么把货款多少拿点回来。到后边我们的压力更大了，按回款率来给工资。有很多死账，靠现在来回款，那就是逼着你。所以经常我连工资都拿不回来，只能自己倒贴钱。没办法，我也得养家，不可能一直拿家里钱的倒贴。到最后，借厂里2000块钱没还，单位说不用还了，贴的太多了，现在厂都垮了还给谁？当时我们必须要借钱出差，上市场营销部打张借条，当时2000块钱还凑合能过一个月。

我在山东时每天自己跑市场，今天在济宁，明天到济南、青岛，或者到烟台、淄博，整个人在山东省来回地转。后边没办法了，又把我调到了广西，让我负责广西片区。最后死账、烂账更多，没法弄了。我们作为销售面对他们的供应，产品卖给对方之后钱款没打过来，还得过去催款。（对方）便又开始讲条件了，再来一批货，把前面的款给你。就这样一拖再拖，一累再累，跟滚雪球一样，越来越多，后来实在放不了。我们单位债权债务是越积越多，雪球越滚越大，最后只有破产。

2002 年我又回到车间，那时候市场形势已经非常不好了。“三角债”情况十分严重，企业之间的债权债务纠纷特别多。当时济南的一个水利工程机械厂欠了我们 51 万的货款，我将近一个月都在跑这个厂。结果他们直接说，他们现在不处理债务问题，让我和法律顾问直接联系。我就跟厂里联系给我一个授权。可是授权有什么用？也不敢在山东开庭。这是国营企业，不是私人企业，国营企业从上到下认为不是自己的钱。很多国营企业的管理也出现问题，产品销售出去之后，从表面上看利润是多少，但实际上货款却没有拿到，就像完成了一个指标。我们厂到破产的时候，债权债务清查负债三个多亿，当时来说可太吓人了。[①]

除了外部市场环境的恶化，企业改制过程中也埋下一些隐患，同时改革的不彻底也使得企业走上不可挽回的破产路。例如，在推行分厂制的过程中便存在设立“小金库”等资产和资金管理不规范的现象。

分厂的小金库实际一直有，但没有那么明确，以前总厂还查过各分厂、各车间的小金库，后边实际上都允许提留一点，在当时那种历史条件下其实各分厂都有自己的一点。但是我们首先有一点，我们这种单位私人是见不到钱的。比如说来了一批外协[②]，需要我们大件工段来加工，那么就由我协调和安排设备，要用哪些设备，然后根据情况制定工时，这和最后可以拿多少钱

① 2020 年 7 月 12 日访谈原四川齿轮厂职工邢长征。

② 外协单位负责按组织提供的原材料、图纸、检验规程、验收准则等进行产品和服务的生产和供应，并由组织验收。

挂钩。根据图纸加工的难易，所耗时间、材料损耗、工装器具，是否需要制作工装，还有加工时间等，都要进行计算，工人干了不能白干。当时算工时就必须要记工时，这最后会决定可以拿多少奖金。

工厂专门设立了外协组，接了外协件后需要加工就与各分厂、车间协调。一个车间里有很多类型的设备，这批产品适合哪个设备就找谁。市场经济之后这些是可以进行的，但这在当时来说不合规，都应该作为分厂的财务，或者加工之后上报厂里面，把钱交到厂财务。但实行分厂制之后，分厂就有一定的自决权，有自己生产的权力，所以称之为“小金库”。那时候“小金库”这个词很流行，各单位都知道。

各分厂都有自己的小金库提留，交总厂一部分，自己提留一部分作为分厂的福利。工厂也没有明确规定不允许，但毕竟占用了国有设备，那么按理说就应该归总厂所有。外协产品加工完后除去加工费用、损耗费用，这些由分厂提留出来，其余上交工厂，但是很多却留下一部分，留了一部分是要进行其他的工作，所以各单位都有。比如热处理，当时接的外协是最多的。因为当时周围的小生产厂如雨后春笋，很多私营小加工厂，买两台设备就可以生产，但是材料加工后需要热处理，就会到我们厂，当时厂里的热处理分厂是最挣钱的分厂。另一个是五分厂，主要是制作工程机件的螺伞齿轮。当时中国机械规模很大，机械特别多，推土机、装载机这些都需要最关键的螺伞齿轮。我们厂生产螺伞齿轮的实力是比较强的，当时还引进了整个格里森的剃齿机①，当时都是非常先进的设备。

① 格里森公司建立于 1865 年，是齿轮连动技术的全球性领袖。其产品和服务包括生产性机床、精加工和测试齿轮，以及提供工具替换件、实地应用开发服务、齿轮设计和检查软件、培训计划、工程支持、机床改建和升级服务等项目的全球支持系统。它生产的剃齿机床是一种结构紧凑、生产率极高的新机床，专供精加工外部直径达 130 毫米的直齿和斜齿软齿轮，技术很先进。

……

国营企业的弊端也在当时那种历史条件下无法规避，为什么后边想走改制的道路，实行股份制，大家直接参股，企业的工人更有主人翁意识。企业里有我的股份，单位垮了就什么都没有了，大家也就更有忧患意识，但是我们没走到这条路。[①]

消解

厂子，就是职工们的家和全部。对于四川齿轮厂职工来说，企业破产不仅为未来蒙上了迷雾，更是消解了职工们曾经引以为豪的身份和认同。

破产之后对个人生活肯定有影响。没破产时至少有基本工资，后来买断了。说实话零几年那会儿，两三万块钱不算什么，一年两年就挣回来了。如果有选择肯定还是要岗位，直接买断就没办法，我们就只有自谋生路了。[②]

或许，比起迷茫的未来，身份瓦解所带来的焦虑更甚。企业破产恰似否定了过往的四十载，背井离乡、艰苦创业、荣耀辉煌……都随时光逝去了。

我觉得破产否定了我们整个三线建设的成绩。工厂一破产，好像所有的努力和心血就没了，就跟没娘的孩子一样特别虚弱。这么大的一个企业，国家投资了那么多钱，到最后却破产了。我们川齿厂算是比较早破产的厂子。如果再贷款几个月，国家就有改制的政策了，改制后每个职工都有股份，都是股东。干活是为了自己干，就会更有拼劲。改制后我们就没必要破产，还是我们

① 2020 年 7 月 12 日访谈原四川齿轮厂职工邢长征。
② 2020 年 7 月 12 日访谈原四川齿轮厂职工邢长征。

宣告破产得太早，错过了好机会。[①]

在过去，能够进入四川齿轮厂工作对于很多家庭来说是件了不得的事，因为这里的工资待遇在成都，乃至四川都是数得上的。不仅工作稳定，企业兴办的医务室、幼儿园、技校等后勤服务更是难得的便利。20世纪90年代，伴随国企走向市场的改革，我国也针对计划经济体制的遗留问题，开始了分离企业办社会职能的探索和实践。1995年，根据国家经贸委、国家教委、财政部、卫生部、劳动部《关于若干城市分离企业办社会职能分流富余人员的意见》的精神，“优化资本结构”试点的18个城市投入到了前所未有的改革中。先将自办中小学、医院、后勤服务等单位在内部分离，独立核算，待条件具备后逐步推向社会交由政府管理。[②]

为响应国家政策，成都市率先成立优化资本结构增强企业实力试点领导小组，并制定分离企业办社会职能、分流富余人员的试行意见。通过企业移交、政府承接，企业代管、独立运行，企社联办、走向社会三种途经，分类指导，先行试点，分步实施，强化政府社会管理职能。[③]企业自办的中小学、职业技术学校、医院、门诊部、疗养院、食堂、浴室、托儿所、招待所、车队等，均与企业生产经营主体分离。其中，企业自办学校的资产和教师移交教育行政部门，并纳入区（市）县教育行政部门统一管理。企业自办的职业技术教育和成人教育，敞开校门，面向社会，实现与劳动力市场和人才市场的需求接轨。职工住房的管理也推行逐步组建独立于企业的经济组织，或是委托社区服务组织或专业化经济实体进行管理。

1999年9月22日，党的十五届四中全会通过《关于国有企业改革与发展若干重大问题的决定》，明确提出：“分离企业办社会的职能，切实减轻国有企业的社会负担。位于城市的企业，要逐步把所办的学校、医院

---

① 2019年7月27日访谈原四川齿轮厂职工张玉臻。

② 国家教委、财政部、卫生部、劳动部：《关于若干城市分离企业办社会职能分流富余人员的意见》，载《技术经济信息》，1996（7）：39–41。

③ 成都“优增”试点办公室：《成都市制订分离企业办社会职能、分离富余人员办法》，载《工厂管理》，1995（6）：17–18。

和其他社会服务机构移交地方政府统筹管理，所需费用可在一定期限内由企业和政府共同承担，并逐步过渡到由政府承担，有些可以转为企业化经营。独立工矿区也要努力创造条件，实现社会服务机构与企业分立。各级政府要采取措施，积极推进这项工作。”2002 年 4 月，国家经济贸易委员会、财政部、教育部、卫生部、劳动和社会保障部等发布《关于进一步推进国有企业分离办社会职能工作的意见》，彻底打破了国有企业相对封闭的空间和服务格局。

1995—2005 年，在十年的时间里四川齿轮厂经历了企业分离办社会职能和企业破产，一时间“川齿厂到处都是乱糟糟的，不仅是环境，更是人们思想上的波动”。对于在工厂打拼了一辈子的老职工王杏生来说，工厂破产就好像儿子没有了母亲。

> 以前我们有医务室，小病在医务室看，大病到外面大医院去看。但是后来都没有了，连医务室的制度都取消了。上面把相关人员都分走了，在职的都退休了，幼儿园也改制交由社区管理，学校的地盘带人员都归教育局，还重新建了学校。老师重新分配到双流的各个学校，该退休的退休，退休以后的工资都由社保局管理，以前都是工厂管理。①

职工们不仅丢了饭碗，再目睹周边一座座林立的高楼，不少人心中的抑郁便更甚了。“农民还有耕地，还有集体财产，但是工人本身就是无产阶级。在企业破产之后，工人的身份转变成了居民，但是失去了工作，其实是很难养活自己的。”② 经济与结构调整的双重阵痛剧烈且迅猛，但却为长远计深远。部分职工深刻体会到了这一国家经济战略部署的需求。

> 市场经济的发展扩大了市场的自我空间。国营商店八点开

① 2019 年 7 月 30 日访谈原四川齿轮厂职工王杏生。
② 2019 年 7 月 18 日访谈原四川齿轮厂职工熊佑铭。

门，六点钟下班，如果老百姓要去买粮就只能请假去，这个对老百姓的日常生活影响十分大，如果打破国营垄断，会使人们的生活变得更加方便。第二点打破了官方垄断，缩小三大差别使我们更容易和国际接轨，让商品变得多样化，这就是市场经济的优点。[①]

① 2019年7月18日访谈原四川齿轮厂职工熊佑铭。

三、归去来兮

“川齿厂的破产好像一下子否定了我们三线人的功绩，我们由原来的企业人变成了社会人，一下子全都下岗了。”

“我觉得我们这个传统记忆的打造是一件很有意义的事情，能让更多的人领会习总书记所说的乡愁。”

疤痕

企业破产、分离办社会职能让职工们陷入集体迷失，心中留下了一道疤痕。当年拖家带口来到牧马山的三线人似乎一下子成了断了线的风筝，社会关系原本就薄弱的三线人，在遭遇破产冲击后越发迷茫了。对于迁建成都的三线人来说，牧马山下的四川齿轮厂虽是家园，却非故土。曾经凭着“干打垒”的创业精神，一点一滴经营的厂子因破产而消解。是否返回家乡，也成了很多人思考的问题。最早一批进入四川齿轮厂的朱广清道出了许多人的内心想法。

刚破产的时候职工还是有一点怨气的，特别是那些从外地过来的职工。因为企业破产之后职工就没人管了，他们都背井离乡，还没有稳定的工作，怨气是肯定有的。企业破产之后我也会有一种很大的失落感，毕竟从选址的时候就来到了这里，勘探、施工、建设我都在。我是看着它一点点建设起来的，突然一下子就垮了，肯定有失落感。

当时我们工厂的后勤也划了出去，国家再也不管我们的生活和工资了，全部都要靠自给自足，真的是哭都没有眼泪，我们当时慌得不得了，这件事我的印象十分深刻。那个时候政策宽松了，自然而然有很多人都想回自己的家乡，再加上有些人是从条件比较好的地方来到了条件比较差的地方，家里又有本事把人家调回去，所以改革开放后出现的“返乡潮”其实是一个很自然的事情。①

这一时期，老一辈三线职工大多已然退休，像张琪红这样的随迁子女，还有其他步入中年的川齿二代们，却正经历着失业，还有“上有老，下有小”的窘境。

川齿厂的破产好像一下子否定了我们三线人的功绩，我们由原来的企业人变成了社会人，一下子全都下岗了。我们那个时候都已经成家，有了自己的家庭和子女，不可能再全部都回到天津了。如果我和我的爱人回到了天津，那么身为成都本地人的他又要面临亲情的断裂。即使我们回到了天津，在那边也难以立足。

企业破产后的三线人社会关系薄弱，没有社会背景支持，再加上年龄也不小了，因此再就业根本就没有保障。我举一个真实的例子，我认识的一个三线人，在企业没破产之前娶了一个本地姑娘。因为当时本地人都觉得川齿厂是国企，福利待遇比较好。但在企业破产之后他们就离婚了，女儿也被她妈妈带走。这位三线人下岗之后只能去工厂打工，却因此受了工伤，导致了残疾。他们老板耍心眼，给了他几万元之后就让他走了，但是后来他一直都找不到工作。虽然国家说的是65岁退休，但是四五十岁的人既是残疾人，又没有社会背景，哪个企业会要他？前年他父亲去世了，母亲也突发脑溢（出）血瘫痪了，而他又不方便照顾身为女性的母亲，只能将母亲送到敬老院。他母亲在敬老院每个月需要补贴5000多，但是母亲每个月的退休工资才3000多，他自己没有退休工资，也没有工作，只能把原来住的房子卖了，拿一半的钱放到敬老院里去补贴他母亲，自己在外面租房子住。因为都是三线过来的，我们平时也在关注他。上个星期听说他母亲在

① 2019年8月30日访谈原四川齿轮厂职工朱广清。

养老院拒绝治疗，拒绝吃东西，说要把这个钱留给儿子。所以说三线人真的是献了青春献子孙。[①]

随着时间的推移，人们的想法似乎也有了转变，他们中的一些人从宏观上把握到经济和结构调整具有的深远意义，也在逆境中重新发现自我的价值。

当时在那个大环境下，我们什么都做不了，只能听天由命，但是我的思想还是转变得比较快，毕竟破产也有它的好处。破产之前我们厂里是个小社会，幼儿园、小学、医院、食堂等，这些设施包圆了你和子女的一生，退休之后还发放退休工资养老，所以国家的负担十分重。企业破产的主要原因就是因为负担不起那么多退休工人，以及三角债的问题。市场经济的工厂就不一样了，工厂不会再管工人的个人需求，只需要支付薪资就可以了，所以压力减轻了不少，企业也更加的有活力。

以当时的眼光来看，觉得改革开放不是很好，不仅生活压力大了，人员变化也十分的混乱，但是我觉得这是社会发展的必然。社会发展得快了，计划经济自然会阻碍一些发展比较快的工业，限制自由发挥。接触到了市场经济，我们的眼光才能放开，才能看到市场有多大，有多少商品，自己做的产品有多值钱。[②]

3 岁就跟随父母从天津来到牧马山的张琪红，通过层层选拔进入厂办幼儿园，从一名幼师，成长为园长。用心经营幼儿园的她，成为企业分离办社会职能的一位见证者和亲历者，也通过自己的努力和坚韧走出重重困境，成为众多在时代洪流中破浪前行者的缩影。

1987 年，工厂修建了新的幼儿园，设备比较齐全，还会参加

① 2020 年 9 月 16 日访谈莲花社区居委会原主任张琪红。
② 2019 年 8 月 30 日访谈原四川齿轮厂职工朱广清。

一些成都市开展的教研活动，但是它只招收本厂子弟，一直到改革开放之后才招收外地的小孩。1997 年，工厂把后勤剥离出去，自负盈亏，幼儿园的办公费用都由园长承担，所以我们通过公开竞争上岗，在那时我成为了幼儿园的副园长。为了幼儿园的发展我们商量着对外招生。为了招生效果，我们六一儿童节编排节目到处去汇报演出，使得生源不断扩大，最多的时候有 360 多个。

1998 年的时候体制改革，年龄超过四五十的女职工全部都要退休，于是正园长就退了，我就成了园长一直带领着大家。可能是领导看重我的管理能力，后来被调到生活服务公司总公司，管理整个工厂的办公用品。

后来企业破产，幼儿园也解体了，不少东西都被砸坏了。当时就有人天天来筹备组吵架，让管理人员发工资养活职工和孩子。然后一直协调无果，半年内幼儿园换了四个管理人员，领导没有办法了，就想到同在筹备组的我，让我去当园长。一开始我是不愿意的，因为当时企业破产到处都是混乱的。我除了清算组的事情之外，根本无暇管理幼儿园。而且幼儿园的管理肯定要得罪人，但是后来我实在是没有办法，还是接手了。当时的幼儿园就像是一个烂摊子，营业执照作废，桌椅破烂不堪，人心涣散，除了幼儿园的公章之外其他什么东西都没有。还有的老师因为家里远，说自己只能 10 点上班，下午 4 点就要下班。保育组长也经常迟到，于是我说你要想别人做好，你就必须自己先做好。你迟到十分钟扣 20 块钱，迟到半个小时算半天，迟到半天以上就算旷工一天，如果没有请假，连续旷工三天就自动辞职。最后他还是自己走了。

为了幼儿园的建设，我带着 80 多个孩子，同时还在文星街、双流县上到处去发传单，忙着招生。除了扩大宣传之外，还要收拾那些破烂的桌子、板凳和教室墙壁。我自己也是个下岗工人，没有那么多钱全部换新，就只能发扬三线人的艰苦奋斗精神，自己买油漆和腻子，在上班的空闲时间去那边调腻子刷油漆。除了这些，还要翻修下水管道和电路，终于一点一点慢慢地把这些弄好了。

后来幼儿园的发展也是抓到了一个难得的契机。我们打算把幼儿园以一年一万的价格外包给其他人来做，当时的李书记说不收钱都可以，后来以一年一千的价格外包出去，合同都签好了。但是他们去接管的时候，幼儿园的老师打电话给我，说："张老师，你不管我们了吗？你要把我们甩出去了吗？我们不能像菜板上的肉拿给人家宰，你回来的话怎么折腾我们都可以。"然后，李书记说底下的人不干了，孩子也没有人管，说一定要让我来带他们。其实这也是大家一起同甘共苦，走过了一年、两年、三年，互相产生了信任。

在2009年的时候校车事故频发，街道说我们社区的校车不能接送学生，风险太大。于是街道领导、教育干事和纪委书记都让我自己承包幼儿园，租房办园。一开始我没有答应，因为这个承担的风险太大了。书记他们也不断地给我做思想工作，再加上我不忍心让曾经的同事再从我的手里下一次岗，于是就答应了下来。但是社区租幼儿园的价格是一年三万六，比租给外人的价格高很多，我和社区方面的负责人交涉了很久，最后和幼儿园签了四年的合同。

我们社区地方比较偏，生源都靠校车接送外面的孩子，于是我自己就投资买了两辆面包车。为了扩大生源，在2012年我抓到了一个契机，就是打算转型成为公立幼儿园。2010年的时候政策允许民办幼儿园评级，于是我砸锅卖铁，到处借钱改善幼儿园的软件和硬件，当年被评为成都市三级幼儿园，是双流区的第一批。在2012年民办申请转型公立的时候要规范校车，当时一辆校车的投入大概就是四十万，买两辆校车，再加上软硬件的修缮，改造的成本基本上接近两百万元。当时我和社区签的合同只有一年多了，这个合同期不能保证两百万的投资回本，于是我就找到社区要求终止原来的合同，重新签订新的合同。于是就又签了幼儿园十年，也顺利通过了成都市二级园的评定。

幼儿园成长到今天真的是不容易，因为之前我工作比较忙，错过了一次转公立的机会，所以下一步我还是打算准备好转公立。因为幼儿园招生的不断扩大，我们现在已经招收了460多个孩子了，同时这也使不少人因为嫉妒而举报我以权谋私，以低价租来的房子办园，挣了不少钱，有的人将我举报到中纪委，有的人举报到省巡视组。我觉得在幼儿园里面，我更多的是付出，这些经历是不能用金钱衡量的，我觉得我尽了社会责任，因此问心无愧，不会在乎别人的评论。我不仅是一个做教育的，同时也在尽我所能帮助社会分担一分责任，特别是这些下岗工人。所以在我的幼儿园里，除了因为家庭个人的原因主动辞职的，我从来不开除一个人，这就是我对幼儿园职工的态度。①

重生

破产后的混乱，人心的浮动，却也带来了重生。伴随四川齿轮厂的消逝，一墙之隔的莲花社区诞生了。在社区营造的过程中，我们所看到的是建立在单位共同体基础上的社区共同体建构。有学者指出我国城市社会控制方式，经历了以法定社区为主转向以单位体系为主，再由单位制向社区制回归的过程。②

早在20世纪中叶，我国便以法定社区的形式确立了城市基层管理体制，其标志便是1954年12月31日全国人大常委会通过的《城市居民委员会组织条例》。这不仅预示着居民委员会在我国正式诞生，也被明确定性为是群众自治组织。随着单位组织的扩大与强化，逐渐取代城市法定社区组织而占据主导地位，并且在20世纪60、70年代达到顶峰。在我国城市空间内部呈现出单位即社区的特点。“以厂为家”显然并非仅是一句口

① 2020年9月16日访谈莲花社区居委会原主任张琪红。

② 华伟：《单位制向社区制的回归——中国城市基层管理体制50年变迁》，载《战略与管理》，2000（1）：86–99。

号，更是新中国成立以来我国工业发展所造就的。“单位办社会”更加使工厂具有了生产空间和生活空间的双重属性，也使职工与工厂结成了难以割裂的利益共同体。

企业破产——制度变迁，改革之殇，却也意味着社区的新生、人心的凝聚和社会空间的重构。诚如原四川齿轮厂职工熊佑铭所说：“我觉得这是一个良性的社会转变，如果没有破产，就没有后来的转变，中国就不可能进步，不可能搞‘一带一路’和亚投行，这些全都是靠中华儿女的共同努力。而我们脚下的这片地方就靠我们这些老川齿的工人、老川齿的党员，靠我们这些人的精神力量才让它变成现在这样美好。”[①]

职工们生活了四十年的四川齿轮厂小区被“莲花社区”所取代，而这个名字在最初却并不被待见，甚至还有些许晦气。

> 这个名字我们当时都很反感。往黄龙溪那边走就有一个公墓叫莲花公墓，然后给我们起这个莲花社区，就很不吉利。我们都说该取名为川齿社区，我们反映了很多次，但一直没有改。我记得最典型的案例就是有一次过年，有人回来拜访朋友时问到莲花社区怎么走？然后有个人把路指到莲花公墓那边，所以大家都很有意见。[②]

承认并接受新的身份可谓是涅槃重生的起点。熊佑铭、薛祖斌、朱广清、王杏生、张玉臻、宣何文、俞志仁、张琪红、马腾飞……一位一位对工厂怀有深情厚意的人先站了出来。他们绝大多都具有共产党员的身份，不少人还是当年工厂里的中层干部，不仅具有较高的政治觉悟，也在社区拥有不小的影响力。从企业破产到选举社区主任、书记，期间经历了一段相当不易的社区筹建期。第一批社区两委共有六名成员，除了书记和主任，其余四位人员负责民政产业、财务、社区妇联、计生、工会、团委、

① 2019 年 7 月 18 日访谈原四川齿轮厂职工熊佑铭。
② 2019 年 7 月 27 日访谈原四川齿轮厂职工张玉臻。

团组织、文化、老人协会、环境卫生的具体事务。不仅需要解决生活所需的水电、卫生问题，帮助下岗工人重拾对生活的信心，还要面对来自其他社区居民的不解与质疑。

> 最开始重组社区的时候压力和阻碍还是挺大的。那个时候全厂几千人都下岗了，就只有六个人还在这上班，其他工人肯定会有不满的情绪，比如他们会认为我们留在清算组就是有关系，再比如当时由于供电不发达导致经常停电，可是群众不理解，认为是在欺负他们破产的人。当时我在社区工作真的是打也挨了，骂也挨了，所以说刚开始的工作是举步维艰。其实在筹建初期，观念的转变，包括我们这些工作人员在角色上的转变是最困难的。①

熊佑铭也有着和张琪红相似的经历，在诸多质疑声中，他们完成了户籍异动与登记工作之后，便首先解决了水电气到户和住房两大民生问题。

> 一开始的筹建工作困难重重，群众因为立场不同产生了许多质疑，觉得我们打造社区是在乱花钱，还不如把这些钱分给新老职工。随着社会进步，社区开始规范停车，需要交一些停车费和物管费，停车没有之前那种随便停放方便了，一些群众就产生了反感。还有一些居民买卖房子存在不同差价，租赁房子导致的人口混乱等各种各样的原因，使得社区筹建工作的推进困难重重。
>
> 我们在重建社区的过程中解决了两个对于下岗工人而言十分重要的问题。第一个是水电气到户。在企业破产之后做的第一件事情就是和政府脱钩。工厂没破产之前的水电气改造就是象征性地改动一下，而破产之后的脱钩就是要求居民们自费了。因为共同使用水电表会导致后续付费的问题，所以我们首先做的事情就

① 2020年9月16日访谈莲花社区居委会原主任张琪红。

是把水电气分离到户。做到一户一表，到时候水电公司直接找户主，这样才能保证公平。第二个是住房问题。之前政府分配的住房十分狭小，也引发了不少矛盾。所以企业破产之后我们就弄了一个自建房，八百块钱一平方（米），让居民自愿购房。①

说到住房，莲花社区第一栋楼房16栋还是建于20世纪60年代，是第一代援建人员住了一辈子的老房子。80年代和90年代，满足职工的住房需求陆续又修建一批新房。在2008年“5 · 12”汶川特大地震的波及下，原来的老房子顿时成为了危房，“只能将里面的人紧急安置在子弟学校里面，然后我们在国家财政和商业财政支持下修建了廉租房，把这部分人安排到廉租房里面去”②。如今，社区已有一千多套房子，居民除了原四川齿轮厂职工，还有原四川棉花厂，以及附近的牧山园小区住户。

企业破产后，有的人把房子卖了，搬走了；部分人想着房子卖掉可惜，就把房子租出去，打算等房价涨了之后卖出去；还有一部分人觉得这个房子租出去也赚不了多少钱，就干脆把房子空着。③

为了帮助社区居民理解水电气智能改造和集资建房的益处，推动社区管理工作，工作人员开创了“四步工作法”。“我们建立了一个老年协会，由以前工厂的工会主席来担任，在社区当中保留一些原来企业工会的传统习俗，让老协会主席起到干群关系的纽带作用，逐步地扭转干部和群众之间的关系，注入新的活力，就这样我们逐步完善了社区的建设。”④于是，曾经的四川齿轮厂工会主席薛祖斌，为了配合社区建设而成为首位莲花社区老年协会的会长，承担起疏导群众心理和情绪的重任。

① 2019年7月18日访谈原四川齿轮厂职工熊佑铭。
② 2020年9月16日访谈莲花社区居委会原主任张琪红。
③ 2019年7月10日访谈莲花社区党委书记马腾飞。
④ 2020年9月16日访谈莲花社区居委会原主任张琪红。

> 企业破产之后我们就成立了社区。但是因为企业破产的混乱，所以上面派下来的前几位领导都不敢来，后面政府派了原建设局的副局长，组建了工作小组，为社区重建做了大量的基础工作。因为当时人心涣散，他们就动员我来帮助他们工作，还成立了老年协会，我就成了会长，为群众解决一些生活和心理上的问题，我解决不了的就向领导班子反映。所以我就相当于是一个维系干部和群众关系的桥梁。因为破产之后我们这里人口变动大，很多人都搬出去了，只剩下了一些老年人，再加上有不少人在这里买了房子，原来存在的山里人和山外人的隔阂比之前少了很多，这些居民对我的工作也还是十分的满意。[①]

刚刚经历破产的社区又脏又乱，很多人把房子卖了搬离社区。在解决了基本生活问题之后，环境卫生的整治便被提上日程。熊佑铭在大家闹情绪的时候，站出来把后勤的环境卫生工作扛了起来，一负责便负责到现在。

> 当时的第一届社区主任，也是筹备小组的组长说："老熊，能不能出来帮我们？这段时间太多问题了，但是生活还是要正常过下去嘛？环境卫生要打扫，垃圾也要清理，那么多困难总是要人处理嘛？"所以这个时候我就站出来了。他们把劳动服务公司和齿轮厂环卫的事全都交给我，我也没有什么怨言。所以我对这些事情都是正面的看法，工厂破产我也认为是历史的必然，就破产这个事来讲我一点都不埋怨政府。[②]

2014年，莲花社区迎来新主任——张琪红。居委会居委委员也经历了换届和人员重组。2017年，马腾飞成为社区书记，在与张琪红搭班子的几

① 2019年9月1日访谈原四川齿轮厂职工薛祖斌。
② 2019年7月18日访谈原四川齿轮厂职工熊佑铭。

年时间里，从光亮工程到平安社区建设，共同见证了昔日破败不堪的社区焕然一新，也越发充满了生机。

> 2014年我担任主任以后，我们是确确实实想为老百姓做一些事情。首先就是光亮工程，把社区里使用了40年的路灯进行改造，重新安装了118盏路灯。这一基础设施建设，真正切切地解决了总书记所说的老百姓的烦心事。我觉得这些点亮的灯，其实点亮的是老百姓的心灯，觉得灯亮了，脚下的路也平了。其次，就是对院落的打造，对路面等基础设施进行修复。再就是平安社区的建设。为了防止盗窃事件的发生，我们在社区入口处安装了闸门，将盗窃事件发生的频率从之前最高的一晚十一起降低到后来的全年零起，这是一个翻天覆地的变化。最后就是环境卫生上的工作，从2014年马书记管环境卫生以来，我们社区做到一日一巡逻，将边边角角的地方也打扫得干干净净。这些事情做下来，哪怕我们的社区依旧是旧的，但是它十分地整洁有序。①

赋权

占地近1平方千米的莲花社区，实际住房2240户，社区居民8295人，党员478人。历经三线建设和城市化进程，莲花社区成为一个典型的移民型社区，不仅党员人数众多，同时也面临着严重老龄化问题。如何使逐渐有序的社区走向良性的发展道路，如何实现老有所养，少有所求，幼有所教，如何让所有人参与到社区建设和公共生活成为新的议题。

在莲花社区的社区治理实践中，将单位情怀嵌入赋权式治理，其取得的效果是显而易见的。居民对于社区的归属感和认同感，以“川齿记忆”和“川齿精神”建构为基石。居委会作为社区治理核心，率先调动党员参与其中，发挥党员的引领价值，而这恰恰是莲花社区与生俱来的内生

① 2019年7月10日访谈莲花社区党委书记马腾飞。

动力。一批又一批成长于新中国红旗下的工人阶级，将他们的青春绽放在祖国西部。无论是20世纪60年代的三线建设创业时期，抑或是80年代的企业改革浪潮，在中国工业化的道路上，企业党组织建设和党员发挥的先锋模范作用毋庸置疑。如今，在党建引领基层社区治理的趋势下，莲花社区的天然优势也得以激发，沉睡在破产阴霾下的“川齿精神”，在充满“仪式感”的社区活动中似乎也觉醒了。对于当时的居委会主任张琪红来说，社区工作主要是重拾下岗工人对生活的信心。

> 其实我们社区的工作就是重拾下岗工人对生活的信心，在满足生活保障的前提下，才能让他们更好地重新工作。毕竟在企业刚破产的时候，大家的怨气都非常大，我们基层就只能在政府政策范围内尽量将关爱传达到老百姓的手上。当时为了发挥党员的积极引导作用，我们开展了一系列党员活动，激发党员的热情，让党员带动群众，在群众的心里建立起一个想法：“虽然我们工厂破产了，但是政府并没有忘记大家，也在关心大家。”我们实实在在做了不少事情，包括环境改造等，建立起一种独属于我们社区的文化，让居民每个人都投身到建立社区的工作当中去。
>
> 在这个过程当中基层党员真是做了许许多多的事情，包括区委区政府、街道办、社区党委等都在关心老厂职工的待遇问题和生活环境问题。社区的同志干部为了搞好工作，不管什么时间，只要一个电话他们立马有事去做，让整个社区都井井有条。社区没有发生过一次违章燃烧、洪涝灾害，更是让小偷小摸的行为不断减少，就算是电动车的钥匙忘记拿了，也没有人会偷电动车。[①]

“赋权”一词也许对于社区老百姓来说显得有些陌生、晦涩，但说起志愿者、“坝坝会”、居民议事会、居民小组、楼栋长，大家总有讲不完的故事。社区里的退休老人们突然繁忙了起来，但却都乐在其中，辛苦竟

① 2020年9月16日访谈莲花社区居委会原主任张琪红。

也不觉得。8000多居民当中，最先被调动起来参与社区事务的是党员志愿者群体，这部分具有一定影响力和较高素质的党员被组建了起来。他们每天活跃在社区的大街小巷，亲力亲为，日复一日地做着监督劝导、安全巡视、环境卫生的“小事儿”。

2019年2月28日，俞志仁、易轩哲巡逻值班。德治广场清洁工反映，个别养狗户遛狗时，狗儿随处排便，遛狗者不清理。清洁打扫后，又被狗儿乱排便，打扫都来不及。

……

2019年4月8日，由朱广清和熊佑铭巡逻本社区。今天在卫生服务中心，给本社区老年人体检。本社区一切正常。

……

2019年11月1日，今天社区范围巡逻值班，发现河边公园少量的狗屎现象。有人遛狗，立即上前给予解释性劝解制止。其他一切正常有序。今天上午市委组织部的同志来社区参观。

……

2020年1月16日，今日晴，风和日暖。志愿者上午、下午拆灯笼、挂灯笼。节日将到临，社区正在积极进行节日布置准备工作。春节来临之际，一片繁忙。未发现异常情况。

……

2020年7月8日，今天是张玉臻、姜易树、邹发洪巡逻。未发现异常情况，其主要事宜如下：

一、捡狗屎，美化环境。

二、维护社区稳定有关事宜。

三、做好文明劝导，提高居民自觉性。

四、其他事项。

……

2020年10月3日，今天是陈祥文、刘家全二人巡逻值班。未发现其他异常现象，发现有打白果现象给予制止。

……

2020 年 12 月 19 日，天气阴，星期六。今日由朱广清、俞志仁、易轩哲在社区巡逻值班，主要内容：1. 巡查社区内有无异常情况；2. 巡视中进行文明劝导；3. 捡拾狗屎。狗屎主要分布在前山河边花园沿途，数量还较多。看来要做到文明遛狗，文明养狗还任重道远。今日巡逻总的是情况正常。

……①

对于这些年逾七旬仍风雨无阻的志愿者而言，能为社区做点事便是一种幸福。虽然最初有不少人对此不以为然，想看看他们究竟能坚持几天。也有人认为这些志愿者一把年纪，却还贪图一点儿小利。但他们这一坚持便是数年，用点滴凝结成一册又一册“党员志愿者值班记录本”，也用言行引导更多社区居民加入志愿者的队伍。

党员志愿者值班记录本（杜辉摄）

① 摘自莲花社区党员志愿者值班记录本（2019—2021 年），莲花社区提供。

我现在做志愿者，为社区做点事，今天我们挂灯笼。做志愿者也没什么钱，积分两分，可以去超市兑换。靠社区几个领导这些事情做不完，行政三个，党委七个，好多事情都要靠志愿者搞。我们志愿者社区上面有个俱乐部，还有图书室。社区现在打造得很好了，小区有地理环境的优势，只有北门和南门两个门，不像别的社区都是敞开的，不好管理。

但是社区事情也比较多，一共分了五个居民小组，我是第一小组的组长，还做志愿者。我们不图荣誉，也不图利益，就是为社区做点事，也感到很幸福。虽然退休了，但是作为党员能做点事情也是感到很光荣的。最开始时志愿者只有几个人，后来逐渐增加到了 19 个人。有些人还是不理解，风言风语也不少，说你们退休了还想着赚钱。

我们每个人都要值班，南门和北门都有党员志愿者带班。党员的政治性更高，也更有担当，在关键时候，是对是错该说就说。社区对我们志愿者也很关心。成都市领导上次来，看到我们的记录本，也很受感动。每天的记录文字虽然不多，但解决的都是实际问题，也不弄虚作假。我们捡捡狗屎，做文明劝导，巡查安全隐患问题，能解决的我们就解决，解决不了的就向社区领导反映。每年每天风雨无阻，今年春节值班刚刚排下去了。[①]

为了调动更多的社区居民参与到公共事务，居委会想出了“积分制”的法子。然而，驱动党员志愿者的却并非两个积分而已，而是一种情怀。在他们的带动下，社区的居民志愿者已经发展到了 100 多人，他们承担起了不少社区事务，也在这个过程中获得了认同与信任。

我们社区没有请任何第三方，全部是志愿者自己来。党员志愿者有情怀，很无私，为社区做了很大的贡献。我们这里是爱国

① 2022 年 1 月 26 日访谈原四川齿轮厂职工俞志仁。

主义教育基地，防空洞随时开放，他们就会为观众作讲解。今年疫情防控，晚上2点接到通知让我们社区组织队伍，早上6点去支援常乐小区[①]。时间这么紧，我就在想只能找党员了，最后我只有给党员志愿者打电话。他们都是七十几岁的人了，毫不犹豫地说“好”。第二天早上5点钟就在等着，我们就出发了。那天汗水顺着胸口往下流，他们也无怨无悔。

当时我们想让更多的人加入，提高服务质量，于是在2018年开始尝试实行积分制，没想到效果很好。有些社区搞兑换物资，但只能兑换米和油。用积分的形式就可以实现兑换多样化。每天每个点位服务两个积分，可以在社区超市兑换10元的东西。以这样的形式，可以很好地调动部分社区居民参与社区事务，还可以带动他们的家人和熟人，而且在这个过程当中还可以获得成就感和尊重。[②]

社区的氛围悄然发生了变化，越来越多的人不再观望，而是关心起了社区的事儿，人人都成了监督者。有时候，居委会还利用小区里宽敞的“坝子”，组织起了接地气的“坝坝会”，和居民们一起讨论公共事务。摆一摆龙门阵，彼此之间交了心，事情也好解决了许多，坝坝会成为共治共建共享的社区治理的集中体现。除了全体重大决策之外，坝坝会也会按区域来召开，把与议事内容有关的居民召集起来进行商讨。

为了加强群众和干部之间的联系，我们还专门弄了一个“坝坝会”。它不仅是给了我们一个交流的平台，更是让老百姓们不受拘束自由自在地发表自己的看法。比如之前关于养狗的问题，为了制定相关条例，我们就召开了“坝坝会”。让大家聚在一起发表自己对于养狗问题的看法，这就避免了有的人想法得不到落

① 2021年7月28日，因新冠疫情双流区常乐小区为疫情防控点。
② 2019年7月10日访谈社区居委会马腾飞书记。

坝坝会（莲花社区提供）

实的问题。这个形式其实对于我们农村人来说比那种打印出来，或者是发通知更有效。[①]

在短短几年的时间里，城市人口流动日趋频繁，社区结构也变得更加复杂。8000多社区居民中有2/3是原四川齿轮厂职工和四川棉花厂的职工，1/6为外来购房户，剩下1/6为外来租房户。对于约三成的社区居民来说，对于曾经的四川齿轮厂、四川棉花厂，以及早在20世纪80年代就已并入四川齿轮厂的岷江齿轮厂，并没有深厚的感情，甚至是十分陌生的。社区制、城镇化和房改房消解下的单位情结，使得社区认同淡薄，也令社区参与度低的问题浮出水面。如今摆在社区居委会面前的，是如何维系共同生活在社区中的外来人员和工厂职工的关系，实现人人参与、人人行动，打造更加美好、和谐的社区。在熊佑铭的记忆中，让社区居民真正凝结在一起的是那次环境整治行动。

在社区重建中，需要我们花费更多心思去管理那些后面搬入社区的居民，因为没有共同的记忆，所以他们很难融入到社区中来，但是出现了问题还是需要大家共同去解决，那么就只有我们两委人员不断地去号召。就比如绿化问题，政府按照规定给环卫工人拨了款之后，我们就组织扫地。因为我们社区的树比较多，地方也大，还有不少山坡坡，环卫工人的工作量很大。有的居民养成了自由散漫的性格，吃完东西就往地上丢垃圾，为了减轻环卫工人的工作量，现在我们就要求垃圾分类，派人守在垃圾桶旁边教居民们丢垃圾。就这样，在干部们的不断努力下，居民们对社区的归属感逐渐增加，也逐渐融入到社区当中。可以说，社区的重组一点点地带领我们走向更好的生活。[②]

① 2022年1月26日访谈社区居民俞志仁。
② 2022年1月26日访谈社区居民俞志仁。

莲花社区 2019 年第五次居民代表大会（杜辉摄）

为此，莲花社区还成立了居民议事会，并在 2017 年确立《居民自治章程》，受居民会议委托行使社区级自治事务决策权和议事权。居民议事会通常在每月 25 日召开，成员共有 31 人，不仅包括社区常住人口，还吸纳了常驻生产经营者和单位代表。本《章程》规定，社区组干部不超过半数，且每个居民小组应有 4 个以上社区议事会成员名额。议事会通过民主讨论，决定社区财务收支、集体经济项目、人员聘任、建设规划，以及诸如公共设施和社区绿地维护、家犬饲养、邻里关系等社会事务。如朱广清等投身社区的建设者，大多在其列，积极为社区建言献策。

我们会在居民议事会上讨论各种大小事务，比如我们打造防空洞的申报和设计问题，都要通过议事会的讨论和举手表决，只有通过了才能行使权力，不然是没有权力的。它就像是小一点的人民代表大会一样，里面的成员也是选举产生的，十分地民主。社区的建立就是通过各方面的努力一点点建设起来的。[①]

不仅如此，社区还设置了居民小组、居民监督委员会，作为居委会与居民联系的桥梁和纽带。居民小组属于居委会领导下，开展群众性自治活动的基层组织，设有五个居民小组，组长由各小组选举产生，并且拥有小组议事会成员资格。居民监督委员会则是在社区党委的领导下，行使社区自治工作监督权的常设社区监督机构，对社区两委重大事项的决策、执行和结果，社区级公共事务的决策和运行负有监督职责。为了能够有效履行监督职责，居民监督委员会成员候选人采取回避制度，社区党组织成员、居委会成员及其配偶、直系亲属等不可列为候选人。居民监督委员会由5人组成，主任1名，由社区党委委员兼任，所有委员在居民代表中选举产生，任期3年。

如果说社区党委、社区居委会是社区治理的“心脏”，居民小组、居民监督委员会是“桥梁”，那么楼栋长应该就是深入群众的“毛细血管”。如今，莲花社区所辖范围共设置了60名楼栋长。老职工王杏生在社区成立之初便积极投身社区建设，他不仅是社区居民代表，还以楼栋长的身份协助社区处理邻里矛盾和安全维稳巡逻，在拆违拆旧、环境整治、绿化提升等专项行动中都能看到他的身影。尤其是在社区背街小巷治理行动中，不顾自己90多岁的高龄出面调解纠纷，甚至怒斥违法建设者。他作为党员志愿者的一员，和年轻人们一同巡逻在社区的大街小巷。为了顺应时代的发展，这位年逾九旬的老人学会了使用微信。

破产之后过了几年，我们原来的工厂重建为社区，我们社区主要是分几个栋长。我是27栋的栋长，一有什么出操的通知就让大家参加。现在我们的出操基本上都有人管位路，以前每个人还要管一些东西，现在不行了。一个范围有一个，比如我们有五

① 2019年8月30日访谈原四川齿轮厂职工朱广清。

栋房子，在一片土地上出操。通知大家一般是用微信，就是因为大家以前都是在厂里工作，基本上都认识。有些人打造社区环境或者出操他们不来，只有开会的时候来，比如我们每个月28号的党员会。①

就这样，莲花社区形成了党组织、居民委员会、居民监督委员会、居民小组、栋长的组织化治理架构。在此基础上完善出“五网四图三治”的基层治理体系，即“组织网、责任网、宣传网、信息网、服务网”，“资源图、责任图、态势图、流程图”，以及“区域联治、校社共治、院落自治”，极大提升了社区基层治理的精细化程度。尤其是在当时疫情防控常态化的形势下，这种全覆盖式的网格式管理发挥了极大的作用。

从莲花社区的设立、发展，不难看出它经历了从单位制治理模式到参与的、协同的现代城市基层管理模式的过程，社区也在单位制让位之后，成为国家构建基层政权的主要空间。在新形势下，居委会的主任、书记、工作人员、社区居民变成了社区建设实践的行动者。常被大家挂在嘴边的居委会主任张琪红、书记马腾飞，也因一心为了老职工，为了居民，而备受信任和爱戴。

为了社区改造，我们的领导相当辛苦。他们将一个落后的、破烂的川齿厂家属宿舍改造成了现在漂亮、适合居住，又有幸福感的新社区，付出了很多心血，甚至差点把自己的命都搭上了，才迎来了家属宿舍的华丽转身。我们相当尊重我们的领导，张主任和马书记都是非常有能力又肯实干的人。

领导号召怎么做，我们就怎么做。因为他们的工作成绩大家都看得到，明白他们所做的这些事情都是为了老职工，为了居民，为了社区，而不是为了自己呀！张主任所有心血都倾注在工作上，自己落得一身的病。她在医院里都得把她拉回来，因为工

① 2019年7月30日访谈原四川齿轮厂职工王杏生。

社区志愿者参与环境整治（莲花社区提供）

作离不开她。老百姓也很敬佩她，所以她一说有什么事情要做，大家都跟着干，绝对不会推辞。她确实做到了全心全意为人民服务，也得到了大家的爱戴。如果她只为自己工作，那谁还支持她呢？改造前的社区你们都不会想看，更不会想来参观采访了。

社区重建光靠口头号召是不行的，必须要付出代价。张主任50多岁了，哪怕有腰病都还是以身作则。明年要开始换届了，我们都希望上届领导继续担任。张主任却说你们饶了我吧，我的身体实在是受不了了。但尽管她的身体不好，该干的事情来了她也还是会去干，比如自贸区就是张主任请来的，我们社区的所有设施，包括连心社等都是她亲自办的，所有的设计都是按照她的思路和想法开展的。张主任对这个社区有感情，为了我们大家，为这些老的少的在这儿生活的人，付出了很多精力。她的工作作风

社区志愿者参与环境整治（莲花社区提供）

相当地民主，做任何事情首先是召集管理会，然后党委会扩大会议。每个星期六都要开会，对这个星期工作进行总结，然后布置下个星期的工作。这个领导班子是值得赞扬的，成绩是不可磨灭的。①

可以说，从“单位人”到“社区人”是通过环境整治、设施完善等具体行动下的赋权实现转换。如今的莲花社区内部日趋异质化、多元化、复杂化，在原本的“熟人社会”中嵌入了不少外来人口。在社区共同体意识培育的过程中，依旧可以看到植根于单位情结，还有以党组织为核心，以党员为中坚力量的社会主义工业企业的组织、行动模式的烙印。在社区创

① 2019 年 9 月 1 日访谈原四川齿轮厂职工张玉臻。

建之初和建设历程中，冲在前面的大多是起到带头示范作用的党员，他们热心公共事务，怀有将有些破碎的社区重新营造为充满幸福感、归属感的愿望，也愿意出面承担责任做“主人翁”。

我们社区居民之间相处起来还是比较和谐的。不过也有居民不了解川齿厂和社区的历史，对于这里的环境卫生、基础建设很不重视，他们的小孩也有随便就把社区的一些基础设施和设备搞坏的迹象。然后我就要说：“哎，注意哦，这是公共的财物。”我的性格是很自信的，就直接跟他们说：你们不要让孩子破坏这些基础设施，公共的地方大家都要爱护。

前几天我遇到两个小姑娘，她们在这儿租房子的，不知道这边的路怎么走。她们路过防空洞的时候以为那个是垃圾洞，就把垃圾往里面放。然后我就说：“哎，小姑娘，这个不是放垃圾的地方，你把垃圾放到这儿是不行的。往前走20米，那边才是垃圾场放垃圾的地方。你要是找不到的话你就把垃圾给我，我帮你丢。”她自己也有些不好意思，然后跟我说知道了，自己把垃圾丢在了垃圾堆那里。如果你到处乱放，人家还要搞卫生，要把你丢的垃圾重新丢到正确的地方，多麻烦人家，对不对？

那边凉亭里面有桌子，桌子上面画着棋盘，老年人可以在那下棋。有一天我正好走过去，看到有一个人在那里搞破坏，把画着棋盘的桌子摔碎了。当时社区领导也在旁边，我就说：“领导，你看这个人把社区搞成什么样子了。那么大的桌子，要花多少钱来做？”于是领导就说要查录像，但那个是死角没有录像查不到，所以这件事就不了了之了。我觉得要避免这些事情还是要通过加强教育，开会时也要经常说一说。现在的一部分外来居民跟这个原厂的职工在素质上有很大的差距。①

① 2019年9月1日访谈原四川齿轮厂职工张玉臻。

营造

对于不少学者来说，曾经的单位大院犹如城市中的“孤岛”，它相对封闭，也带有一定排外的特点。[①]社区共同体和社区认同的培养需要做的是拆掉那道“围墙”，赋权于社区居民，激发自我潜能和自我意识，从而改变现状实现自我价值。在莲花社区的个案中，自我认同和社区认同的建构在某种程度上是在社区营造中完成的。

为了落实党中央国务院关于城乡社区治理的重大部署和四川省第十一次党代会、成都市第十三次党代会精神，2017 年 9 月 2 日成都市城乡社区发展治理大会召开，并正式印发《关于深入推进城乡社区发展治理建设高品质和谐宜居生活社区的意见》。这份意见也被称为“九 · 二城乡发展治理”，这项以建设高品质和谐宜居生活社区为目标的工作，从社区规划、服务配套设施和服务管理，再到街区整治、全域景观化创建、环境综合治理，迅速在全市范围铺开。以党组织为核心的区域化组织架构，“共建共治共享”的社区治理理念也很快植根到各个社区。这对当时资源并不怎么丰富的莲花社区而言，是一次极为难得的契机。

> 但是下岗也不是末日，虽然我们的机会比别人少，但是那种独特的三线经历和生生不息、顽强拼搏的三线精神却对我们有着很深的影响。现在回过头来看，我们就像是一粒种子，落到了大西南并努力地开枝散叶，经过几代人的共同努力演变成现在的模样。因为受的教育不一样，生活的环境不一样，就业的途径不一样，所以说我们未来的生活，人生的道路也就不一样，但只要一直保持着三线人特有的那种精神，肯定会柳暗花明。
>
> 在 2017 年的时候，成都市开了一个“九 · 二城乡发展治理”的大会，同时我们也抓住了这个契机，我们的洪书记主动跟街道

① 虞泽南：《城市中的“孤岛”：从单位大院到大院社区——以江西 H 高校大院为例》，载《才智》，2017（28）：246–247。

汇报要对商家沟河道进行清淤。之前商家沟这个地方全是杂草和建设垃圾，每年夏天河水一上涨就会翻河，这个地方就会是一片泥泞，污水也会淹到我们现在特色街区这个地方。经过了4年的清淤，河水也不翻了，污水也不再蔓延。后来我们用子弟校的那块土地和劳动服务公司的人置换土地，打算在商家沟那里建设一个公园，并承诺劳动服务公司的老员工们也可以享受社区的慰问和补助，在公园建设的时候我专门成立了一个老党员的监督厅，对工程进展情况进行监督，让施工方对粗制滥造的工程进行整改重修，并在公园里放了几台机床，保留我们川齿厂的记忆。以此为起点开始慢慢打造属于我们川齿厂的记忆，保留川齿老职工对工厂的情怀，就这样我们又一步一步地建造了记忆小巷和防空洞，收集老物件建成了川齿记忆馆。①

在大家熟悉的地方，空间营造在环境治理的基础上也逐步开始了。在“九·二城乡发展治理”基础上，中共成都市委、成都市政府又提出了老旧城区改造、背街小巷整治、特色街区创建、社区服务提升和平安社区创建“五大行动”。同时为了深入开展城乡社区可持续总体营造，建立了市、区和街道三级社会组织培育体系，设立社会组织发展专项基金，用以资助社区营造、社会组织和社会工作服务。于是，莲花社区在夜晚变亮了；居民的房前屋后没了枯枝烂叶和垃圾，多了不少盆栽和灌木；安上了门岗和监控系统，小偷小摸也不再发生；小区里多了一些当年曾经使用过的机器，满是乡愁的记忆小巷，还把20世纪70年代的防空洞打理出来，建设了一座“川齿记忆馆”。

社区景观的营造也不断重塑着社区内部的人际关系。它不仅是在社区空间和物件所构成的地域综合体，更是复杂的自然、人文过程和价值观在大地上的投影。在莲花社区新的景观中，人与环境彼此影响、塑造，甚至在营造实践中将某种难以言表的情感体验和时代记忆也附加其上，形成了

① 2019年9月16日访谈莲花社区居委会原主任张琪红。

社区环境整治前（左）、整治后（右）对比（莲花社区提供）

难以割舍的根植性和地方感。

2014 年来到莲花社区的马腾飞，成为了社区居委会的书记。拥有环境规划背景的他，深谙环境之于人的重要性，来到社区做的第一件事就是走遍社区的每处角落，把环境这个老大难问题给解决了。解决了环境问题，也就是解决了民生问题。

> 我是 2014 年到社区居委会工作，曾经负责管理环境、卫生，这是最难搞的一块儿，一般是居委会主任亲自抓，也是老大难的一块儿。因为我初来乍到，对社区的情况不了解，所以每天就在社区转很多次，可以说对社区的沟沟坎坎都十分了解。哪里有问题就跟进安排，马上解决。我们社区的环境卫生评比经常是第一名，最撇①都是第二名。

① 四川方言，即最差。

环境对人的情绪影响非常的大。有外面的人进到我们小区，就会觉得眼前一亮。而且我们社区的老人非常多，之前他们只能去公路上散步，非常危险。我们就想把公园建在社区里面，公园社区的想法就形成了。如果绿化建设好了，开门见绿，出门看花，心情也会很愉悦。我们有位老人家，是从天津过来的老三线。工厂破产后她就回到了天津，多年后回到社区耍一下，住下就不回去了撒。破产后的小区脏乱差，又不安全，有时晚上盗窃就有十几起，我刚刚过来的时候就逮小偷。现在又安全，道路平整，绿化又好，再加上有很多熟人，生活在这里感觉到很幸福。每天下午打打小麻将，散散步，几个婆婆时不时聚一下，心情也很舒畅。①

也正因为“此地”是许多人生活了数十载的所在，“一砖一瓦，一草一木都与他/她有关”，对于社区营造的成果往往也格外珍惜。2017年，社区开始推行绿地认领，没想到取得了意想不到的效果。不仅认领者认真打理起绿地，还成为社区环境保护的监督者。大家或是主动或是被动地参与到社区事务中来，曾经的漠不关心和失落怅然荡然无存，随着环境越来越好，社区各种荣誉、资源加身被重新唤醒。不少后来入驻的外来人口，也逐渐融入社区文化，当中还有为数不少的人也成为了社区志愿者。

社区居委会办公空间改造前后对比（莲花社区提供）

① 2019年7月10日访谈莲花社区党委书记马腾飞。

绿地认领（杜辉摄）

背街小巷环境治理（杜辉摄）

连心社（杜辉摄）

2017年还没有治理的时候，两三千的房子，新房子哦，都没有人买。现在我们社区的房子都已经上万了，想买都买不到。我们社区很早就实现了全绿化空间，下面一个大公园，上面一个小公园。有了志愿者队伍劝导，现在很多外来人口也能遵守我们的乡规民约，开始逐步融入社区。比如我们的记忆小巷摆了很多花，以前只要含苞待放，很快就被“摧残”了。现在你绝对不会相信，一棵树高头的花有多少含苞待放，到快凋谢的时候，基本

> 上没有什么变化。这个我已经观察几年了。自治，就是大家都来监管。我们的老党员都在转，我们的绿地自己去认领，自己都去维护，觉得我的劳动成果大家都要尊重。这取得了两个效果，一是他自己会自觉尊重，二是如果有人来破坏，他就会去教育别人，而被教育的人自己也会反思。[①]

2017年，社区空间营造的另一个大手笔，是将原有相对封闭的办公空间调整为开放式的公共空间。最初的社区居委会办公楼曾经是四川齿轮厂的生活服务商店，经过部分改造成为了社区居委会办公楼。“原来接待大厅就像银行柜台一样”，而现在却成为社区公共空间的组成部分。工作人员与居民之间少的不仅是一道柜台，更是彼此隔阂的关系。与办公空间并置的是莲花社区妇女儿童之家，这里成了孩子们最喜欢光顾的地方。而老人们除了咨询和办理业务，也时不时到这里遛上一圈，和大家聊聊社区里的一些事儿。除此，社区里还多一个“连心社”，这里是老年人们摆龙门阵、读书、健身，以及孩子们娱乐的休闲所在，更是联结彼此的空间。

因企而生的莲花社区成为我国老旧社区治理实践的一道缩影，社区营造亦成为基层治理的有效策略。所不同的是，作为后单位时代破产国有企业，莲花社区有着独特的文化肌理和社会基质。诚如书记马腾飞对社区的自我剖析：这是一个人口成分相对单一，以两个省属破产国有企业为主体的社区。社区居民整体文化水平比较高，见多识广且喜欢交流，对于新鲜事物的接受程度较高和对党的方针政策理解程度较深。在近七十载的历程中，“集体”“奉献”似乎已深刻在了骨子里。社区营造唤醒了不少居民潜藏的集体意识，他们成为了自觉的行动者和社区真正的主人。

印记

> 1958年，成都拖拉机厂组建。

---

① 2019年7月10日访谈莲花社区党委书记马腾飞。

1961 年，成都拖拉机厂迁建牧马山。

1964 年，天津第九内燃机齿轮厂内迁。

1965 年，四川齿轮厂正式诞生。

2005 年，莲花社区组建，两委成立。

从厂一代到在上幼儿园的孩子，有关那段往事虽已历经了四代人，却在岁月里逐渐被淡忘。“厂一代的年龄已经十分大了，而第四代在企业破产之前都还没有出生，所以没有川齿的记忆，等再过了十几二十年，社区的居民就会慢慢淡忘。我们社区为了让更多的居民记住三线建设和四川齿轮厂这段记忆，就提出了‘川齿记忆’这个概念。”①

2017 年，社区居民们被召集到了居委会办公楼前的坝子，这次坝坝会的主题是动员大家捐赠一些老物件，摆一摆如何把当年留下的防空洞打造成能够传承川齿记忆的博物馆。没想到得到了不少厂一代、厂二代居民的支持，勋章、照片、工作证、票证、厂报、设备仪器、标语、收音机、电视机……几百件的老物件陆续被送到了居委会，还有不少离开社区的老职工，把自己收藏之物邮寄过来。此时，修建于 20 世纪 70 年代的防空洞也已经被清理干净，成为这批老物件收藏和展示的最佳场所。博物馆的设计与陈列全部是由社区独立完成，虽然没有繁复、昂贵的设计，却以最质朴的方式讲述着自己的故事。

企业破产的时候，职工没了归属感，就像是一盘散沙，人心十分散乱，对党和政府的情绪也比较大。为了重新凝聚社区的精神风貌，在 2017 年的时候，借着社区发展治理、记住乡愁的契机，我们计划打造一个博物馆来展示工厂的照片和物品。其实在此之前我也不知道社区里面还有一个防空洞，不过张主任是三线子女，一直在这里生活，对于这些东西有很深的了解。于是我们两个就打算把这里建设成为一个景点，再加上得到街道党委书记

① 2019 年 8 月 30 日访谈原四川齿轮厂职工朱广清。

改造前的防空洞（莲花社区提供）

胡书记的支持，我们就立马投入了建设。3月份我们开始清理里面的杂物，到5月的时候就已经初见规模了。

实际上我们博物馆的资金投入是十分小的，清理、装修、展览一共花了50万。我们也没请人设计，所有的场地都是自己整的。我们是边打造边想，根据自己的情况讨论这个场地咋个来布置，展览物件也是职工和企业无偿捐赠的。因为外面的东西放在博物馆里面是没有意义的，它和川齿厂无关，也不能承载老职工的记忆。所以很多展品是我们专门开老年收集会收集到的，既降低了成本，又切合博物馆与川齿职工的关联。在老年收集会当天我们就收集到了几百件物品，经过整理、排序，做出了一个博物馆展品的雏形，后来还有不少离开社区的老职工把自己想要捐献的物件邮寄过来，所以现在我们的展品十分地丰富。还有一些大型的设备，比如在河边的那四台大型机器，是我们去找之前川齿的厂办子弟校和购买了川齿厂设备的厂家，他们把设备捐赠给我们社区的。

我印象十分深刻的展品是一张图片，上面有50个人在做一个活动。这张图片展出的时候，不少居民都在讨论这个是哪一次的活动，这个人是某某某，他在企业的表现怎么样。我们更加地团结，社区变得更加地美好，就是在这些居民的情感和共同记忆的凝聚下实现的。[①]

这座博物馆被命名为“川齿记忆馆”，然而居民们更喜欢的说法是“防空洞”。这座防空洞既是时代印记，也是职工们一锄头一锄头挖出来的，大家对它也有着别样情感。当时为响应党中央毛主席“备战备荒为人民”的号召，确保工厂人员和财产安全。1969年下半年，根据工业厅人防办的要求，四川齿轮厂战备办公室上报厂核心小组、厂革委员会同意建设防空洞。受制于有限的条件，厂党委号召全体干部职工加班加点投入到防空洞建设当中，经过1000余人三个月轮流作业，在前后山各挖出了500平方米、5米深的防空壕。1970年，随着国际局势的进一步吃紧，防空洞投入使用迫在眉睫，四川齿轮厂防空洞在1971年3月建设完成。此后，厂人防办还组织了几次演练。

随国内外局势趋于稳定，防空洞建设完成后便一直处于关闭状态。后山因修建新房，便把防空洞填了，前山防空洞也填了一部分。和平年代下的防空洞，在热火朝天的工业生产和技术改革中被渐渐遗忘了，成了堆砌杂物的废弃之地，一到了下雨天更加成了隐患。在“九·二城乡发展治理”街区整治、环境综合治理的契机下，前山防空洞再次打开了大门。社区从几百件征集品中，精选出重要文件10余份、勋章3枚、标志性证件50余件、设备仪器150余件、宣传标语8幅、老物件25件和照片100余幅，将它们放入了这座约500平方米的防空洞。

① 2018年7月10日访谈莲花社区党委书记马腾飞。

2019 年 1 月 24 日，成都市双流区人社局、西航港街道党工委领导班子成员、清算组老领导、莲花社区历届两委班子成员、劳模代表、党员代表、居民代表参加了“川齿记忆馆”的揭馆仪式，这座社区博物馆正式向公众开放。斑驳、粗砺的石壁，低矮、略显压抑的空间，却瞬间将参观者拉回到了 60 年前。石萍、肖祖英、程法禹、王杏生、张广顺、姚凤祥、毛长起、欧裕智、朱广清、熊佑铭、薛祖斌、赵齐顺、宣何文……一张张面孔铺就的墙面，由个体构筑起“三线建设”峥嵘岁月下的集体记忆。对于其他社区居民而言，他们看到的既是自己，也是以集体之力创造的“成都拖拉机厂”“四川齿轮厂”“岷江齿轮厂”。

防空洞成为联结当下与过去、未来的通道，线性勾勒出一个企业的从无到有，“艰苦奋斗”“无私奉献”“开拓进取”是展览的关键词。太原战役一等功勋章与捷报、四川齿轮厂的工作证、劳动生产光荣证、天津第九内燃机配件厂颁发的劳动模范奖章……这些个人物品不仅使所有者的人生荣光，使得每张面孔更加鲜活，也成为“川齿职工”的集体缩影。他们来自四川、山东、天津、上海、河南、浙江、重庆……在“备战备荒为人民”“好人好马上三线”的时代号召下，跋山涉水，从祖国各地汇集在了西南腹地的牧马山与白水河。“干打垒”“大食堂”“车间生产”的黑白照片，洋溢着专注和笑容，让人看不到一丝懈怠与苦闷，更多的是向上、积极的时代风貌。搪瓷杯、铝皮饭盒，还有壹分、伍分、壹角的食堂菜票，是工人们每日携带的“三大件”。

四川齿轮厂新印章的颁发和启用，宣告着一座三线企业的正式诞生。朱德总司令来厂视察的档案和重要指示，被置于一处显著的位置。这不仅是四川齿轮厂的高光时刻，其作为三线企业的地位和意义也是不言而喻的。工艺图、绘图仪器、科室和车间牌、生产要求，以及 CD-130 螺旋伞齿轮等主要型号的齿轮产品，成为技改成果和川齿辉煌的见证物。四川齿轮厂职工代表大会代表证、四川省工会联合会会员证，以及形形色色的工会活动，让人们仿佛看到 20 世纪 80 年代紧张而活泼的工厂生活。而未来，被聚焦在了川齿三代和四代，虽面孔稚嫩却有无限的可能……

川齿记忆馆揭幕（莲花社区提供）

这座博物馆对于社区居民，尤其是老川齿而言有着非凡的意义——它是对个体经历的肯定，是对集体认同的重塑，是对企业破产后社区居民自信、自主的培育，更是对“共建共治共享”社区治理理念的具体实践。可以说，川齿记忆馆的建立既是社区保存和传承集体记忆的诉求，也是社区治理的策略机制。

> 开发防空洞也是因地制宜。在开发之前，这个地方是没有用的，里面堆放了很多杂物，在下雨天的时候还容易积水。经过几次清理，终于把它开发出来，并提出了“川齿记忆”。虽然成都也有很多的博物馆，但它们展示的东西主要是一个省或国家，从古代到现代。我觉得它们和我们建立的这个博物馆有一个共同的特点：都有一种使命感。大型博物馆的使命是记录国家，或者是省市的兴衰变迁；而我们防空洞博物馆的使命，是记录我们四川齿轮厂的兴衰变迁，它们的主要功能都是差不多的。防空洞的博物馆就那么大的地方，东西能放下的也不是很多，更重要的还是真实，不能和实际情况有过多的差距。之前有人提议在防空洞里面铺地毯，或者是装一个扶手方便出入，但这些都被我们居民议事会给否决了，毕竟有了这些东西，就会改变防空洞的原貌，这个博物馆也就不真实了。
>
> 我在川齿工作生活了60年，当过车间主任、生产科科长、

> 销售员，对于川齿厂的历史我都了解得清清楚楚。我现在在博物馆担任着讲解员的工作，甚至里面还有我捐献的工作证。我觉得不管是建设川齿记忆的博物馆，还是宣扬三线建设的精神，都是为了让我们牢记使命、不忘初心，让观众能够身临其境地去感受那段历史的不容易，更加努力地去建设我们的国家。①

老物件征集和防空洞清理、打造，唤醒了沉睡在不少人心中的记忆。老人们指着照片中的你、我、他，往事也变得清晰起来。对于他们来说，“博物馆真实完整地体现了三线建设中川齿厂建立到破产的过程，里面收藏的东西都体现在生产过程当中，每一张照片、每件物品都会引起我们对那个时候的回忆，因为我们都亲身经历过，并且这些是我们在那段时间里密切接触到的东西”，“博物馆的建立就是为了防止我们的后辈忘记了这段历史。虽然当初在这里建立工厂的人即将退出历史舞台，但是我希望我们的后代要知道他们的祖先曾经跨越千里来这里工作过、生活过，希望后辈们不要忘记曾经艰苦奋斗的日子”。②

有的居民利用闲暇时间常到防空洞逛逛，有的还成为了义务讲解员，给外面的人讲讲当年他们的事儿。对于老川齿，抑或是对于莲花社区来说，三线建设是工厂和社区的起点，更是个人命运的重要转折点。公众对于三线建设的认识和肯定，在某种程度上也是对个人价值、企业价值和社区价值的肯定，而这恰恰是后单位时代的莲花社区，实现参与式自治和激发社区活力的真正内驱力。

> 三线建设是我们国家发展当中十分重要的一环，但是对于这段记忆的宣传并不是很多，不少人都不了解这段历史。在川齿破产之后，甚至还有人质疑它究竟是不是三线建设的产物。这个是不能否认的，我在川齿厂看过两个文件说要推选某某同志为三线

① 2019 年 8 月 30 日访谈原四川齿轮厂职工朱广清。
② 2019 年 9 月 1 日访谈原四川齿轮厂职工张玉臻。

建设先进工作者。就算川齿现在破产了，但是它属于三线建设的事实是不能磨灭的。

我觉得国家和政府应该宣传一下关于三线建设的事情。比如，从文化角度弄一个电影或是戏剧来宣传三线精神，或是用几个大的工厂来打造一个记忆馆给群众参观，将三线建设的这段记忆融入到现在的社会当中来。

但是不能仅仅只是宣传那些过来支援三线建设的人，也要多关注三线本地的人。因为在三线建设中，不管是本地人还是外地人都付出了很多。就比如我们江安县就有两个工厂，县里其他地方的猪喂肥了都是先满足工厂的人，本地人都吃不到。而且农民的土地只有那么多，农业的收成也是在后半年，就算政府有粮食的补贴，但是依旧是过得十分清苦。毕竟工人有生活用品和轻工业用品的票，而农民没有，临时工没有，新招的工人也没有。[①]

经过多年的社区营造，如今整个莲花社区已然成为“三线精神”和“川齿精神”的记忆之场，尽管它原本便是记忆之场。自 2017 年，社区在原有空间布局基础之上，又增添了不少设施与设计，使得过去的一砖一瓦、一草一木都被赋予了更为显性的符号，让“川齿”的印记可见、可感知。就此而言，莲花社区在社区营造的同时，也在进行着集体性记忆空间的营造。诚如不少厂一代所感，这段历史需要被后辈们铭记。与他们不同的是，厂三代、四代和两千余外来人口，因历史体验的缺席而致使关联感更趋薄弱。以川齿记忆馆为核心的记忆场域，在空间营造的过程中辐射至社区的每处角落，许多非事件体验者被嵌入其中，也使事件体验者的个体记忆转变为社区的集体记忆。

经北门通往社区的道路一侧精心设计的两组浮雕——“包容、奉献、老川齿，幸福、美丽、新莲花”开启了“传动记忆”长廊，以图文形式勾勒出工厂发展史的重要时间节点和事件。沿山势而行，便可体味何为“大

① 2019 年 7 月 18 日访谈原四川齿轮厂职工熊佑铭。

莲花社区川齿记忆馆陈列展览（杜辉摄）

厂靠山，小厂上山”，在几十年的时光里，新中国的几代工业人如此俯身前行。鲜红的齿轮——在宣传板上，在指示牌上，在绿地认领牌上，在社区的每一处角落，灰色建筑与植被的映衬下变得更加醒目。河边、路边散布着当年使用过的千斤顶、台钻、切割机、手动葫芦、800毫米滚齿机……曾经的车间、科室、子弟学校、川齿科技协会名牌，被悬置在家属楼侧壁，成为了装置艺术。

同样是在“九 · 二城乡发展治理”中，与防空洞改造同步实施了记忆小巷、党建广场、三治广场的打造。记忆小巷——这项“记住乡愁”工程将征集而来的暖水壶、饭盒、电视机、收音机、电话、钟表，进行露天的公开展示。如果说川齿记忆馆、传动记忆长廊是在铭记过去，那么记忆小巷、党建广场、三治广场的建设便是回应现实。在党建引领社区治理理念下，“川齿精神”和“三线精神”被有效嵌入“不忘初心，牢记使命”和“感恩党，跟党走”。川齿记忆再现了20世纪60年代为支援三线建设的第一代“蓉漂”们的包容奉献、爱岗敬业、艰苦奋斗、勇于创新，而莲花社区在企业破产阴霾中的涅槃重生，却离不开党的领导，亦离不开政府的支持。在这个“记忆之地”，社区以实践者的身份将过去与现实有效并置，并将记忆的社会功能注入其中。通过记忆空间化的具体实践、地点并赋予了独一无二的意义，有关“此地”的情感、价值、体验也得以稳固。

> 我觉得我们这个传统记忆的打造是一件很有意义的事情，能让更多的人领会习总书记所说的乡愁，如果没有这个川齿记忆，莲花社区就算现在很美好，但是再过一两代人，就没有人会记得它的前世和由来。我觉得我们社区能有现在的模样，更多的是因为党组织党建的引领作用，让我们的老百姓通过这么长的时间看到了一群真正想为社区和老百姓做事的人，同时也使他们愿意出来为社区的建设而努力，形成了齐心协力创造美好生活的合力。就比如说我们美丽社区建设中最重要的川齿记忆，就是我们群众和干部共同努力的结果。①

① 2020年9月16日访谈莲花社区居委会原主任张琪红。

“传动记忆”长廊（杜辉摄）

莲花社区内的景观墙（杜辉摄）

社区内的加工器械陈列（杜辉摄）

记忆小巷（杜辉摄）

回响：时间的此端与彼端

春风吹绿了牧马山上，传动天使在深情地歌唱。

在这荒坡撒下一片生机，从此变成了齿轮的故乡，齿轮的故乡召唤着南北优秀的儿女，孕育甜蜜的爱情和美好的理想。

献出青春，献出智慧，献出智慧，献出生命飞旋的齿轮啮合着我们的希望。

经过了三十年的雨雪风霜，传动天使长出了丰满的翅膀。

天高任鸟飞，海阔凭鱼跃，我们的齿轮飞向远方，飞向远方奔驰五洲，遨游四海，携带新的使命耕耘着希望。

献给速度，献给力量，献给力量，献给信誉，用我们的齿轮传动四面八方。

——《传动天使》

这首《传动天使》的厂歌创作于1989年。时隔卅年，厂一代、二代、三代、四代在闲置了十余年的老厂房里将它再次唱响，余音缭绕回荡于空旷的厂房。在四川齿轮厂的空间格局中，相对平坦的前山是生产区，地势逐渐趋高的后山是生活区。2005年企业破产之后，一道围墙彻底将两区相隔开来。曾经的车间、厂房依然矗立，却似乎与大家的联系变得似有似无。老厂房随着四川齿轮厂的破产，与莲花社区已不存在任何法律意义上的关系，对于它未来的用途与规划也众说纷纭。但是，作为原四川齿轮厂职工几十年的生产、生活空间，许多社区居民却与它有着难以割舍的情感。有的睹物伤情而不愿走进，有的希望它能够被改造为公园，有的期望它能够像成都的东郊记忆一样，成为能够反映三线建设历史的“南郊

四川齿轮厂厂房区（杜辉摄）

记忆”。厂房区虽然尚未实现“博物馆化”或“遗产化”，却并未停歇对“川齿人”“三线人”社会群体身份和认同的历史性建构。

> 川齿厂的很多人，尤其是那些年龄比我们还要大的人，都已经在这里去世了。我觉得我们应该记住他们，不能让他们在我们的遗忘中悄无声息地离开。你们到这里来了解四川齿轮厂建设的过程，来延续三线建设精神让我觉得很欣慰。因为这让我们知道总有人在想着我们，想着四川齿轮厂。成都已经有一个“东郊记忆”了，我们这里也要有一个“南郊记忆”。因为我们的厂区在这里是具有历史性的，将历史的发展过程记录下来了。我们这些老职工对于这个设想特别赞同，我们这个厂区、家属区的布局也都是按照川齿的主题来布置的，这都是我们的川齿记忆。①

厂区景观与社区景观之间彼此互构，围墙一边是“物”的默言，围墙另一边是“人”的讲述。就在因破产而人心涣散的时期，所有人都不愿再回想起四川齿轮厂的过往，无论是好的，还是坏的。记忆，也在大家的头脑中画下了休止符。然而，这片闲置废弃却依然坚固的厂房，却让这段记

① 2019 年 9 月 1 日访谈原四川齿轮厂职工张玉臻。

忆变得不朽，它们始终站在那里，那让时间彼端的记忆在稳定、有形的地点固定下来。对于当时的不少社区居民来说，它就像一块除也除不掉的伤疤，掩盖了过去五十年里的付出和荣光。

2017年，围墙的另一端开始了社区营造，一个持续了多年的“记忆空间化”工程拉开了序幕。社区有了自己的博物馆、记忆小巷，齿轮传动的符号也随处可见，时间的此端与彼端被“记忆”重新联结了起来。法国学者皮埃尔·诺拉（Pierre Nora）曾尖锐地指出，“历史的加速度”迫使我们直面这残酷的领悟——记忆与历史两者之间有着天渊之别。历史，是我们无可救药地健忘的现代社会，在发展的驱使下组织整理过去的方法；而记忆，事实上不过是仅剩下被筛选和归类后的历史的断壁残垣。记忆植根于具体而实在的载体中，在空间内、物件中、图像里，甚至是我们的姿态，而且它仅仅容纳能够与之相适应的事实。[①]

集体记忆在本质上是立足现在而对过去的一种重构。在记忆和历史的博弈中，莲花社区建构出了有关“川齿记忆”和“三线记忆”的记忆之场，它关乎时间与永恒，也关乎个体与集体，让有关川齿的记忆和符号在代际传承，并将社区其他非亲历者拉入这个场域。而这个过程是通过记忆的空间化和公共空间的记忆化来完成的。前者将无形的记忆纳入有形的物理空间，对实物、图像、文字等载体的精心组合，在观看、阐释中传承记忆，并在空间和景观内部理解自我和群体；与此同时，附着了记忆的公共空间也因其“公共性”和“包容性”，接受着来自社区内部、外部的审视和再阐释。

一方面，“记忆”成为莲花社区治理与运作的重要机制，也成为认同政治学的阵地。川齿记忆馆、记忆小巷、“传动记忆”长廊，表达出了社区居民铭记和保存四川齿轮厂和三线建设历史的诉求，通过公开展示赋予其合法化地位。防空洞，这一具有时代符号的建筑设施，以其具有的原真性赋予展品以历史情境，进一步强化了这段历史叙事的真实、可靠。它们

① Pierre Nora. Between Memory and History: Les Lieux de Mémoire, *Representations*, 1989, Vol.26, pp.7–24.

共同组成了有关四川齿轮厂的纪念性景观群，也成为动态记忆运作的场所。在这个记忆工程中，着重展示了川齿生命史中最为浓墨重彩的“三线建设”记忆，将有关四川齿轮厂的集体记忆和认同，有效嵌入到了国家记忆和“三线人”共同体认同之中。同时，它们也是社区治理的策略。社区居民共同参与到藏品征集、设计、运行的所有环节中，这些具体实践构成了后单位时代集体认同的基础，转化为社区治理关键的内在驱动力，也使得社区获得了外部认同和社会资源。

另一方面，集体记忆的空间化和景观化，使一个被淹没于时间洪流里的企业再次回归公众视野，有关它的“人”与“物”成为被再阐释的对象。2017 年 7 月，四川大学美术馆学术部发起了四川齿轮厂在地性实验艺术项目。2018 年 7 月，四川大学美术馆举办“注射与反射”展览，同年 9 月赴德国波恩造型艺术美术馆（Künstelerform Bonn）美术馆展览。2018 年 10 月，作为“注射与反射：艺术项目系列展”的组成部分，四川大学美术

“注射与反射”厂房区部分展览作品（杜辉摄）

馆与阿兰努斯大学艺术学院（Alanus hochschule）共同发起“交错的共时”，中外艺术家在四川齿轮厂的独特场域中完成了他们的艺术创作。四川齿轮厂在地性实验艺术项目也成为了成都与波恩友好城市纪念活动的一部分，并于 2019 年 6 月 25 日在四川齿轮厂厂区开幕，在此展出齿轮厂原厂区文献展和与之有关的艺术作品。

“注射与反射”厂房区部分展览作品（杜辉摄）

“注射与反射”作品（杜辉摄）

“异界·狂想曲”作品介绍（杜辉摄）

在这项展览中，艺术之“眼”中的四川齿轮厂是“计划经济到改革开放历程的见证，既可以被看作1958年至2006年近半个世纪，内地政治与经济变迁的微缩地图，也可以被视为国家如何通过物质实体展现其对自身和人民之理想设定的范例”。四川齿轮厂并非被抛弃了的运转机制，“而是潜存在每栋建筑内的、砖石与钢铁的废墟，每个个体中的、心灵和精神的废墟”[①]。四川齿轮厂在地性艺术项目，以“共存的场”为前提，艺术家通过“身体”与“场域”的互动即兴创作。“异界·狂想曲”的作者陈嘉在作品简介中写道：

当我进入到厂房面对这满目苍凉的景象，脑子里不断泛起幼

① 四川大学美术馆与四川齿轮厂在地性实验艺术项目展览导览词，2019年6月，于原四川齿轮厂厂址。

年时那段集体生活（国营水泥厂）的片段。这些曾经的“理想王国”都是时代的缩影，折射出的是一个集体“无意识”的群体在面对现实的无奈，对未来的迷茫以及对过往的追忆。我的作品中带有一些理想化色彩，希望有一座能够穿越时光的塔，把人们带回他们心中的理想国度。或许，是这“悲剧式”落幕后的精神期许吧。①

这些厂房“破烂死寂而空灵的悲壮”，为艺术家提供了探究自我价值与集体信念的入口，在凝视中被想象为是“过去、现在与未来相互交织的混沌之网”。它们与喧嚣世界形成强烈反差的时空错乱，仿若福柯笔下的“异托邦”——我们正身处于共时性的时代，我们身处于并置的时代，是近在咫尺与遥不可及的时代，是肩并肩的时代，是散布的时代。② 艺术家所看与所感的四川齿轮厂，是时间脉络中的节点，它联结着社会肌理内彼此交织的网络。四川齿轮厂，这个“共存的场”是身体与行动、过去与现在、时间与空间的并置。然而，这个场域的实践主体是艺术家，而非作为原四川齿轮厂职工的社区居民。在艺术创作中，他们及其创造物，幻化成了一种符号。有趣的是，这部有关四川齿轮厂的生命史也正在参与着再阐释。所不同的是，“交错的共时”所试图消除连续经验，使感官显现其自身逻辑，跳脱深层意识的符码编程，却正是这部生命史尝试还原的全部内容—— 它不是艺术家直觉与场域的互动，而是原四川齿轮厂职工通过一个个事件的回忆，自我表达和发现自我价值的过程；它不是艺术家个体偏好所在，而是我国社区治理和社区博物馆实践的行动逻辑和深层结构的一次探寻。

① 四川大学美术馆与四川齿轮厂在地性实验艺术项目作品“异界 · 狂想曲”介绍，2019 年 6 月，于原四川齿轮厂厂址。

② Michel Foucault. *Of Other Spaces*, translated by Lieven De Cauter and Michiel Dehaene, p.14, in Michiel Dehaene and Lieven De Cauter. Heterotopia and the City: Public Space in a Postcivil Society, London and New York: Routledge, 2008.

参考文献

一、专著

[1] [美] C. 赖特 · 米尔斯 . 社会学的想象力 . 陈强、张永强译，北京：生活 · 读书 · 新知三联书店，2005.

[2] 陈东林 . 三线建设：备战时期的西部开发 . 北京：中共中央党校出版社，2003.

[3] 郭常福 . 航空工业三线基地选址 . 王春才主编 . 中国圣火 . 成都：四川人民出版社，1993.

[4] 何新 . 中华复兴与世界未来 . 成都：四川人民出版社，1996.

[5] Michel Foucault. *Of Other Spaces*, translated by Lieven De Cauter and Michiel Dehaene, p.14，in Michiel Dehaene and Lieven De Cauter. Heterotopia and the City: Public Space in a Postcivil Society, London and New York: Routledge, 2008.

[6] [法] 莫里斯 · 哈布瓦赫 . 论集体记忆 . 毕然、郭金华译，上海：人民出版社，2002.

[7] 潘祥鹏 . 大三线有个“三江厂”的故事 . 倪同正主编 . 三线风云：中国三线建设文选 . 成都：四川人民出版社，2013.

[8] 四川省地方志编纂委员会 . 四川省志 · 大事纪述 . 成都：四川科技出版社，1999.

[9] 四川省彭县志编纂委员会编纂 . 彭县志 . 成都：四川人民出版社，1989.

[10] 郑航生、杨敏 . 社会互构论：世界眼光下的中国特色社会学理论的新探索——当代中国“个人与社会关系研究”. 北京：中国人民大学出版社，2010.

二、报刊、论文

[1] 北京市委组织部研究室、北京市委党校党建研究所 . 建国以来全民所有制工业企业领导制度的沿革 . 党校教学，1990（2）.

[2] 厂领导带队走访用户 . 川齿报，1988 年 6 月 23 日，第 2 版 .

[3] 陈登华 . 她是军人的妻子 . 川齿报，1986 年 6 月 16 日，第 3 版 .

[4] 陈东林 . 走向市场经济的三线建设调整改造 . 当代中国史研究，2002（3）.

[5] 陈平 . 贯彻“因陋就简土洋结合”的方针，加快机械工业的建设速度 . 机械工厂设计，1958（9）.

[6] 陈望隆 . 上海的机械制造工程 . 机械制造，1950（3）.

[7] 陈欣 . 锻压分厂在困难中前进 . 川齿报，1989 年 7 月 26 日，第 4 版 .

[8] 陈洵、崔益整理 . 我们在热处理车间设计中所采用的主要工艺及工作中的缺点——苏联专家 A. T. 涅斯捷连科同志在回国前对第一机械部第一设计分局热处理专业设计人员所作的临别报告 . 机械工厂设计，1957（7）.

[9] 成都“优增”试点办公室 . 成都市制订分离企业办社会职能、分离富余人员办法 . 工厂管理，1995（6）.

[10] 从销售收入看并厂工作的成绩 . 川齿报，1987 年 11 月 8 日，第 4 版 .

[11] 杜太祥 . 锻压分厂抓质量初见成效 . 川齿报，1989 年 11 月 8 日，第 1 版 .

[12] 工厂实行岗位浮动津贴 . 川齿报，1987 年 9 月 15 日，第 1 版 .

[13] 胡 . 小草精神 . 川齿报，1987 年 9 月 15 日，第 2 版 .

[14] 广文 . 白水河边的守护神 . 川齿报，1987 年 11 月 8 日，第 1 版 .

[15] 国家教委、财政部、卫生部、原劳动部 . 关于若干城市分离企业办社会职能分流富余人员的意见 . 技术经济信息，1996（7）.

[16] 何志友 . 艰苦创业迁并厂，再接再厉展宏图 . 川齿报，1987 年 11 月 8 日，第 1 版 .

[17] 何志友 . 实事求是　稳步前进，振奋精神　深化改革 . 川齿报，1987 年 1 月 20 日，第 1 版 .

[18] 贺继科 . 车辆，驰向工厂壮美的未来——运输科并厂搬迁工作散记 . 川齿报，1987 年 11 月 8 日，第 1 版 .

[19] 胡德明.九车间三个月迈出三大步.川齿报，1987年9月15日，第2版.

[20] 华伟.单位制向社区制的回归——中国城市基层管理体制50年变迁.战略与管理，2000（1）.

[21] 江宁.质量月全厂工时废品率下降.川齿报，1989年10月24日，第2版.

[22] 九车间实行工段管理后…….川齿报，1988年7月9日，第2版.

[23] 李富春.关于发展国民经济的第一个五年计划的报告.经济研究，1955（3）.

[24] 李维汉.关于"公私合营工业企业暂行条例"的说明.江西政报，1954（16）.

[25] 李瑜.五车间进行"经济承包劳动组合制"试点.川齿报，1988年1月23日，第1版.

[26] 林楠.袁家碾的回忆.川齿报，1988年8月6日，第4版.

[27] 林裔骧.把好质量关，做好跟单记录.川齿报，1989年9月23日，第2版.

[28] 罗盛荣.八车间生产实现开门红.川齿报，1987年2月27日，第2版.

[29] 罗盛荣.四车间再接再厉，一月份生产计划超额完成.川齿报，1987年2月27日，第2版.

[30] 吕开远.抓住最后时期，力争完成销售收入计划.川齿报，1988年10月24日，第2版.

[31] 木子.改革，需要新的思路.川齿报，1988年7月23日，第2版.

[32] 宁世宏.小组承包效果好.川齿报，1987年2月27日，第2版.

[33] Pierre Nora. Between Memory and History: Les Lieux de Mémoire, *Representations*, 1989, Vol.26.

[34] 七车间.质量简讯.川齿报，1989年9月23日，第2版.

[35] 企管处.今年承包的新特点.川齿报，1989年5月9日，第2版.

[36] 企业内部现行的十四种分配形式.川齿报，1988年9月23日，第1版.

[37] 青年——生产线上的突击队.川齿报，1988年8月6日，第2版.

[38] 热处理车间产品合格率提高.川齿报，1989年11月23日，第1版.

[39] 人民日报社.进一步把私营工商业纳入国家资本主义的轨道.山西政报，1953（22）.

[40] 人民日报社 . 正确地贯彻中国共产党中央委员会关于发展农业生产合作社的决议 . 山西政报，1954（2）.
[41] 人民日报社 . 必须大张旗鼓地向农民宣传过渡时期的总路线 . 山西政报，1953（22).
[42] 人民日报社 . 向广大工人群众宣传总路线 . 山西政报，1953（24）.
[43] 山羊 . 一颗赤诚之心——记高级工程师周化龙 . 川齿报，1989 年 9 月 10 日，第 2 版 .
[44] 上海工会总章程 . 银行商报，1950（8–10）.
[45] 深化企业内部改革，完善车间（科室）经济承包 . 川齿报，1987 年 7 月 18 日，第 2 版 .
[46] 史群 . 浙江民族资本主义近代工业的产生和发展——杭州、宁波、湖州、温州和绍兴五个城市的初步调查 . 浙江学刊，1964（2）
[47] 唐开福 . 一切为了新川齿的腾飞 . 川齿报，1987 年 11 月 8 日，第 4 版 .
[48] 唐开福 . 一九九〇年经济承包方案简介 . 川齿报，1990 年 4 月 10 日，第 3 版 .
[49] 王子仪 . 发展各种贸易方式，积极引进技术和设备 . 国际贸易，1984（4）.
[50] 吴传钧 . 调整布局　促进三线建设 . 开发研究，1987（3）.
[51] 吴江 . 从资本主义经济转变到国家资本主义经济 . 经济研究，1956（2）.
[52] 五车间团支部的“短程赛”. 川齿报，1988 年 11 月 8 日，第 3 版 .
[53] 响矢 . 工厂开展“质量月”活动整顿提高产品质量 . 川齿报，1989 年 9 月 23 日，第 1 版 .
[54] 晓玲 . 工厂将实行新的承包方案 . 川齿报，1987 年 5 月 25 日，第 2 版 .
[55] 笑岱 . 天津市机器工业 . 机械制造，1950（5）.
[56] 杨红旗 . 三十年来的我国工程机械行业 . 工程机械，1979（9）.
[57] 杨红旗 . 中国工程机械行业的回顾与瞻望（一）. 工程机械，2002（5）.
[58] 杨德全 . 改革春潮涌，竞赛立新功 . 川齿报，1990 年 4 月 10 日，第 3 版 .
[59] 叶鸟 . 采取措施加强质量监督检查及违章处理，面向市场努力塑造新川齿厂的质量形象 . 川齿报，1989 年 8 月 23 日，第 1 版 .
[60] 虞泽南 . 城市中的“孤岛”：从单位大院到大院社区——以江西 H 高校大

院为例．才智，2017（28）．

[61] 在“紧缩”中求得生存与发展——厂长何志友在行政工作会议上的报告（摘要）．川齿报，1990 年 3 月 11 日，第 1 版．

[62] 张林．企业国企破产机制的理性思考．改革与理论，1999（Z4）．

[63] 张绪雄．建国初期上海失业工人社会救济研究（1949—1952）硕士论文．上海：上海师范大学，2011.

[64] 张勇、肖彦．三线建设企业选址的变迁与博弈研究——以四川三家工厂为例．贵州社会科学，2017（5）．

[65] 浙江省统计局．改革开放 30 年浙江工业化发展历程回顾．http://www.stats.gov.cn/ztjc/ztfx/dfxx/200812/t20081208_34562.html, 2008-12-24.

[66] 政务院．公私合营工业企业暂行条例．山西政报，1954（17）．

[67] 质量月花絮．川齿报，1989 年 10 月 12 日，第 1 版．

[68] 曾健．好一个“犟”姑娘．川齿报，1987 年 9 月 15 日，第 3 版．

[69] 曾健．他对质量一丝不苟——记七车间车工白兰贵同志．川齿报，1988 年 3 月 23 日，第 3 版．

[70] 中国共产党中央委员会．一九五六年到一九六七年全国农业发展纲要（修正草案）．农业科学通讯，1957（11）：4-11. 转载自《人民日报》1957 年 10 月 26 日．

[71] 中国人民政治协商会议共同纲领．江西政报，1949（3）．

[72] 中华全国总工会章程．纺建，1949（4）．

[73] 周恩来．关于发展国民经济的第二个五年计划的建议的报告．山西政报，1956（18）．

三、档案

[1] 并厂筹备委员会．呈报，1954 年 10 月至 1956 年 4 月，卷号二，第 8 页，成都市工业行业档案资料中心藏．

[2] 成都市工业生产委员会．关于安排成都拖拉机厂恢复小汽车修理力量的请示报告．1961 年 4 月至 1962 年 3 月，卷号二，34-35 页，成都市工业行

业档案资料中心藏 .

[3] 成都市机械工业局 . 关于成立局转换企业经营机制指导小组的通知（成机发〔1992〕第 6 号）. 1992 年 1 月至 1992 年 10 月，104–105 页，成都市工业行业档案资料中心藏 .

[4] 成都市规划局 . 为同意厂区位置及通知厂界坐标的通知〔规划（59）字第 90 号〕. 1959 年 4 月至 1959 年 12 月，卷号三，1 页，成都市工业行业档案资料中心藏 .

[5] 成都市望江区增产节约办公室 . 华业、华西、合友、梅生、艺润泉、荣昌六厂社合并总结报告 . 1954 年 10 月至 1956 年 4 月，卷号二，4 页，成都市工业行业档案资料中心藏 .

[6] 成都市重工业局 . 关于任命阎省三、王新民、席德明、汤巨峰、韩茂德等 9 人职务的通知 . 1958 年 4 月至 1958 年 12 月，卷号二，1 页，成都市工业行业档案资料中心藏 .

[7] 成都拖拉机厂 . 1958 年年度总结 . 1958 年 2 月至 1959 年 1 月，卷号一，5–10 页，成都市工业行业档案资料中心藏 .

[8] 成都拖拉机厂 . 呈报我厂科长、车间主任级干部请予任命 . 1958 年 4 月至 1958 年 12 月，卷号二，2 页，成都市工业行业档案资料中心藏 .

[[9] 成都拖拉机厂 . 成都拖拉机厂 1958 年开展技术革命运动简要总结 . 1958 年 5 月至 6 月，卷号一，49–50 页，成都市工业行业档案资料中心藏 .

[10] 成都拖拉机厂 . 1958 年 5 月 20 日继续试制拖拉机会议记录 . 1958 年 5 月至 6 月，卷号一，56–57 页，成都市工业行业档案资料中心藏 .

[11] 成都拖拉机厂 . 福开森生产必须人员机器 . 1958 年 5 月至 6 月，卷号一，62–66 页，成都市工业行业档案资料中心藏 .

[12] 成都拖拉机厂 . 关于并厂问题的报告 . 1958 年 5 月至 6 月，卷号一，104–107 页，成都市工业行业档案资料中心藏 .

[13] 成都拖拉机厂 . 新产品资料 . 1958 年 5 月至 10 月，卷号一，55 页，成都市工业行业档案资料中心藏 .

[14] 成都拖拉机厂 . 十年建设成就资料整理 . 1958 年 5 月至 1959 年 4 月，卷号一，3–4 页，成都市工业行业档案资料中心藏 .

[15] 成都拖拉机厂.第一台东方红-20型拖拉机试制总结.1958年8月至1961年4月，卷号二，1–4页，成都市工业行业档案资料中心藏.

[16] 成都拖拉机厂.关于东方红-20型拖拉机在调拨各区（镇）使用过程中存在的问题及今后建议的报告.1958年8月至1961年4月，卷号三，36页，成都市工业行业档案资料中心藏.

[17] 成都拖拉机厂.成都拖拉机厂厂址选择报告书.1959年4月至1959年12月，卷号三，7–13页，成都市工业行业档案资料中心藏.

[18] 成都拖拉机厂.关于我厂铁路支线的报告〔拖基（59）字第152号〕.1959年9月至年，卷号二，76页，成都市工业行业档案资料中心藏.

[19] 成都拖拉机厂.选择厂址的报告.1960年1月至1961年2月，卷号一，64页，成都市工业行业档案资料中心藏.

[20] 成都市农业机械局.关于划拨成都拖拉机厂道路用土地的报告.1960年1月至1961年2月，卷号一，88页，成都市工业行业档案资料中心藏.

[21] 成都拖拉机厂.关于我厂基本建设所需征用及租用土地问题的报告〔拖基（60）字第179号〕.1960年1月至1961年2月，卷号一，99页，成都市工业行业档案资料中心藏.

[22] 成都拖拉机厂.上山人员情况统计表.1960年7月至1960年9月，卷号八，1页，成都市工业行业档案资料中心藏.

[23] 成都拖拉机厂.贯彻执行市委“万人上山”突击煤、铁生产和运输指示的情况报告（草稿）.1960年7月至1960年9月，卷号八，79–84页，成都市工业行业档案资料中心藏.

[24] 成都市机械工业局.关于去天池突击运煤人员进行补助问题的紧急通知〔机工劳（60）字第59号〕.1960年7月至1960年9月，卷号八，85页，成都市工业行业档案资料中心藏.

[25] 成都拖拉机厂.老厂人员安排.1961年4月至1962年3月，卷号二，1–3页，成都市工业行业档案资料中心藏.

[26] 成都拖拉机厂.关于迁厂工作情况的报告.1961年4月至1962年3月，卷号二，4–5页，成都市工业行业档案资料中心藏.

[27] 成都拖拉机厂.迁厂会议记录.1961年4月至1962年3月，卷号二，

9–10 页，成都市工业行业档案资料中心藏 .

[28] 成都拖拉机厂 . 成都拖拉机厂搬厂安排 . 1961 年 4 月至 1962 年 3 月，卷号二，11–12 页，成都市工业行业档案资料中心藏 .

[29] 成都拖拉机厂 . 十一月份搬厂安排计划 . 1961 年 4 月至 1962 年 3 月，卷号二，13–14 页，成都市工业行业档案资料中心藏 .

[30] 成都拖拉机厂 . 根据 1961 年 4 月 12 日党委扩大会议的决议 . 1961 年 4 月至 1962 年 3 月，卷号二，46 页，成都市工业行业档案资料中心藏 .

[31] 成都拖拉机厂 . 五九年至六一年三年工作总结 . 1961 年 4 月至 1962 年 4 月，卷号一，21 页，成都市工业行业档案资料中心藏 .

[32] 成都拖拉机厂 . 1961 年大中型工业企业基本情况 . 1961 年 4 月至 1962 年 4 月，卷号一，1–12 页，成都市工业行业档案资料中心藏 .

[33] 成都拖拉机厂 . 1958—1960 三年来的工作总结 . 1961 年 4 月至 1962 年 4 月，卷号一，35–39 页，成都市工业行业档案资料中心藏 .

[34] 第八机械工业部 . 关于成立向阳农业机器厂等新厂筹建处的函〔(66) 八机工字 0461 号〕. 1966 年 1 月至 1966 年 12 月，卷号一，6–7 页，成都市工业行业档案资料中心藏 .

[35] 第八机械工业部 . 关于 1967 年三线地区新建、迁建项目的组织领导、包建厂任务、工厂设计等若干问题的规定（草案）. 1966 年 1 月至 1966 年 12 月，卷号一，8–12 页，成都市工业行业档案资料中心藏 .

[36] 第八机械工业部 . 岷江齿轮厂工厂设计任务书（建议方案）. 1966 年 1 月至 1966 年 12 月，卷号一，13–25 页，成都市工业行业档案资料中心藏 .

[37] 第九内燃机配件厂 . 关于改进与加强技术管理工作的初步体验 . 1959 年，卷号一，19 页，成都市工业行业档案资料中心藏 .

[38] 杭州齿轮箱厂 . 关于包建岷江齿轮厂的初步计划 . 1966 年 1 月至 1966 年 12 月，卷号一，26–31 页，成都市工业行业档案资料中心藏 .

[39] 刘迎福 . 关于安排成都拖拉机厂恢复小汽车修理力量的请示报告 . 1961 年 4 月至 1962 年 3 月，卷号二，32–33 页，成都市工业行业档案资料中心藏 .

[40] 岷江齿轮厂 . 四川省工业机械工业厅文件川机规（83）字第 018 号 . 1983

年 5 月至 11 月，41 页，成都市工业行业档案资料中心藏 .

[41] 岷江齿轮厂 . 四川省人民政府川机函（1983）84 号 . 1983 年 5 月至 11 月，42 页，成都市工业行业档案资料中心藏 .

[42] 四川齿轮厂 . 迁厂、合厂工作总结报告 . 1964 年 11 月至 1966 年 1 月，卷号三，2 页，成都市工业行业档案资料中心藏 .

[43] 四川齿轮厂 . 在天齿、成拖厂并厂后“团结大会”上讲话 . 1964 年 12 月至 1965 年 10 月，卷号三，136–142 页，成都市工业行业档案资料中心藏 .

[44] 四川齿轮厂 . 朱总司令来厂的重要指示 . 1964 年 12 月至 1965 年 12 月，卷号一，2 页，成都市工业行业档案资料中心藏 .

[45] 四川齿轮厂 . 报送技术引进项目的函（川齿技〔1982〕14 号）. 1982 年 2 月至 1982 年 11 月，卷号二，1 页，成都市工业行业档案资料中心藏 .

[46] 四川齿轮厂 . 关于引进工程机械动力换挡变速箱（包括变矩器）专有技术的可行性报告 . 1982 年 10 月至 1983 年 11 月，卷号一，33 页，成都市工业行业档案资料中心藏 .

[47] 四川齿轮厂 . 关于引进军民工程机械液力变速装置的建议书 . 1982 年 2 月至 1982 年 11 月，卷号二，48 页，成都市工业行业档案资料中心藏 .

[48] 四川齿轮厂 . 关于赴西德和美国进行工程机械动力换挡变速箱技术考察的申请报告 . 1982 年 10 月至 1983 年 11 月，卷号一，148–150 页，成都市工业行业档案资料中心藏 .

[49] 四川齿轮厂 . 动力换挡变速箱技术引进座谈会纪要——与 CAT 公司首次交流 . 1982 年 10 月至 1983 年 11 月，卷号一，164–166 页，成都市工业行业档案资料中心藏 .

[50] 四川齿轮厂 . 中国机械工业部、机械进出口公司与西德蔡夫公司（ZF）关于工程机械液力变矩动力换挡变速箱的引进技术座谈会记录　一九八三年四月十二日 ~ 四月十六日于北京 . 1982 年 10 月至 1983 年 11 月，卷号一，181 页，成都市工业行业档案资料中心藏 .

[51] 四川齿轮厂 .“六五”期间技术引进的重点技术改造实施方案规划〔川齿（83）技 06 号〕. 1983 年 1 月至 1983 年 10 月，卷号二，19–20 页，成都

市工业行业档案资料中心藏 .

[52] 四川齿轮厂 . 四川齿轮厂“六五”后三年发展规划 . 1983 年 1 月至 1983 年 10 月，卷号二，26 页，成都市工业行业档案资料中心藏 .

[53] 四川齿轮厂 . 四川齿轮厂“七五”规划项目和费用总表 . 1983 年 1 月至 1983 年 10 月，卷号二，99–102 页，成都市工业行业档案资料中心藏 .

[54] 四川齿轮厂 . 关于“七五”规划方案的报告〔川齿技字（83）15 号〕. 1983 年 3 月至 1983 年 11 月，卷号一，11 页，成都市工业行业档案资料中心藏 .

[55] 四川齿轮厂 . 关于引进工程机械动力换挡变速箱（包括变矩器）专有技术的可行性报告 . 1983 年 11 月至 1984 年 11 月，卷号四，10 页，成都市工业行业档案资料中心藏 .

[56] 四川齿轮厂 . 四川齿轮厂三线建设调整改造规划 . 1984 年 4 月至 1984 年 10 月，卷号三，47 页，成都市工业行业档案资料中心藏 .

[57] 四川齿轮厂 .“七五”技术改造设计任务书 . 1984 年 10 月，卷号五，2 页，成都市工业行业档案资料中心藏 .

[58] 四川齿轮厂 . 关于成立四川齿轮厂改制筹备委员会的通知〔川齿厂（2001）7 号〕. 2001 年 2 月至 2001 年 10 月，11 页，成都市工业行业档案资料中心藏 .

[59] 四川齿轮厂 . 关于成立四川齿轮厂改制办公室的通知〔川齿厂（2001）8 号〕. 2001 年 2 月至 2001 年 10 月，12 页，成都市工业行业档案资料中心藏 .

[60] 四川齿轮厂 . 办公会纪要 [2005–3]. 2005 年 1 月至 2005 年 5 月，25 页，成都市工业行业档案资料中心藏 .

[61] 四川齿轮厂 . 办公会纪要 [2005–4]. 2005 年 1 月至 2005 年 5 月，27 页，成都市工业行业档案资料中心藏 .

[62] 四川齿轮厂 . 关于请求协调解决工厂停产整顿期间待岗待业人员费用的请示（川齿厂 [2005] 3 号）. 2005 年 1 月至 2005 年 6 月，7 页，成都市工业行业档案资料中心藏 .

[63] 四川齿轮厂 . 关于成立工厂生产自救、破产准备、招商引资工作领导小

组的通知（川齿厂 [2005] 6 号）. 2005 年 1 月至 2005 年 6 月，16–17 页，成都市工业行业档案资料中心藏 .

[64] 四川齿轮厂、四川手扶拖拉机厂 . 关于成立四川手扶拖拉机厂并启用新印章的函〔川齿办发（65）字第 11 号川拖办（65）字第 001 号〕. 1963 年 8 月至 1965 年 11 月，卷号二，5 页，成都市工业行业档案资料中心藏 .

[65] 四川齿轮厂、成都工程机械厂 . 技术引进项目基本情况 . 1982 年 10 月至 1983 年 11 月，卷号一，133–134 页，成都市工业行业档案资料中心藏 .

[66] 四川省计划委员会、四川省机械工业调整领导小组、四川省机械工业局 . 关于请求早日批准四川齿轮厂技术引进项目建议书的报告〔川机技（83）003 号川机军（83）001 号〕. 1982 年 10 月至 1983 年 11 月，卷号一，4–5 页，成都市工业行业档案资料中心藏 .

[67] 四川省机械工业局 . 请审批四川齿轮厂《引进工程机械动力换挡变速箱技术项目建议书》的报告 . 1982 年 2 月至 1982 年 11 月，卷号二，5–6 页，成都市工业行业档案资料中心藏 .

[68] 四川省机械工业局 . 关于一九八三年技术引进工作计划安排的通知〔川机技（83）021 号〕. 1982 年 10 月至 1983 年 11 月，卷号一，6–9 页，成都市工业行业档案资料中心藏 .

[69] 四川省机械工业局 . 关于转发国家计委批准“动力换挡变速箱”技术引进项目建议书的复函的通知〔川机技（83）字第 039 号〕. 1983 年 1 月至 1983 年 10 月，卷号二，2–3 页，成都市工业行业档案资料中心藏 .

[70] 四川省机械工业局 . 关于转发机械工业部《关于编制机械工业长远规划的通知》〔川机计（83）字第 022 号〕. 1983 年 3 月至 1983 年 11 月，卷号一，154 页，成都市工业行业档案资料中心藏 .

[71] 四川省农业机械厅 . 关于调动人员、设备报告的批复〔机工农机综（65）字第 072 号〕. 1963 年 8 月至 1965 年 11 月，卷号二，6 页，成都市工业行业档案资料中心藏 .

[72] 四川省农业机械厅 . 关于成立四川手扶拖拉机厂的通知〔机工农机综（65）字第 0100 号〕. 1963 年 8 月至 1965 年 11 月，卷号二，7 页，成都市工业行业档案资料中心藏 .

[73] 天津市内燃机齿轮厂 . 天津市内燃机齿轮厂搬迁计划 . 1964 年，卷号二，1–6 页，成都市工业行业档案资料中心藏 .

[74] 天津市内燃机齿轮厂 . 关于迁往成都所需费用和材料计划的请示报告〔（64）津齿厂发字第 65 号〕. 1964 年，卷号二，14 页，成都市工业行业档案资料中心藏 .

[75] 天津市内燃机齿轮厂 . 一连全体共青团员向党表示决心 . 1964 年，卷号二，89 页，成都市工业行业档案资料中心藏 .

[76] 天津市内燃机齿轮厂 . 二连二排向党表示决心 . 1964 年，卷号二，90 页，成都市工业行业档案资料中心藏 .

[77] 天津市内燃机齿轮厂 . 天津市齿轮厂职工内迁有关人员变动问题解决意见的专题报告 . 1964 年，卷号二，61–63 页，成都市工业行业档案资料中心藏 .

[78] 张兵、邹川、屈松、宋佳明、王小龙 . 西南中心城市深化改革的探索——对成都市实行股份制的设想 . 1992 年 1 月至 1992 年 10 月，26 页，成都市工业行业档案资料中心藏 .

[79] 中共成都拖拉机厂委员会 . 关于迎接天津职工来厂情况简报（八）. 1964 年 12 月至 1965 年 10 月，卷号三，56–58 页，成都市工业行业档案资料中心藏 .

[80] 中共成都拖拉机厂委员会 . 关于天津内燃机齿轮厂内迁职工及家属有关生活问题的请示报告 . 1964 年 12 月至 1965 年 10 月，卷号三，114–115 页，成都市工业行业档案资料中心藏 .

[81] 中共成都拖拉机厂委员会 . 合厂工作简报（一）. 1964 年 12 月至 1965 年 10 月，卷号三，17 页，成都市工业行业档案资料中心藏 .

[82] 中共成都拖拉机厂委员会 . 合厂工作简报（二）. 1964 年 12 月至 1965 年 10 月，卷号三，31 页，成都市工业行业档案资料中心藏 .

[83] 中共成都拖拉机厂委员会 . 合厂工作简报（六）. 1964 年 12 月至 1965 年 10 月，卷号三，48–55 页，成都市工业行业档案资料中心藏 .

[84] 中共成都拖拉机厂委员会 . 合厂简报 . 1964 年 12 月至 1965 年 10 月，卷号三，86–87 页，成都市工业行业档案资料中心藏 .

[85] 中共成都拖拉机厂委员会 . 合厂简报（十）：当前职工的思想情况 . 1964 年 12 月至 1965 年 10 月，卷号三，78–85 页，成都市工业行业档案资料中心藏 .

[86] 中华人民共和国国务院 . 中国人民解放军军官服役条例 . 中华人民共和国国务院公报，第 2 号，70–71 页，1955 年 .

[87] 中华人民共和国国务院 . 中华人民共和国发展国民经济的第一个五年计划 . 中华人民共和国国务院公报，第 15 号，515–627 页，1955 年 .

[88] 中华人民共和国农业机械部 . 关于同意成都拖拉机厂选厂报告的复函〔（59）农机建账字第 66 号〕. 1959 年 4 月至 1959 年 12 月，卷号三，3 页，成都市工业行业档案资料中心藏 .

后　记

在敲下最后一个字之后，我又回到荒废多年空荡的厂房里。看着厂房背脊上爬满的青藤，老人们的面庞一张又一张浮现了出来，他们身后是被甩得远远的过去。在过去整理口述资料、档案和写作的两年时间里，莲花社区的居民们营造家园的同时，也积极投身到了“战疫”的第一线。而我时不时回到社区，偶尔又和他们聊起一些往事。这些生命印记的片段，固然不完整，有时也会带有强烈的个人经验和情感，甚至是记忆偏差。但它们仿佛是一个个破碎的镜面，既真实，又虚幻；既是在场，也是缺席；既是隐秘的自我，也是现实的观照。这些都令人无比着迷，也期望透过这些细微一窥那个波澜壮阔的时代。

也许，四川齿轮厂的故事讲完了，但我深知它是莲花社区的底色，却不是它的全部。在走进这个社区之初，始终牵引我的是，社区肌理和运作机制究竟如何作用于社区博物馆实践。作为“共同体”的社区如何被建构，是否能够，以及如何保持社区生命力。在这本书中，显然暂时无法回答这些问题，但作为一种社区形态，它开启了我的“社区类型学”。

我从一个“局外人”渐渐成为一个“局内人”，与莲花社区结下的不解之缘仍在继续。对我而言，这绝不仅限于它是一个研究个案，更是人与人之间、过去与当下之间遭遇和碰撞的“接触区”。王杏生、薛祖斌、朱广清、宣何文、熊佑明、张玉臻、焦桂林、程法禹、肖祖英、李实林、高清平、张琪红、邢长征……还有许多未透露姓名的老职工、社区居民，他们不吝分享着自己的过去和现在，对我和团队充满了信任，实在难以以“感谢”二字概之。

还记得 2019 年第一次来到社区，莲花社区的马腾飞书记、韩忠泽带着我们参观了川齿记忆馆和老厂房。正是在那时，我的心里就埋下了一颗种子。此后，看到一张张年轻的面孔，谢泽辉、陈倩、张定柱、何均、曾晓莉、刘若兰、李超、梁木，他们一改我对社区的刻板印象。我随着大家一起慰问老职工，了解社区改造的方方面面，社区档案的建立也令我受益匪浅。在西航港街道党群办熊章程主任，以及韩忠泽、陈倩等社区工作人员的协助下，我得以前往成都市工业行业档案资料中心采集资料，不仅完善了社区档案，也使那些破碎、残缺的片段得以连缀。

2022年，西南民族大学、中共成都市双流区委史志办公室、中共成都市双流区西航港街道工作委员会、成都市双流区莲花社区共同组建《我的社区，我的厂》编写组，在各方支持之下由我主笔完成这部有关三线建设的集体记忆和工业企业生命史。在此，特别感谢中共成都市双流区委史志办公室给予出版经费支持，使得本书得以与读者见面。在成书的过程中，也得到了中共成都市双流区委组织部、中共成都市双流区委党校、成都市双流区人民政府西航港街道办事处等单位、机构给予的支持，这是对这项工作的莫大肯定。正是在社区建设的共同志趣和理念下的数次交谈，使研究和写作臻于完善。

在此，感谢我的恩师潘守永教授、曹兵武总工程师，以及诸位师友，他们对于遗产研究、社区研究的真知灼见，对我产生了深远影响。当然，还要感谢团队成员朱欣雨、张文韬、孙悦、韩旭、苏雪莲、马瑞、常乐、白秋平。他们承担了录音和访谈资料的初步整理，也体味到口述史和扎根社会的魅力。固然，学术未必成为他们的志业，但这段经历定然难忘。

在动笔之前，我常想该用何种语言将这段往事呈现出来。它是如此鲜活，又是如此真实，以至于我想在学术性、故事性和纪实性之间寻得一种平衡。既不想让生动的个人表达和感性淹没于相对枯燥、晦涩的学术语言，也不想让无尽的修辞和诗意颠覆学术表达，进而使读者清晰了解那段影响着个体生命的历史。的确，在联系出版的过程中，也因其带有一定的纪实文学色彩，遭遇了文学性和学术性模糊定位的尴尬。所幸这本书得以付梓，在此感谢民族出版社和本书的责任编辑向阳先生。

最后，谨以此书献给推动新中国工业现代化和西南工业发展的工业人。

杜辉
2022年11月30日

图书在版编目（CIP）数据

我的社区，我的厂：时空交错下的川齿记忆 / 杜辉著. -- 北京：民族出版社，2023.8

ISBN 978-7-105-17048-7

Ⅰ. ①我… Ⅱ. ①杜… Ⅲ. ①齿轮－机械工业－工厂史－四川 Ⅳ. ①F426.4

中国国家版本馆CIP数据核字（2023）第162002号

我的社区，我的厂：时空交错下的川齿记忆

策划编辑　向阳
责任编辑　向阳
封面设计　刘海伦
出版发行　民族出版社
地　　址　北京市和平里北街14号
邮　　编　100013
网　　址　http://www.mzpub.com
印　　刷　北京盛通印刷股份有限公司
经　　销　各地新华书店
版　　次　2023年8月第1版　2023年9月北京第1次印刷
开　　本　787毫米×1092毫米　1/16
字　　数　281千字
印　　张　18.25
定　　价　50.00元
书　　号　ISBN 978-7-105-17048-7 / F・493（汉386）